让法律被信仰

教育部人文社会科学基金项目（12YJC820123）的最终成果

CHENGXU LIYILUN
MINSHI SUSONG CHENGXU YUNZHUAN DE
LUOJI JICHU JI SHEHUI DONGLI

程序利益论

民事诉讼程序运转的
逻辑基础及社会动力

许尚豪 著

法律出版社
LAW PRESS·CHINA

出版说明

中国人民大学法学院(以下简称人大法学院)是新中国成立后党和国家创办的第一所正规的新型高等法学教育机构,已走过60年历程。在国家教育部于2004年、2009年组织的两次一级学科评估中,人大法学院均位列法学学科第一名。高水平的科研成果和社会影响力是该评估的重要指标。这一排名,既说明了人大法学院教师具有雄厚的科研实力,也意味着人大法学院教师必须担负的社会责任与使命。

法学院之间的竞争实质上是青年学者之间的竞争。人大法学院拥有一支学术造诣深厚、具有良好学术品格的教师队伍,不仅要一如既往地关心、尊重资深老教授及中年教授,更要呵护、扶持和关心青年教师的成长。从某种意义上说,青年学者的学术竞争力决定着人大法学院的未来。

以现有学科优势为基础,人大法学院未来10年的远景规划是:以学科建设为中心,以提高人才培养质量为重点,以高水平的科研成果为平台,不断提高学科竞争力,构建合理的教师梯队,培养高级法律人才,建设国际化、现代化的法学学科。通过10年左右的努力,将人大法学院的法学学科建设成为世界一流的学科。

在此背景下,本着长远发展的战略眼光,着眼于未来,为保证持续性发展,人大法学院特与法律出版社合作,出版一套开放式系列法学图书——《明德青年法学文库》。拟通过本文库的出版,达致以下目的:

第一,培养和发现一批青年法学才俊。本文库主要资助具有学术潜质并有一定学术影响力的青年学者。人大法学院的青年学者均具有博士学位,毕业于一流法学院,其中大多数毕业于国外一流大学法学院,具有非常良好的学术素养和学术潜质。

第二,促使青年学者尽快成才。青年学者有志于学术研究,但有时缺乏出版学术成果的平台。希望通过本文库,既给这些在学术界已有一定知名度的青年学者施加一定的学术研究压力,也使他们能够在学术研究方面尽快成长起来。

第三,与法律出版社强强联合,共同打造人大法学院坚实的人才梯队。法律出版社是目前国内法律出版行业的第一大社,学术品位一流,具有良好的社会影响和社会评价,图书设计和装帧美誉度高。通过强强合作,共同打造一套高水准的学术出版物,有助于推动我国法治的发展与进步。

本文库由人大法学院负责组织,人大法学院学术委员会负责具体实施。本着"高品位、高水准、出精品"的出版目的,纳入文库的图书必须是既能够代表作者的最高学术水准也能够代表人大法学院水准的个人独著。文库入选著作采申请制,由作者向人大法学院学术委员会提出出版申请,并提交著作的初稿,供学术委员会图书质量初步审查之用。人大法学院学术委员会对书稿的初步审查主要针对书稿的体例和内容,确认其是否符合文库的学术定位。在初审的基础上,人大法学院学术委员会将拟纳入文库出版的书稿交相关专业具有重大学术影响的资深教授或外聘同行资深教授就书稿内容的学术水准进行再审查。人大法学院学术委员会依据审稿教授的意见,最终决定是否将书稿交付出版。

本文库为开放式系列法学图书,每年出版 3 ~ 4 本学术专著,不出版主编著作、教材、论文集、译著等。

多年来,人大法学院与法律出版社之间形成了良好的合作关系,本文库即是这一良好合作关系的体现和进一步深度拓展。同时,人大法学院亦非常感谢法律出版社多年来的支持和帮助,感谢法律出版社对本文库的大力支持!

《明德青年法学文库》编委会

2010 年 9 月 10 日

目录

导　论

一、为什么要研究程序利益

当前，我国法学的研究特别是民事诉讼法学的研究，越来越呈现抽象化、概念化、文本化、西方化的趋势，一些研究者沉醉于纸面与想象之中，一味地研读文本与西方理论，使学术理论与社会生活的差距越来越大。一方面，法律及司法解释越来越多，法律从业人员的学历越来越高，法学理论越来越复杂艰深，法学论文越来越多也越来越难；另一方面，现实生活中诸多的简单适法问题却迟迟无法解决，这给民事交往及司法实践带来了极大困扰。比如，民事诉讼法中的诉讼标的理论，被学界视为民事诉讼理论的核心，也在现实立法中占据重要地位，可对何为诉讼标的、如何识别诉讼标的却久争未决，致使现实案件中但凡涉及诉讼标的，几乎都存在疑难。

笔者并不反对纯粹、抽象、超现实的法学理论研究，毕竟研究本身就是为了探究某种真相或规律，就如同孔乙己的“回字有四种写法”，如同传统国学中研究一个古字的读音，都是了不起的学术工作。但是法学，特别是民事诉讼法学，本质上是一种实践学科。说得直白一点，民事诉讼法的规则是需要在具体案件中使用操作的，这和“回字有四种写法”亦需要孔乙己确实写出来是一个道理。假如孔乙己虽然说了“回字有四种写法”，却无人能写出，那么孔乙己的说法也纯属胡说。因此，如果理论研究只是停留在纸面上、书斋里、课堂中，那么爱研究什么、怎么去研究，都可以自由选择。但如果期待研究成果能应用于生活，那就需要追求“可以用的”研究。我们不能一方面标榜民事诉讼法是社会性的实践学科,另一方面却从事着脱离现实、无法应用的纯理论研究。

十几年前,笔者还在司法实务部门工作,那时的工作重心就是办理案件,遇到疑难问题,有时亦会向一些专家学者请教。在笔者的印象中,那时候的讨论,学者亦很少虚空而谈,即便需要一些抽象理论作为辅助,亦皆就事论事,以解决问题为第一要务。虽然有个别专家爱好抽象空谈,但并非主流。总体而言,那个时代的理论研究与司法实践之间的关系尚算是融洽。但随着时间的推移,事情悄悄起了变化,学者越来越学术化,越来越不关心现实、不关心具体操作。理论研究者渐渐成为司法界的“金领”,而具体操作者则渐渐成为司法界的“蓝领”,理论语言及抽象思维开始主导司法及学术研究,学术与实践开始走上了两条不同的道路,且渐行渐远。在专业的学术研讨会上,未能掌握既定学术语言体系的实务工作者,基本失去了话语权;而在司法实务界,虽然无法全面拒绝理论工作者的强势地位及话语体系,但在具体的疑难问题咨询方面,却逐渐将所谓专家学者作为点缀场面的“饰品”,规格越来越高、话语越来越多,作用却越来越小。如此一来,就逐步形成了一种两看相厌的局面——专家指责实务部门专断蛮横、听不进话,而实务部门则批评专家不懂实践、不负责任。

近几年,在最高人民法院的层面,由于一些大法官就是具有相当话语权的专家,最高人民法院也呈现向学术语境靠拢的趋势,这造成其与下级法院及一线办案人员之间的思维冲突。就笔者所接触的从事具体办案业务的法官(包括基层、中级和高级人民法院乃至最高人民法院)而言,对最高人民法院相关政策及司法解释表现不满者,绝不在少数。笔者曾邀请某中级人民法院长期从事一线审判工作的副院长朋友,参加过一次司法解释的研讨会,他在见识了最高人民法院从事司法解释工作的法官及相关学者的发言之后,不无忧虑地表示:“搞司法解释,多少得懂点业务,应当是起码的素质吧。”在最近几次的我国《民事诉讼法》修改及司法解释起草过程中,很多一线法官都提出,修改首先必须找到问题所在,而最知道问题所在的,应当是基层法院,应当是一线法官,应当是长期从事民事审判业务的人员。但遗憾的是,这类人群并无话语权，即便有机会提出自己的意见，有时也不让说真话，也不敢说真话。民事诉讼法修改后，不仅许多旧问题没有得到解决，而且还引发了相当多的新问题，只因为民事诉讼法文本自身在司法实践中的作用不是很大，故而没有造成特别严重的后果。

自从进入中国人民大学攻读博士学位开始，笔者就一直思考如何把“高大上”的学术语境与中国现实社会中的“细小琐”问题结合起来，从中国问题中抽出理论，再运用理论解决中国实际问题，做“有用”的学术，研究能解决问题的理论。但在高校从事研究工作，“高大上”的形式外衣毕竟是安身立命的关键，时常需要借助一些相对玄虚的抽象概念、理论体系来对“细小琐”问题进行境界升华及语言装潢。就在此时，笔者的导师汤维建教授建议从事“程序利益”的研究，立时为笔者指明了方向，时至今日，笔者依然认为，这是一个符合个人写作特点及思考方向好题目：

第一，题目足够“高大上”。凡是接触这个题目的人，都认为这是一项十分抽象且极具理论性的研究，包括笔者所认识的一些以书写佶屈聱牙式论文而自得的学者。这一点之所以关键，是因为笔者是从实务“半路出家”改为从事学术研究工作的，即便受过中国最为完整且优秀的法学教育，但很多人仍然认为笔者的优势在于实践，而非学术。借由这个题目，正好可以表明笔者完全有从事抽象研究的学术能力。当然，过于追求所谓的“学术范”，亦给笔者后续研究及写作带来了一定的负面影响，比如，笔者的论文从来不是开门见山、直见主题，而是从理论入手，起承转合、迂回曲折，不仔细阅读则根本不知道在说些什么。其实，我对学术研究及论文写作始终坚持两个标准，那就是观点必须能用一句话说明白，此外尽量使用生活化的语言。

第二，题目足够新颖。由于个人的研究特点是重于思考，而非资料综述及观点探源，因此，论文在外形上一直有一个不合主流学术习惯的问题，那就是注释太少。就此笔者一直认为，注释的作用以辅助证明为原则，注释的对象以引用观点为核心，此外，则没有加注的必要。而程序利益论题的新颖性，意味着前期的直接研究成果较少，如此可以将注意力集中于对程序利益本体问题的思考，而不必耗费太多精力于资料综述等基础工作上，更不必在故纸堆中查找只言片语来佐证某种过时的观点。

第三,题目足够社会。法学研究之所以存在“虚空”的现象,根本原因之一就是对利益的关注不够。囿于传统,国人总是羞于谈利,似乎只有正义、公平等高端价值才配为法律追求的目标。但实际上,社会是由人构成的,只要有人就有人的利益,人的利益直接决定了人的行为,而人的行为则是社会交往的基础。法律关系其实就是人的关系,就是利益关系。因此,只有关注了利益,才能认清人的行为,也只有认清了人的行为,才能理解人与人之间的关系,才可能合理地立法,进而在社会生活中厘清法律关系。正是基于这一点,笔者认为,从程序利益入手研究民事诉讼程序,可以使民事诉讼程序的研究接地气、合社会、顺主体,从而扭转民诉理论研究“虚空”的趋势。

实际上,民事诉讼程序是一个各方利益交织的场域,任何主体参与诉讼程序都是为一定的利益。作为国家代表者的法院,既有国家层面的公益目的,亦有其作为公共机构这个主体的私益,对立的当事人则是为了各自的私益而进行诉讼。如何制定民事诉讼规则,实际上就是如何在程序中安排法院、对立当事人这三方主体之间的利益关系。而这种利益与实体法上规定的主体利益不同,它不属于实体利益的范畴,而是诉讼程序中所特有的利益,即程序利益。如果在理论研究上有程序利益的观念,那么就会始终关注诉讼主体及其行为,而非文本规则,从而使民事诉讼程序的理论研究成为关注主体的研究、关注人的研究、关注社会的研究。只要民事诉讼程序的研究关注了主体及其利益,那么理论及规则的现实性、可操作性就必然大大加强,相关研究成果才有可能走出“象牙塔”,成为一种对社会有益的、可以适用的理论,而非单纯的学术圈内的玩赏之物。

此外,对主体“程序利益”的关注,可以使学术研究脱离僵化的、自以为是的本本主义,为民事诉讼程序的研究提供新的空间及思维路径。这体现为:其一,关注程序利益有助于形成程序研究的三维化视角,即从社会、实体法、程序法 3 个不同的维度来审视程序问题。在主体的程序利益这个概念的映衬之下,主体的实体利益与社会利益,特别是社会利益凸显,使法学思维的空间超越了单一的法学领域,实现了与社会层面的接轨与融合,使程序法与实体法，进而与整个社会成为有机统一整体，避免为程序而研究程序，为法律而研究法律。其二，关注程序利益能强化程序规则的功利化思考，即一项程序规则对国家、社会、法院、原告、被告等不同主体来说，具体有哪些好处和坏处。在程序利益的观念下，如何安排、平衡及协调主体之间的程序利益，应为程序理论研究及程序规则制定中的首要问题。利益的内容是实实在在的，相关理论及规则的背后有了主体程序利益的考量，就具有活生生的社会现实性，而不再是纯粹的文本理论。比如，弱者保护理论，若以利益为视角，就表现为弱者对他人利益的侵占，那么如何论证侵占他人利益之正当，就成为弱者保护理论的首要议题。其三，关注程序利益能促进程序主体的现实化、具体化。可以说，每一个程序理论、每一个法律规则都是普适的，理论及法律中的主体均为种类人，具体案件中的主体则都是特定人。主体的现实化、具体化视角，意在使程序研究及程序规则的制定更加关注社会中的个体，而非抽象意义上的人。实际上，抽象的、泛化的人的概念不适用于注重可操作性的民事诉讼程序，因为每个程序主体所遇到的程序问题都是他个人的现实问题，而非普遍问题。比如，“原告就被告”这项管辖规则，在教材上可被写成对被告有利，但在实践中，也会出现该规则对被告不利甚至对原被告均不利的情形，夫妻双方均为非北京户籍的离婚案件的管辖难题，就证明了这一点。

总而言之，可以期待借助程序利益的研究，使民事诉讼程序的研究更加关注个体，更加关注实际，更加世俗化、社会化。“少讲道义、多讲实惠”，并不意味将实惠置于道义之上，而是说不能因为讲道义而混淆了主体间的利益安排。换言之，民事诉讼程序如果不能合理地安排当事人、法院之间关系，就各方的利益平衡缺乏可操作性与现实性，那么无论听起来多么完美、高明的理论及规则，其社会价值以及存在必要性均值得质疑。

二、民事诉讼程序中的求真与向善

在任何一个社会里，只要社会成员开始对他们赖以依存的制度安排进行反省，正义这个问题就不可避免地被提出来。通过与其他社会接触，人们认识到，社会安排不是一个自然现象，而是人们的创造物，可以由人们制定的东西也可以由人们改变。[1] 我国民事诉讼改革，亦是源于人们对正义这一目标的反思，而如何经由民事诉讼程序实现社会正义，同样也是民事诉讼程序改革的中心课题，我们所进行的改革的每一步，均是为了更好地实现正义。至于何为正义，许多学者也从不同角度作出了不尽相同的阐述。虽然从抽象意义上来说，很难为正义作出一个明确的、人人皆能接受的定义，但在具体的社会生活中，正义却又是一个通俗的、确定的概念。其概念难以言传，可对具体问题的正义认识，人们总能给出自己理解的答案，这就如同古人所言的“如丸走盘中，纵横斜直不得而知，可知者丸不出此盘也”。所以说，正义虽然是法律的一种本性要求，但对正义问题的科学分析，只有当它被理解为一种合理的、分析的活动而不仅是一种说服的工具时，才是有意义的。因为没有人能够客观地、确定地知道什么是公正，并且在相当多的情况下，公正也无法得到证明。[2] 因此，在民事诉讼程序的改革中，我们不能仅仅把正义看作一句口号，围绕它进行纯理念式的概念思辨，而应当结合民事诉讼程序的实际情况，结合我国的现实生活情况，结合每一个具体的个案、每一个具体的个人，来寻求真正符合民事诉讼程序现实的具体正义。

在社会生活中，为了追求一定的结果或状态，人们往往需要经过一定的时间或是过程，而这一过程就是常说的广义的“程序”。如果把重点放在结果的实体正义上，程序则可能被视为工具，仅具有次要的意义。这意味着只要结果是每个人得到了他应当得到的，或者在同等情况下的人们都得到了同等对待，就可以说是实现了正义；这还意味着只要结果正确，过程、方法或程序如何，都可以无所谓。我们在生活中容易无意识地认同这样的观点，可生活经验同样表明，程序的不同可能引起结果的重大变化。因此，程序有了独立的存在理由，有了正义与不正义的区分，也有了作为一种考察研究对象的

---

〔1〕 参见［英］布莱恩·巴里：《正义诸理论》，孙晓春、曹海军译，吉林人民出版社 2004 年版，第 3 页。

〔2〕 参见［英］尼尔·麦考密克、［奥］奥塔·魏因贝格尔：《制度法论》，周叶谦译，中国政法大学出版社 2004 年版，第 250 页。

"程序正义"。[1] 说到底,民事诉讼通过一定的过程来求得结果,所以涉及民事诉讼程序的正义,也体现为结果正义与程序正义两个方面。

(一)结果正义:客观之"真"与主观之"真"

所谓结果正义,就是要求程序结果达到与当事人实体利益客观状态和实体法中权利义务内容相一致的状态,所以结果正义也被称为实体正义。在结果正义的理论中,程序结果之外总是存在一个作为标准答案的参照物,该参照物就等同于正义标尺,程序结果与该参照物进行对比后,只要与该参照物一致或是符合该参照物的要求,就意味着程序实现了结果正义,反之则没有实现结果正义。这就像是在做一道数学题,诉讼程序就是解题方法,程序结果是依该解题方法得出的答案,题目的标准答案则是参照物,解题结果究竟是对还是错,只要对照标准答案便一目了然。从此意义上讲,结果正义实质上就是"对"与"错"、"真"与"假"的问题,由于民事诉讼程序主要进行的是事实查证,而且"事实"部分通常被作为民事诉讼程序的主体,所以,我们在此将结果正义归结为"真"与"假"的问题。

理论上,当事人之间的纷争针对的只是客观实体利益的主体归属,这种纷争并不能否认实体利益归属的客观性。也就是说,张三的实体利益就是张三的,李四的实体利益就是李四的,这种客观状态不因当事人之间的争议而改变,民事诉讼程序则要将处于纷争中的实体利益还原为它本来的客观样态。如果将纯客观的实体利益作为"标准答案",以之衡量程序结果的"真""假",那么民事诉讼程序实质上就是一种科学发现程序,是一种纯工具意义的程序。但民事诉讼程序毕竟不是在做数学题,不可能将程序主体的意愿抛弃不顾,反而在相当多的时候需要尊重当事人的个人意愿。这是因为程序处理的终究是当事人个体利益的事项,因此,民事诉讼程序就不可能一味地追求客观之"真",将达到纯粹的、客观意义上的结果正义作为唯一目标。此外,诉讼程序中当事人关注的中心在于其要求是否得到满足,而不在于事实

---

[1] 参见[日]谷口安平:《程序的正义与诉讼》,王亚新、刘荣军译,中国政法大学出版社2002年版,第1页。

的发现，即便关心事实发现，也是出于支持其诉讼请求的目的。作为争议事实的亲历者，当事人内心就程序结果往往存在一个建立于事实真相基础上的预期，这个预期构成当事人对程序结果的衡量标准。如果程序结果与当事人正当的程序预期相一致，也可以说诉讼程序结果达到了当事人内心预期的"真"的程度，实现了当事人所期待的结果正义。与客观之"真""客观"的结果正义相比，这种结果正义因依附程序主体而具有主观特性，故不是一种纯粹的"真"或纯粹的结果正义，而是当事人主观上认为的"真"或主观的结果正义。现实中，出于特定的利益考虑，当事人并非总是要求追究事实的真相，比如，双方当事人合意解决了某些事实争议，其目的便不在于发现真相，由此形成的法院裁判虽与客观结果正义不一致，却符合主观结果正义的要求。

通常来说，当事人同为纠纷事件的经历者，双方对程序结果的预期应当一致，程序结果可能达到"胜败皆服"。但受各种因素影响，当事人双方的程序预期在相当多的情况下并不一致，原告所期待的结果正义与被告所期待的结果正义相冲突，主观的结果正义难以在双方当事人之间同时实现。就此，应当承认，民事诉讼程序虽旨在解决纠纷，但未必能令双方当事人都满意。其实，法院作为民事诉讼中的公益守护者，本就有一个程序结果的评价标准，它代表了社会的正义，不能为了讨好当事人而随意动摇。"胜败皆服"只是意味着法律实现了当事人心目中的正义，这种正义不一定符合大众或法院所期待的正义，有时还可能与立法的价值目标相背离。如果在当事人"胜败皆服"的同时，"大众不服，法院痛心"，只能说是社会正义在当事人主观正义的面前陷落，很难说此时的民事诉讼程序合乎正义的要求。由此可见，关注主观结果正义，目光不能仅限于当事人双方，还应看到法院和社会大众的主观结果正义观念。在正常情况下，由于法院和社会大众在民事诉讼程序中并不存在私益，所以在充分尊重当事人正当意愿的基础上，客观的结果正义应当是他们的追求目标，如果失去了该目标，民事诉讼程序也将迷失自我和方向。

从以上的分析可以看出，影响结果正义的因素主要有两个：一是事实发现方法；二是当事人主观意愿。事实发现方法只是追求客观结果的一种工具，其本身只涉及技术性问题，受制于人们的认识水平和科技发展程度。所以,体现事实发现方法的客观之“真”与“客观”结果正义,对民事诉讼程序来说,只是一种工具性的价值评判。当事人的主观意愿,则是当事人在诉讼程序中主体性地位的反映,而且民事诉讼程序对该意愿还存在一个正当性的评价问题,因此体现当事人意愿的主观之“真”与“主观”结果正义,则涉及了伦理性的价值评判。当然,程序对当事人主观意愿的满足也关涉工具性评判,但程序是否应当满足这种意愿,则又返回到了伦理性的价值评判领域。

(二)程序正义:过程之“善”与结果之“善”

实际上,程序是一个由过程和结果共同构成的统一体,只是我国目前的司法语言习惯将过程等同于程序,故而出现了程序与结果的逻辑对立。完整的诉讼程序所体现的正义,应当包括两个部分,即过程的正义和结果的正义。为与等同于过程正义的程序正义相区分,此处笔者将之称为程序的正义。如果在客观世界上存在标准的答案,以程序结果与标准答案相符与否来衡量结果的正义,则产生前面所讲的结果正义问题。但这只涉及前文所说的事实层面的“真”与“假”,而无关伦理中的价值评判,在伦理价值层面,程序则需要考量“善”与“恶”的因素。

关于过程的正义,即通常所说程序正义,罗尔斯在其《正义论》中作出了经典的论述,[1]他根据结果对程序自身正义的影响不同,将程序正义分为三种:第一种是“纯粹的程序正义”,是指在程序之外不存在客观的结果来衡量程序结果的正义品性,只要程序自身符合正义的要求,程序的结果就自然符合正义的要求;第二种是“完全的程序正义”,是指在程序之外存在某种客观的标准来衡量程序结果,并且也存在能够达到这种结果的程序,这就是说,程序之外不仅存在程序结果的标准答案,而且也存在达到这种标准答案的程序方法;第三种是“不完全的程序正义”,是指在程序之外存在衡量正义的客观标准,但是百分之百地达到这种结果的程序却是不存在的。罗尔斯关于程序正义的三种分类,可以说是比较恰当地反映了程序正义的性质,程序的正义

〔1〕 参见[美]约翰·罗尔斯:《正义论》,何怀宏等译,中国社会科学出版社 1988 年版,第 87 页。

总是与通过程序达到的结果正义联系起来考虑。[1] 但我们从罗尔斯的论述中也可看出,除纯粹的程序正义外,无论是完全的程序正义还是不完全的程序正义,都是在程序结果之外设定一个正义的标准,程序均与结果的妥当与否发生关联。如果我们将此处正义的标准界定为前述的"真"的问题,那么这两种正义与前述的结果正义的区别就不是太大。而且在我国现实的程序正义概念中,人们往往也将其作为与结果正义相对立的概念来使用,其内涵基本上等同于纯粹的程序正义,因此,我们也仅仅从此意义上来理解程序正义。

由于程序正义的实现不依赖结果,只取决于程序自身,所以评判程序的正义就不能从程序结果中寻求支持,只能以程序自身作为对象进行伦理评判,看其是否符合伦理上的"善"的正义要求。所以说,程序正义的效果并不是来自判决内容的"正确"或"没有错误"等实体性理由,而是从程序过程本身的公正性、合理性,甚至科学性上产生的。而且,如果超越个体认知和具体案件的处理,从更广泛的社会整体角度来考虑,程序正义也只能从程序自身来寻求。这是因为程序主体之外的人并未实际经历案件纠纷,只能从正当程序是否得到保障来判断程序的正当性,如果法院在制度正当程序方面得到了公众的信任,法院的决定就具有极大的权威。[2] 由于程序正义不以当事人的实体利益结果作为评判标准,而且实体亦不是民事诉讼程序直接调整的对象,所以程序正义的评判对象只能是主体的程序利益,包括程序利益在不同程序主体之间的配置以及程序的运行。

但是,民事诉讼程序毕竟有过程与结果这两重意涵,评价程序的正义,除考量纯粹的程序自身,还应关注程序结果。我们即便不从前述的结果正义的角度来衡量程序结果是否符合当事人实体利益的本来状态,也不应回避对程序结果的直接伦理性评判。程序结果的"善"与"恶"虽然不能对程序正义产生直接影响,但一个总是产生"恶"的程序,肯定难称正义。所以说,纯粹的

---

〔1〕 参见[日]谷口安平:《程序的正义与诉讼》,王亚新、刘荣军译,中国政法大学出版社 2002 年版,第 1 页。

〔2〕 同上书,第 11 页。

程序正义可以不考虑结果,但程序整体的正义,则不能不考虑结果的正义性。当然,这里所说的结果的正义性问题,主要是指人们内心普遍的正义观念。它具有一定的主观性,但却客观地存在于人们的内心,无视它的存在势必会影响民事诉讼程序的正义品性以及法律的权威。虽说我们无法探知人的内心世界,但对结果的信服与接受,从某种程度上可以说是程序结果达到了人们内心"善"的标准。通常来说,在充分尊重当事人正当意愿的基础之上,如果程序结果真的达到了与客观事实相一致的程度,那么该结果就应当符合人们内心"善"的标准。只不过程序结果达到了人们内心"善"的正义标准,却不一定能符合客观的事实标准,甚至还不能与人们对程序的预期结果达成一致。所以说,前述结果之"真"与此处所说的结果之"善"存在相当大的差别,前者可以不可虑人们对结果的感受,后者则将人们对结果的"善""恶"评判放在重要地位。如果一个程序结果不能得到人们的信服与接受,要么是程序自身存在问题,要么是人们的观念存在问题。在无法改变社会民众基本认知的前提下,还是要多从诉讼程序自身寻找问题,毕竟法律是人造的,而社会是自然存在的。

三、民事诉讼程序的能与不能

在追求正义的过程中,民事诉讼程序与民事实体规范的关系定位,一直是一个较为复杂的问题,但从总体来看,在人们的观念中,民事诉讼程序始终沿着一个上升的通道前进,其地位越来越高,重要性越来越强。在较长的时间内,人们将实体法与程序法的关系定位为主从关系,认为程序法不过是实体法的"从法"与"助法",这一观点在我国历史上曾经长期占据主导地位,并在我国的理论与司法实践中形成了"重实体、轻程序"的不良现象。为了革除这一弊病,在20世纪90年代,有学者开始将程序法提高到与实体法相同的高度。比如,汤维建教授在论及实体法与程序法的关系时指出:"在诉讼过程和法院裁判中,民事实体法和民事诉讼法均不可或缺,二者各有机能,民事实体法规定裁判标准与民事诉讼法规定的诉讼形式在民事纠纷的解决过程中相互渗透,共同作用,决定着双方当事人的法律地位和法院的裁判结果。"[1]还有学者更形象地将民事诉讼法与实体法的关系描述为"车之双轮，鸟之双翼"。但事物的发展往往不完全按照预设轨道前进，有时也会出现意料之外的场面。在强调民事诉讼法重要性的过程中，一些学者开始主张程序法优于实体法，站到了程序本位主义的立场上，认为"程序是一个完全可以也非常有可能与实体法脱节的东西"，[2]甚至有学者提出了更为极端的"法即程序的观点"。[3]

要求提升民事程序的地位，反映了人们对历史与法律现状的反思及不满，希望借助于程序观念的强化来改变现实中的一些不良现象，这在特定的历史阶段有其积极的意义。矫枉有时必须过正，不过正则不足以矫枉，对程序法优位于实体法的观念加以特别的强调，有助于修正长期以来歧视程序法的畸形观念。但近年来，经过众多学者的有力论证、呼吁、宣传，可以说程序观念在我国已经基本树立。在此情况下，如果还是一味地强调程序的地位和作用，不能理性地看待程序与实体的关系，就显得有些不合时宜，而且也易成为攻击民事诉讼程序研究的口实。

任何事物只有在其恰当的位置上，方能发挥最大的作用，过犹不及，真理前进一步可能就是谬误，民事诉讼程序作为解决民事纠纷的一种法律"装置"，与实体法共同构成了一个完整的体系。既然法律在维护人们利益、实现社会正义中，存在两套不同的规范，那么自然各有其作用。认为程序法为实体法"助法"的观点，实质是认为民事诉讼程序本身没有独立的正义评价标准，实体上的结果正义为法律上的唯一正义；程序本位主义虽然不否认实体结果正义，但认为现实中的正义只能是程序正义，实体正义存在不确定性。即使程序本位主义甚至"法即程序"的观点大大提高了程序法的地位，但法律的目的在于保障人们利益的实现，在于实现社会的正义，不在于何者地位的高低。民事诉讼程序在社会的利益保护中，在正义的实现中，作用几何，究

---

[1] 汤维建：《市场经济与民事诉讼法学的展望》(上)，载《政法论坛》1997年第1期。

[2] 刘家兴主编：《新中国民事程序理论与适用》，中国检察出版社1997年版，第11页。

[3] 肖凤城：《论"法即程序"——兼论行政程序法的重要性》，载《行政法学研究》1997年第1期。

竟能做什么,不能做什么,并不因其理论地位的高低而改变。在经过强化程序地位的特定阶段后,我们应当摒弃那种程序激情,以理性、务实的态度来认真考量民事诉讼程序在保护当事人利益和实现社会正义方面的地位和作用,重新审视民事诉讼程序在正义实现中的能与不能,这既涉及民事诉讼程序自身的问题,也涉及人们对正义的理解问题。

(一)程序能否保障实体利益

在我国的民事诉讼研究中,一直将程序的实体利益保障功能作为民事诉讼程序的重要功能,将程序的正义视为实体法律及实体权利义务得以归结的正义,即便是现在比较流行的利益保障论观点,也只是谨慎地将程序利益纳入民事诉讼程序保护范围之内,认为应当平衡对实体利益与程序利益的保障。但是,由于客观的实体利益状态是"过去时"的,实体利益保障论面临一个无法回避的难题,那就是怎样认定当事人的实体利益得到了保障,如何认定程序结果达到了与实体法律及实体权利义务的本然事实相一致的程度。换言之,我们以何种事实作为标准来衡量程序结果的真实性,来评判当事人实体利益是否得到了符合事实状态的保护?如果我们没有这种作为衡量准则的事实存在,那么又如何去评判程序结果的公正性?但是,如果说存在这么一种事实评判依据,那么随之而来的问题就是,该事实从何而来,它具有什么优势使其能够比民事诉讼程序发现的事实更可靠?如果存在这么一种发现事实方法,为什么我们的民事诉讼制度不采用这种方法来发现事实、适用法律?而一旦采用这种方法作为发现事实、适用法律解决民事纠纷的途径,那么该方法又自然转化为民事诉讼程序,随之而来又同样会产生上述的各种问题。此外,既然社会将民事诉讼程序设置为解决当事人利益纷争的一种国家制度,很显然,在正常情况下,该制度应当是目前最为优越的事实发现"装置",我们没有理由将其他更劣的事实发现方法所发现的事实作为衡量事实真伪的标准。所以说,将保障实体利益作为民事诉讼程序的功能并不妥当,因为我们根本无从知道"真正"的实体利益是什么,更无从知道它是否真的得到了保护。由此,将客观真实作为诉讼程序应然的追求,把揭示案件的客观真实作为设计诉讼程序的最高理想,乃是无可厚非的正确方向,然而,把它作为法院解决任何案件的最终标准却是不现实的,也是没有必要的。[1]

事实上,民事诉讼程序所涉及的当事人实体利益存在三个层面:[2]一是诉讼前的事实利益,如甲借给乙1万元人民币,这一事实是具有客观性的,它不依赖法官、当事人和其他诉讼参与人的认识而存在。二是当事人争议的实体利益。当事人因实体利益纷争而提起诉讼,双方的争议使进入诉讼的利益脱离了客观状态,打上了当事人的主观印记,因为案件事实须经当事人主张才能够成为审理对象,而经过陈述环节,"事实"便不复为事实。当事人陈述的事实可能为真,也可能为假,还可能半真半假,而双方当事人对立的陈述也表明,诉讼中的实体利益是一个有待确定的利益。三是法院裁判认定的实体利益。这是运用证据确定的实体利益,是经过证明过程认定的实体利益,是经过法官裁量而定的实体利益。而无论是证据本身,还是证明过程,抑或是法官的裁量,并非是纯客观的,证人对案件事实的描述具有一定程度的主观性自不待言,就连物证这样的实物证据也很难说是纯客观的,毕竟物证也离不开当事人对物证与待证事实相关性的说明,离不开法官对两者间联系的认识。实体结果正义的实现,实际上就是指法院裁判认定的实体利益状态与当事人诉讼前的事实利益状态相一致;如果不一致,则意味着实体正义没有实现。

对照实体利益的三个层面,不难发现,民事诉讼程序要想实现保障实体利益的目标,并非易事。第一,理论上认为诉讼前的事实利益具有客观性,但该事实永远不可能在现实中重现,能再现的只是客观事实留下的痕迹,即诉讼中的证据,证据并不等于事实本身。我们可以借助因果关系用证据去证明某项事实,但永远无法用"事实"去证明事实,这样一来,就产生了前述的作为实体正义衡量标准的确定问题。但有时,客观的实体利益归属问题本就存在不确定性,即便是当事人自己在某些情况下也不能确定特定利益是否归其

〔1〕 参见江伟主编:《证据法学》,法律出版社1999年版,第11页。

〔2〕 此处对于实体利益三个层面的划分,参照了李浩教授关于诉讼中事实划分的观点。笔者此处所说的实体利益实际上与诉讼中的事实具有相通性,诉讼中的事实主要就是诉讼中实体利益的相关事实。参见李浩:《论法律中的真实——以民事诉讼为例》,载《法制与社会发展》2004年第3期。

所有。第二,当事人争议的实体利益可能与客观的实体利益状态存在偏差,法院如果受当事人请求范围的约束,那么,裁定的实体利益归属自然无法合乎客观的实体利益格局。第三,法院裁定的实体利益本身具有主观性,因为证明过程是提出证据、对证据进行质询、审查判断证据的过程,证据调查过程是依法律程序进行的,而法律程序也属人为之物。所以诉讼中所呈现的并最终为法院所认定的事实,乃经过证据法、程序法和实体法调整过的、重塑了的新事实,这种新事实不可避免地渗透了人的主观意志,是一种主观事实。[1]

此外,实体利益保障的观点还存在一个致命的缺陷,那就是民事诉讼程序所保障的实体利益究竟指的是何种层面的实体利益并不十分明确:如果说是客观上的诉讼前的实体利益,则在显然是给民事诉讼程序设定了一个不可能完成的目标,或者说是没有实现标准的目标;如果说是诉讼中当事人系争的实体利益,则该利益因处于争执而带有不确定性,在保护对象尚未确定的情况之下,如何进行保障以及保障什么,是保障原告诉求的实体利益还是保障被告诉求的实体利益,显然都无法作出回答;如果说是法院裁判确定的实体利益,则在该利益得到确定的同时,就意味着程序的终结,如此,在民事诉讼程序的进行过程之中,便不存在保障对象。从以上分析可以看出,民事诉讼程序对实体利益的保障仅限于理论层面,而将这种利益保障落到实处,在现实中几近不可能。

所以说,民事诉讼程序作为一项法律规范,具有保障利益实现的功能,但其并不能保障当事人实体利益实现。对当事人来说,程序至多就是实现诉求利益的一种途径而已,这种途径最大的优点在于限制了个体追求利益的恣意,每个个体无论能力大小、地位如何,均不能随心所欲地按照自己的方式维护和追求私利,而应当通过民事诉讼程序来实现利益目标。从此意义上讲,程序对恣意的限制,除限制法官恣意外,还体现为限制当事人的恣意,而且在程序作用的体现方面,后一层次的限制要大于前一层次。实体利益保障论将实体利益作为民事诉讼程序保障的对象,其理论源头可能要归结到传统的客

〔1〕 参见江伟主编:《证据法学》,法律出版社 1999 年版,第 11 页。

观真实论。实体利益与客观真实看似含义接近,实则有本质的不同,因为客观真实不具有主体性,而实体利益虽然建立在客观真实的基础上,但由于利益具有主体性的特征,同一事实对不同的主体来说,并不总是意味着利益。如果说在客观真实论下,法院的审理对象可以超越当事人的主张,那么在实体利益保障说中,法院则不能超越当事人的主张,毕竟,利益主体性特征表明了只有当事人才是自己利益的确定者。如果将法院裁判所确定的利益界定为实体利益,那么民事诉讼程序只是实现这种实体利益的途径,而非保障。

(二)程序能否本位

程序本位论是我国目前较为流行的程序理论,其基本的主张是从程序自身来看待正义问题。在此观点下,对正当结果的独立标准是不存在的,而仅存在一种正确的或公平的程序,若这种程序被恰当地遵守,那么无论出现怎样的结果,该结果也是正确的或公平的。程序本位论其实可溯源至纯粹的程序正义理论,这种理论认为,决定正当结果的程序必须实际地被执行,因为在此情形中没有任何独立可参照的标准来判断一个确定的结果是否正义。[1]以赌博为例,根据纯粹的程序正义理论,如果赌博程序是公平的——比如,赌博规则公平,赌博行为自愿,无人欺诈等——就可以说合乎该程序就合乎正义。在这个意义上,程序的公正并不是为了增强其工具性或有用性,程序正义是一种独立的法律价值,是法律程序具有内在优良品质的一种标志,程序正义与其所要达到的法律结果的正确没有必然联系。[2]

至于程序正义的基本要求和内容是什么,目前英美学者大多根据传统的自然正义原则来进行研究。[3] 在近代英国,自然正义的概念通常表示处理纷争的一般原则和最起码的公平标准,它包含了两个最低限度的程序公正标准:一是任何人不能审理自己或与自己有利害关系的案件,即任何人或团体不能作为自己案件的法官;二是任何一方的诉词都要被听取,即任何人或团体在行使权利可能使别人受到不利影响时,必须听取对方意见,每个人都有

---

〔1〕 参见[美]约翰·罗尔斯:《正义论》,何怀宏等译,中国社会科学出版社 1988 年版,第 87 页。

〔2〕 参见陈瑞华:《论程序正义价值的独立性》,载《法商研究》1998 年第 2 期。

〔3〕 同上。

为自己辩护和防卫的权利。[1] 但从理论的科学性上讲,这两个原则对程序正义内容的概括仍是模糊的,缺少具体明确的要求,如要发挥其可操作的价值准则功用,还需依赖详尽的解释。此外,这两个原则总体上属于为保证司法审判程序的公正性而设立的权利保障规则,还不是某种价值标准或者价值观念。换言之,这种法律标准充其量不过是为保证程序正义的实现而设立的法律制度上的保障措施,其不是程序正义本身。

由此看来,我们需要对各项权利保障规范背后的价值观念作出准确、系统的归纳,以全面揭示程序正义本身的基本内容。实际上,如果从"给予每个人以其所应得的对待"的原则出发,那么程序正义主要是指使那些权益可能受到裁决结果直接影响的人受到应得的对待。程序正义所调整的关系,则是代表国家行使裁判权的裁判者与那些利益可能受到裁决结果影响的人之间的关系。换言之,程序正义作为一种法律价值,旨在从伦理道德方面调整裁判者与被裁判者之间的权利义务关系。[2] 程序规则不同于实体规则,它不能直接调整系争的实体利益,而是通过调整程序利益来实现对程序主体之间关系的调整。也就是说,在调整程序主体利益中体现出公平与正义,就实现了民事诉讼程序的正义。从此意义上讲,程序本位主义是一种现实的程序理论,它将程序自身当作程序的正义基础,从根本上摆脱了实体利益对程序的约束。

但是,民事诉讼程序毕竟是处理当事人利益争议的一种法律"装置",客观的利益状态虽然难以确定,但这主要是针对人们的认识而言的,而且主要是针对当事人之外的人而言的,所以这种不确定性并不能否认其客观性。话说回来,这种客观性从当事人的角度来看往往也具有确定性,因为经历过争议事实的双方当事人,对系争的实体利益状态通常有明晰的认识,关于利益是否归其所有,也自有一个衡量标准。如果法院最终的认定结果与当事人所经历的事实一致,那么程序的正义品性自然在该当事人心中树立;如果法院

---

〔1〕 参见孙笑侠:《法的形式正义与实质正义》,载《浙江大学学报》(人文社会科学版)1999 年第 5 期。

〔2〕 参见陈瑞华:《论程序正义价值的独立性》,载《法商研究》1998 年第 2 期。

的最终认定结果与当事人所经历的事实不一致,那么对经历该事实的当事人来说,无论程序自身多么科学、多么优良,其正义品性在当事人心中均会"大打折扣"。虽然单一当事人的正义体验不足以成为否定程序品性的原因,但"千里之堤,毁于蚁穴",若我们不能给予一个具体的当事人以正义体验,整个诉讼程序的权威和正义终将受到威胁。

此外,在讨论程序正义之时,亦不能局限于纯粹的本位主义立场,而无视社会公众对正义的要求。卡多佐曾言:"如果人们感到某个看上去可以适用的、已被接受的规则所产生的结果不公正,就会重新考虑这个规则。也许不是立刻就修改,因为试图使每个案件都达到绝对的公正就不可能发展和保持一般规则;但如果一个规则不断造成不公正的结果,那么它就最终将被重新塑造。"[1]因此,强调程序正义的同时,并不能忽视实体结果的正义性,实际上,程序在任何情况下,都是相对实体结果而言的。程序所合成的利益内容,既包括程序利益也包括实体利益,程序在使实体内容兼备实质正义和形式正义的层次上获得一种新的内涵。[2]

因此,我们强调程序本位正义,是有条件、有限度的:其一,程序本位主义以程序自身的规范性定位作为出发点。民事诉讼程序规范与实体规范一样,具有自身的正义评判标准,这种标准并不以其结果是否与事实状态一致而改变。好心办坏事,并不能否认其心之好;错误的方法得出正确的结论,亦不能改变其方法的错误属性。古埃及人以今人看来是错误的方法,并不妨碍其计算的日蚀时间的准确性。正当的行为无须借助任何特殊的动机,亦无须借助特定的结果,程序本位主义所体现的正义,不过是在社会特定环境下的理性、审慎的追求。[3] 其二,程序本位应当局限于法院与当事人的三角结构之内,一旦突破三角结构的范畴,就不能以纯粹的程序正义作为程序的正义标准。法院裁判虽说具有正义的引导作用,但法院裁判终归不能拒绝也无法回避社

---

〔1〕 参见[美]本杰明·卡多佐:《司法过程的性质》,苏力译,商务印书馆 1998 年版,第 10 页。

〔2〕 参见季卫东:《法治秩序的建构》,中国政法大学出版社 1999 年版,第 76 页。

〔3〕 参见[英]布莱恩·巴里:《正义诸理论》,孙晓春、曹海军译,吉林人民出版社 2004 年版,第 8 页。

会正义的评判。一个屡屡与社会通行的正义观相悖的诉讼程序,“本位”只代表了蛮横,而不能真正体现正义。

综上所述,正义虽然是法律的本性要求,但就民事诉讼程序而言,如何把握正义的含义也是个难题:一是虽不能放弃对事实真相的追求,但客观真实也只可在理论层面讨论;二是主观结果具有相当大的主观随意性;三是从程序结果的实体利益角度来看待正义,实际上具有相对性,在现实的生活层面,这一目标究竟在哪里,怎样才算真正达到了这一目标,却没有确定的标准。因此,妥协就成为必然,结果正义就只能从程序之中去寻找,客观的结果正义要求程序采用科学的事实发现方法,主观的结果正义则要求程序充分尊重程序主体的意愿。这样一来,就意味着从方法和过程上已尽了最大努力,仍然不能确定实体时,认定某个结果合乎正义是一种不得已的必要妥协,〔1〕而且在相当多的情况下,这一妥协亦包括了程序主体的意愿要求。因此,过程不仅是手段,而且是手段和内在目的的复合体,过程本身包含着重要的价值理念。〔2〕在某种意义上,民事诉讼程序既是实现社会正义的途径和工具,也是社会正义的载体和体现,而在实体结果正义相对化的情况下,诉讼程序自身的正义可以说是我们在现实生活中可以具体把握的、看得见的正义。在纠纷所涉及关系越来越复杂的当代社会中,除坚持科学的事实发现方法外,以利害关系者的参加和程序主体的程序利益保护为中心的程序正义观念,在其固有的价值之上获得了前所未有的重要意义,这也是我们必须更加注重程序的理由。〔3〕

---

〔1〕 参见[日]谷口安平:《程序的正义与诉讼》,王亚新、刘荣军译,中国政法大学出版社 2002 年版,第 4 页。

〔2〕 Lawrence Friedman, *Law and Society—An Introduction*, Pearson College Div. ,1997, at 6 – 7. 转引自宋冰编:《读本:美国与德国的司法制度及司法程序》,中国政法大学出版社 1998 年版,第 2 页。

〔3〕 参见[日]谷口安平:《程序的正义与诉讼》,王亚新、刘荣军译,中国政法大学出版社 2002 年版,第 22 页。

第一章　程序利益基础理论概说

第一节　程序利益概念解析

我们已经看到,法律的基本作用之一是使人类为数众多、种类纷繁、各不相同的行为与关系达致某种合理程度的秩序,并颁布一些限制性的行为规则或行为标准。为能成功地完成这一任务,法律制度内必须形成一些专门概念,以便对社会生活中多种多样的现象与事件进行分类,这是为统一处理相同或基本相似现象奠定基础。[1] 法律概念也可以被视为工作性工具,它提供了一种简略的方式辨识那些具有相同或共同要素的典型情形,故此通常认为,概念是解决法律问题必不可少的工具,若没有限定严格的专门概念,便不能清楚和科学地研究法律问题。回到程序利益的议题上,"程序利益"并不是一个新的词语,可就其概念的认识仍然存在较大的分歧,所以在对程序利益相关理论进行研究之前,有必要明晰程序利益的概念,而此一明晰概念的过程,实质上也是对程序利益理论进行深化的过程。

一、利益范畴的常识性底蕴

法律制度是一个国家文化价值内涵的外在显现,也是实现文化价值目的

---

〔1〕 参见[美]E.博登海默:《法理学——法律哲学与法律方法》,邓正来译,中国政法大学出版社2004年版,第501页。

的主要途径和工具。一切法律规范都必须以作为“法律语句”的形式表达出来,可以说,语言之外不存在法。[1] 法律词汇的选择直接体现了一国文化传承和制度价值的追求历程,对法律词汇字义的正确理解,既是准确界定和把握法律词汇的关键和前提,也是探究该词汇背后制度价值源流变迁的关键。一个词具有什么含义,不能完全以其字面意思进行界定,特别是法律概念,大多具有特定内涵,不能望文生义,“文字虽为表达意思之工具,但究系一种符号,其意义须由社会观念定之”。[2] 何况一种语言表达方式和交流工具总要尊重社会通行习惯,以此避免在沟通与对话中引起不必要的麻烦。因此,在进行概念的相关研究之前,有必要对相关词义的社会底蕴进行考察界定。

程序利益是从程序角度对利益的一种观察和界定,作为利益之一种,程序利益与利益存在特殊与一般、个性与共性的关系,故对程序利益的辨识不能脱离利益而独立进行。在现代汉语中,“利益”的运用十分广泛,从社会生活中的个人利益、家族利益,到国家事务中的公共利益、国家利益、民族利益等,“利益”是人们耳熟能详的生活语汇。在国家的法律法规中,“利益”亦较为常见,比如,我国《民法通则》规定,“民事活动应当尊重社会公德,不得损害社会公共利益”。就词义来讲,“利益”一词由“利”与“益”构成,“利”与“益”作为名词均指利益,如“上下之利,若是其异也”,[3] 如“有蒋氏者,专其利三世矣”,[4] 如“利尽南海”,[5] 如“谦得益”,[6] 再如“无益吾事”。[7] 单纯从词义上理解,利益并不具有十分复杂的内涵,利益说白了就是好处。同样,在英文中,与“利益”相对应的单词是“interest”,本意为利息,在中世纪主要被用来表示债权人对利息的正当要求,后来则主要表示个人与社会的一种关系。[8] 在现在的日常生活用语中,“interest”与汉语词义基本一致,核心含

[1] 参见[德]伯恩·魏德士:《法理学》,丁小春、吴越译,法律出版社 2003 年版,第 73 页。
[2] 郑玉波:《民法总则》,台北,三民书局 1979 年版,第 39 页。
[3] 《韩非子·五蠹》。
[4] 柳宗元:《捕蛇者说》。
[5] 《三国志·诸葛亮传》。
[6] 欧阳修:《新五代史·伶官传·序》。
[7] 徐珂:《清稗类钞·战事类》。
[8] 董保华等:《社会保障的法学观》,北京大学出版社 2005 年版,第 57 页。

义也是“好处”。由此可见,在社会生活的语境中,无论是东方还是西方,对“利益”核心要素的把握基本不存在大的分歧。

在社会生活中理解利益,还常常与利益主体联系在一起,比如,我们常说的国家利益、个体利益等,如果缺乏利益主体的支撑,利益就会走向泛化和空洞。即便是看似与利益主体无关的论述,实质上也含有利益主体的要素,只不过这种主体因素表现得不明显、不具体而已。同时不可否认的是,利益对人们社会生活产生了巨大的影响,所谓“天下攘攘,皆为利往;天下熙熙,皆为利来”。从原始的渔猎,到现代的高科技、大生产,形形色色、千姿百态的人类活动基本上可以区分为经济、政治、文化三个领域,人们在这三大领域内的诸多行为,根本目的就是追求利益。[1] 利益是主体在社会生活中行为的动因,反过来,利益最终也必然要归属于特定的社会主体。在利益的多种表现形式中,最为普遍的、显性的利益为物质利益、经济利益,当然这并不意味着物质利益优于精神利益,或经济利益优于非经济利益。尤其考虑到我国长期以来的重义轻利的传统,所谓“树活一张皮,人争一口气”,精神利益、非经济利益在很多时候可能重于物质利益、经济利益。

通过以上分析可以发现,在社会生活层面,利益的意义虽然具有概括性,但总体来说,其底蕴就是对某种主体的好处,既可表现为物质利益或精神利益,也可表现为经济利益或非经济利益,此点既是研究利益的社会基础,也是研究利益的起点和根据。

二、利益范畴的哲学透视

社会普通生活层面的利益底蕴,为利益研究提供了社会基础,其意义在于促使研究内容贴近社会民众生活,但日常语言习惯在注重广泛可用性的同时,也放弃了局限性的定义,这导致在此层面上理解利益缺乏理论的概括与抽象。[2] 其实,生活层面的利益概念只是提供了一种模糊的、存在于潜意识

〔1〕 参见陈子舜:《利益运行机制探索》,载《社会科学研究》1995 年第 2 期。
〔2〕 参见[德]伯恩·魏德士:《法理学》,丁小春、吴越译,法律出版社 2003 年版,第 80 ~ 81 页。

中的“影像”，远远不能达到专业术语所要求的精细和确定的程度，它给人一种似是而非的理解上的满足，却不能科学地说明问题。要降低作为理解手段的语言的不确定性与不完整性，达到专业术语的要求，就应借助诸如哲学方法在内的精确手段，超越常识层面的解释。[1] 因此，在形构和界定利益概念之时，一方面，必须努力保持与社会通常所持底蕴意义相一致，使之具有可理解性，避免成为普通人眼中的“天书”；另一方面，还应当以哲学的手段对利益的意义进行加工，使之具有专业术语的精准、确定的品格。

过去之源，即为今日之流。利益是什么，古往今来的诸多思想家、理论家的观点繁如星辰，当我们回首利益的历史，可发现利益的概念具有极大的包容性，不同甚至相反的内容都曾被纳入利益这一范畴中。[2] 比如，孔子认为：“富与贵，人之所欲也。不以其道而得之，不处也。贫与贱，人之所恶也，不以其道而得之，不去也。”在孔子的思想体系中，并没有明确的利益内容，只是笼统地认为“利者，义之和也”，[3] 即把利益当作“义”的总体。墨子则把利益与个人的感情联系起来，认为“利，所得而喜也”。[4]

在西方古代和中世纪，虽然也有关于利益的相关论述，但究竟何为利益之内涵并没有明确。18 世纪的法国思想家霍尔巴赫第一次给利益下了明确的定义：“所谓利益，就是每一个人根据自己的性情和思想使自己的幸福观与之联系起来的东西；换句话说，利益其实就是我们每一个人认为对自己的幸福是必要的东西。”[5] 爱尔维修是第一个真正把利益提到社会首要位置的思想家，他认为，人的首要利益就是吃饭充饥、穿衣御寒的需要，需要是推动我们活动的唯一动力，利益支配着我们的一切判断，无论在任何时候，任何地方；无论在道德上，还是在认识问题上，都是个人利益支配着个人判断，公共

---

〔1〕 参见[德]伯恩·魏德士：《法理学》，丁小春、吴越译，法律出版社 2003 年版，第 90 页。

〔2〕 参见杨通进：《爱尔维修与霍尔巴赫论个人利益与社会利益》，载《中国青年政治学院学报》1998 年第 4 期。

〔3〕 《论语·里仁》。

〔4〕 《墨子·经说上》。

〔5〕 [法]霍尔巴赫：《自然的体系》（上册），管士滨译，商务印书馆 1964 年版，第 271 页。

利益支配着国家判断。[1] 捷克学者奥塔·锡克则认为:“利益是人们满足一定的客观产生的需要的集中的持续时间较长的目的;或者这种满足是不充分的,以致对其满足的要求不断使人谋虑;或者这种满足(由于所引起的情绪和感情)引起人的特别注意和不断重复的,有时是更加增强的要求。它们通常表现在经常不断地、非常有力地、坚定而往往充满激情地追求满足这些需要的人的活动上,人们以此利益发挥作用和得到实现。”[2] 马克思主义把利益看作主客体关系的范畴,包含主体的需要和满足的对象两个方面。利益即利益的主客体之间的相互规定、相互作用的关系,主要是指客体对人的生存、享受和发展需要的满足。[3]

对利益的界定,现代的我国学者大多认为,利益和需要之间有本质的联系。通过对需要和利益之间这种本质关系的分析,就能够用需要来恰当地定义利益的概念,但是在具体界定时,各自的理解和强调的重点又存在差异。就此主要有四种观点:第一种观点认为,需要包含所有的利益,但利益并不包含所有的需要。利益是关系人的切身生存和发展并通过一定的社会关系所表现出来的需要,即需要的明确化。第二种观点认为,需要只是形成利益的自然基础和主观条件,不能把需要和利益混为一谈,也不能仅仅把利益看作人们意识到的需要。利益还关涉社会关系、社会实践活动及其成果,它们和需要一起分别构成了利益的自然前提、社会基础、物质手段和客观基础。因此,利益应该是需要的满足,而不是需要本身。第三种观点认为,用需要的满足与否并不能完全说明利益概念。原因在于,首先,用需要的满足无法说明人的满足的社会性,从而无法同动物的本能需要区别开来;其次,需要的满足本身还要通过利益的实现才能达到;最后,利益本质上不是人的一种主观状态,利益是主客体之间的一种特殊关系,即主体能动地对待能满足自己需要的客体,并运用它来满足自己的需要的一种关系。第四种观点认为,不能仅

---

〔1〕 参见王伟光:《关于利益的作用问题》,载《中国青年政治学院学报》1996 年第 3 期。

〔2〕 [捷]奥塔·锡克:《经济—利益—政治》,王福民等译,中国社会科学出版社 1984 年版,第 263 页。

〔3〕 参见陈子舜:《利益运行机制探索》,载《社会科学研究》1995 年第 2 期。

仅将需要与利益置于静态的两极,去对象性地分析需要和利益的外在关系,然后达到定义利益的目的。事实上,需要和利益是一个双向互动过程,应该从动态的、内在的角度去定义利益。这样利益就是主体确认、创造、获取其需要的对象的过程。[1]

贤人智者的思考与诠释,不但为我们研究利益概念提供了资料,而且也为我们如何寻找利益的实质提供了思路方向。纵览形形色色的利益观,在繁杂的外观中,我们可以发现一个共同的特点,那就是关于利益本质的诠释基本上是围绕主体、需要、客观性(客体)展开的,进而在此基础上形成了利益的主观说、客观说、主客观结合说或主客观关系说。主观利益说就是从主体的角度出发来规定和理解利益,将利益看作主体的主观属性,是人们对满足一定需要的意志指向。[2] 客观说则是将利益归结于客体,认为利益就是客体或客体的属性,"是指在一定的社会形式中由人的活动实现的满足主体需要的一定数量的客体对象"。[3] 主客观结合说则从主客观对象的关系上,从主体需要与客体属性之间关系的角度来探寻利益的本质,认为利益是作为主客体相互运动所产生的客体对主体需要满足的积极状态。

从目前来看,主客观结合的研究方法,是利益研究中较为流行也较为全面的研究方法。有关利益的界定,笔者认为,既不能根据主观主义的研究方法,将利益着眼于主体一方,从人的非认知、非理性的心理体验和心理倾向来规定和理解利益,否则,利益就完全成为一种主体的附属,失去了客观根基。此外,也不能从客观主义的研究方法出发,将视野局限于客体,从对象、客体的某些属性、结构、功能的角度来规定和理解利益,并把利益等同于对象、客体的这些属性、结构和功能本身。否则,无论主体的态度如何,需要不需要,就认定有利之事,岂不是将主体变为了客体的奴隶,失去了其应有的主动性?笔者认为,应当采用主客体交互作用的研究方法,从主体需要与客体属性之间相互作用、相互依赖和相互服务的关系视角来探寻利益的本质,主体按照

---

〔1〕 参见张玉堂:《近年来利益问题研究综述》,载《哲学动态》1998 年第 4 期。
〔2〕 参见孙国华主编:《法理学教程》,中国人民大学出版社 1994 年版,第 62 页。
〔3〕 苏宏章:《利益论》,辽宁大学出版社 1991 年版,第 21 页。

其内在的尺度把自己的需要作用于客体,使之成为与我有关系之"物"。同时,主体亦应受到客体的制约,按照客体的尺度来衡量自己,在这个意义上讲,利益的本质就在于主体的内在尺度与对象自身尺度的关系统一。

由此,利益的概念应当表述为:利益是指主体与客体之间一种特定的关系,即客体以自身属性满足主体需要或主体需要被客体满足的效用关系。一个事物对主体来说有没有利益主要看它能不能满足主体的某种需要。如果某种事物能满足主体的一定需要,具有某种有用性,对于主体的存在和发展有积极的、肯定的意义,这种事物对主体而言就是有价值的。反之,如果某种事物不能满足主体的需要,甚至妨碍主体实现某种需要,对于主体有消极的、否定的作用,就会被主体认为是无用的甚至是有害的,即无利益。这样利益关系必然具有三个维度,即主体、主体的需要以及客体(或客体的某种属性、性质、性能)。利益就是在这三者之间的关系中形成的,所以是主观和客观的统一体。

(一)利益的主体性

笔者此处所说的利益的主体性,并非是指相对于客体的主体论范畴,而是仅仅以此说明利益的主体归属性。换言之,利益是与某一特定主体相联系的利益,是归属于某一主体的利益,世界上不存在没有主体归属的利益,利益也不能脱离一定的主体独立存在。

客体对主体是否存在利益,首先取决于人,取决于人的本性。马克思说:"假如我想知道什么东西对狗有用,我们就必须探究狗的本性。"如果"想根据效用原则来评价人的一切行为、运动和关系等,就首先研究人的本性,然后研究在每时代历史地发生了变化的人性"。[1] 因此,只要我们承认社会生活是现实的人的生活,而不是某种抽象的物质或观念的运动,就必须承认利益的主体性和主体尺度,研究利益必须从主体出发,事实上,无论何种观点的利益界定,均不否认利益与主体的相关性。第一,利益总是现实的人(或群体、人类)的实实在在的现实关系,它在每一个具体的场合都表现为一定的客体

〔1〕《马克思恩格斯全集》(第23卷),人民出版社1972年版,第669页。

对主体需要的满足，或同主体生存发展的符合、接近。第二，利益是依主体不同而不同的。个人、群体、社会、人类等不同层次的主体有不同的利益，对立的主体之间的根本利益也是冲突的。第三，利益总是主体活动的直接的、自觉的目的基础。无论主体是否意识到，其总是把利益作为衡量自己与他人或事物关系的一个尺度等。总之，利益是人们社会生活中的主体性内容和主体尺度的现实表现。[1]

所谓利益主体就是在一定社会关系下从事生产活动或其他社会活动，以便直接或间接地追求自身社会需要满足的人（个体或群体），包括利益的追求者、承担者、生产者、实现者、消费者和归属者。不同形式、不同内容、不同性质的利益关系和利益矛盾，自然要通过利益主体来传递，利益关系、利益矛盾是利益主体之间的关系和矛盾，利益主体是社会利益运动自觉的、能动的、主观的要素。[2] 社会主体具有多元性，利益主体同样具有多元性，不同利益主体所追求的利益目标体系也就不可避免地出现差异，因此，在主体规制下的利益运行机制有其特殊要求。

1. 利益之间的关系反映了利益主体之间的关系。虽然利益本身可依据不同的标准分为不同的类型，比如，物质利益与精神利益、个体利益与群体利益等，但这些分类基本上是从静态的角度对利益进行辨识，如果从动态角度来观察，利益的运行就是利益主体对利益的运行，动态中的利益关系就是利益主体之间的关系。对于同一利益主体之下的不同利益类型之间的关系，则是利益主体对不同利益的态度反映，比如，一个人对物质利益和精神利益的不同态度，就折射出物质利益与精神利益在此主体之下的关系和地位。

2. 主体对利益的获取与交换是利益运行的主要形态。利益的运行最为直接的表现形式即利益在不同主体之间的流动，这实际上包括两种不同的形态：一是利益的原始取得，二是利益的继受取得。利益的原始取得主要是社会成员以其身份所获取的利益，这种利益是社会成员在社会中生活和存在的

[1] 参见李德顺：《价值论》，中国人民大学出版社 1987 年版，第 141 页。
[2] 参见王伟光：《利益论》，人民出版社 2001 年版，第 90 页。

基础和前提，主要通过社会的规制和分配来实现，这类似于扑克游戏开始时所抓取的牌以及定下的打牌规则。继受取得则是利益主体运用其自身的能力、关系等获取利益，主要通过创造新的利益和与其他主体交换的方式实现。一个公平正当的社会，利益主体之间应当是平等的，利益的获取与交换也应当尊重各平等的利益主体，使利益的运行结果公平正当。在利益的原始取得方面应当做到起点平等和机会均等，在利益的继受取得方面则应体现运行规则的合理与正当，在利益的运行中实现过程平等。

3. 主体的价值评价尺度决定了利益具有主观性和多元性。利益是社会主体的一种肯定性价值状态，通过主客体的相互作用，就会在社会主体上产生某种价值状态，或者说带来某种有利或有害的结果。利益即由客体对主体的接近、一致、肯定所产生的正面后果，它包括社会主体的生存和发展、社会有机体的平衡和协调、个体的肯定性情绪，以及社会组织的聚合、和谐、富裕、稳定等。正是通过需要的肯定性满足，社会主体才获得某种积极的价值状态——快乐、幸福、繁荣等。[1] 所以，对于一个外在于社会主体的存在是否能称为利益，该利益主体是最佳评判者，其他任何主体都不能越俎代庖，只有经过了主体的肯定性评价，外在的客观性内容方可在形式上具有利益的外观，也就是说利益的形式是主观的。此外，利益的主观性还表现为利益主体对于利益客体的情感、兴趣、评判等主观心理状态具有主体差异性，所以利益不是一元的，而是多元的。当然，从唯物主义的理论立场出发，有时候可以存在一个客观的、不涉及具体主体的评价，但这种客观评价也需要由一定的抽象主体作出，例如，对于社会利益来说，社会就是一个抽象的利益主体。

（二）利益的客观性

利益客观性的主要体现就是它的客观实在性，也就是利益的客体是客观的。基于唯物主义哲学的基本立场，利益追求与其说是人类活动的需要特征，毋宁说是人的本体论意义的存在方式，具有不依人的意志为转移的客观

〔1〕 参见涂可国：《利益范畴新论》，载《山东社会科学》1996 年第 5 期。

性。[1] 从关系的角度来看,利益表现为主体对客体的一种认识,这种客体作为一种存在是必然的,是自在自为的。如果没有外在于主观的客观实在性,利益就会成为一种虚幻的、不可捉摸的事物,也就失去了存在意义。即便是精神利益,社会主体的主观状态也不是凭空产生的,必须建立于外在的客观存在基础之上,虽然精神利益不具备有形的物质性外观,但其并非是空洞的、抽象的。有人否定利益的客观性,其原因大多出于将利益的客观内容与评价混为一谈。利益内容具有客观基础,它并不以评价为转移。利益内容本身无真理可言,而人们的评价性认识却有真假之分。而就评价的结构而言,其自身就涉及主体的认识问题,对利益内容的评价就是主体对利益内容的主观性认识,这本身就是主客体之间的关系问题,已经超出了利益内容的范围。

1. 利益的客体是利益的载体和依托。利益是客观见之于主观的事物,利益的客观内容以其自身的属性为主体的评价提供目标和对象,主体的最终评价判断亦要回归于客体上,最终完成利益构成的完整形态。分析利益从客体出发,就是要求人们全面、深入地了解客体,把握客体的属性、结构和功能,这决定了事物能否成为主体的利益客体、利益的载体。[2] 利益必须是能够满足社会成员生存、发展需要的客体对象,如果不能够满足社会成员生存、发展的需要,就不能成为利益,这一点不言自明。称利益为对主体有用之对象,意指利益不是主体自身,而是在主体之外满足主体需要之物(当然有的利益是与生俱来的,有的利益则是需要经过后天创造的)。[3]

2. 利益的客体具有多种类型。利益的客观内容具有十分宽泛的内容,几乎包括所有可以成为主体认识对象的客观事物,其基本类型主要有二:一是物质型的,此种利益内容在现实生活中多表现为有形的客观物质,比如,粮食、住房、金钱等;二是精神型的,主要是指与人们的精神世界有关的利益内容,比如,音乐、歌曲、权力等。有一点必须注意,利益的物质型内容与精神型

---

[1] 参见陈子舜:《利益运行机制探索》,载《社会科学研究》1995 年第 2 期。

[2] 参见陈宪章:《关于价值的哲学思考》,载《辽宁师范大学学报》(哲学社会科学版)2004 年第 5 期。

[3] 参见张明楷:《法益初论》,中国政法大学出版社 2003 年版,第 169 页。

内容均为利益内容不可分割的部分,二者不存在排斥关系,而且二者在其现实性上,均表现为一定的实体,具有实质的内容。

3. 利益客体的客观性对主体有一定的制约。强调客体的客观性,就是要求主体在处理与客体的关系(包括实践关系、认识关系和价值关系)的时候,要充分尊重客体的存在和规律,遵循客体的内在尺度。在主体面前,客体并非是完全被动地适应和满足主体的需要,客体也按自身的尺度和要求改造主体,最终实现主体尺度与客体尺度的统一,这也是客体对主体能动作用的体现。

4. 利益在用语中具有客体属性化的趋势。通常来说,人们在实际生活中直接以自己的需要作为尺度去衡量对象,把对象分为有用的和无用的,有害的和无害的,然后以语言的形式把这种结果固定下来。当下一代人通过语言来掌握上一代人的经验时,就容易把语言与语言所指的对象之间的关系固定化,似乎有用与无用、有害与无害是这些对象固有的一种属性。比如,我们把昆虫分为"益虫"和"害虫",把一些不利于健康的气体称为"有害气体",把一些能导致人畜死亡的物质称为"毒品",这全都是把我们尺度外化的结果。久而久之,我们却忘记了自己的尺度,把这种"益"和"害"、"好"和"坏"看作对象自身的属性了。[1]

(三)利益的需要性

在利益概念的范畴中,"需要"是一个至关重要的因素。利益一般来说就是某种需要和期望的满足,或者说就是主体对其所需要的对象的一种目的明确的态度。[2] 人的需要就是人的本性,这种本性纯属自然,因为它是人们发生"两性关系、交换、分工"的前提。换言之,正是由于"需要"的存在,才促使人们结成一定的社会关系,"需要"是人的社会性的基础。人的需要导向对"需要满足"的目的性追求,人的合目的性需要及其满足又必然外化为对一定利益的追求。"需要"如果不是表现为一种纯主观任性,则必定与某种

---

〔1〕 参见李德顺、马俊峰:《价值论原理》,陕西人民出版社 2002 年版,第 107 页。

〔2〕 参见李祖军:《利益保障目的论解说——论民事诉讼制度的目的》,载《现代法学》2000 年第 2 期。

利益联系在一起。[1] 一定的需要形成一定的利益，需要是利益的基础。人的需要体现了人对物质生活条件与精神生活条件的客观依赖关系，表现为人对物质需要对象、精神需要对象的自觉指向和情欲追求，它反映了作为需要主体的人对作为需要客体的社会生活条件的感性需求。所以说，需要的内容是客观的，需要的形式是主观的，利益就是人对于需要的主观追求的反映，[2]也正是出于追求这些价值状态，才催生了人各种各样的需要。总之，利益是需要的指向，是需要产生的原因。[3]

主体对利益内容的需要，是决定客观对象能否成为利益内容的关键。对象客体的属性、结构和功能等客观存在，在主体没有需要的情况下，并不必然获得主体的否定性评价。此时，即便获得了主体的肯定性评价，亦不代表该对象能成为一个利益实体。因为可能存在这样的情形，那就是主体虽然对客观存在的利益内容具有了主观上的情感、体验或是内心倾向，但这种主观心态的形成并非出于主体与利益内容的需求关系之中，而是一种"客观性"的主观意愿。

此外，需要是与主体紧密相连的范畴，需要指的是主体的需要，是以主体的尺度来判断的需要，是以主体的尺度为尺度并随着主体尺度的变化而变化的需要。古希腊哲人普罗泰格拉有一句名言："人是万物的尺度，是存在者存在的尺度，也是不存在者不存在的尺度。"这句话多被看作相对主义和主观唯物主义的命题，如果不是基于利益的角度，以人作为存在或不存在的尺度，显然是有问题的。但若是把这句话应用在利益问题上，它便有正确和合理的一面了，这一论断不仅对整个人类是正确的，对个人同样正确。一幅画、一首名曲，不能为一个不懂得绘画和音乐的人带去任何利益，[4]他的需要和能力决定了他与这些艺术品无法建立起对象关系，他欣赏不了这些对象，体验不到

---

〔1〕 参见程燎原、王人博：《权利及其救济》，山东人民出版社 1998 年版，第 53 页、第 56 页。

〔2〕 参见王伟光：《利益论》，人民出版社 2001 年版，第 70 页。

〔3〕 参见涂可国：《利益范畴新论》，载《山东社会科学》1996 年第 5 期。

〔4〕 当然此处不是从经济价值的角度而是从欣赏的角度而言的，不懂得欣赏名画和音乐的艺术价值，并不意味着不懂得其经济价值。如果对其经济价值有需要，诸如此类的事物对于主体依然具有利益性，此际，看待问题的出发点与角度发生了变化，这与笔者此处所举之例并不矛盾。

这些对象所带来的艺术愉悦。由此可见,他的需求尺度就是这些事物利益存在或不存在的尺度。[1]

同样,利益只是表明了客观实在与主体的需要存在一定的关系,但二者却又不存在必需的对应关系。也就是说,需要反映的是主体的一种单方欲求,从主体角度上看,需要具有单一性和主观性,并未考虑客体是否具有对应客体的情况。存在主体的需要,未必就存在这种能满足需要的客观实在。就人的需要层次而言,国内外的许多学者对此均有论述,其中最有代表性的当属马克思与美国心理学家亚伯拉罕·马洛斯的论述。根据马克思的有关论述,人的需要大致可以被概括为三大类:一是最低限度的自然生理需要或生存需要;二是高层次的满足人的社会生活需要;三是满足人的精神要求的精神需要。马洛斯的分类则更为细化,认为人的需要包含了7个层次:(1)生理需要,如对食物、饮料、住所、性交、睡眠和氧气的需要,这属于生存意义上的需要。(2)安全需要,即期待生活有保障而无危险,如对生活秩序与稳定的需要。(3)归属需要,是指与他人亲近、建立友情、相互依赖,"在自己的团体里求得一席之地",有所依归。(4)尊重需要,这又可分为两类,即自尊和来自他人的尊重。(5)认知需要,即对认识和理解的欲望,按照通俗的说法就是指好奇心。(6)审美需要,即人们对美的渴求,美则可包括对称美、秩序美等。(7)自我实现的需要,属于人的成长、发展、利用潜力的需要,是"一种想要变得越来越像人的样子,实现人的全部潜力的需要"。实际上,随着社会文明的发展,人的需要层次、种类会越来越多,越来越复杂,各种多样的需要互相关联,构成一个庞大的需要体系。[2] 为了满足需要的不断发展,社会亦应当不断提供能满足人的需要的客观存在,只有当客观存在的事物范围大于人的需要范围时,人的需要才不会因为客观因素的限制而得不到满足。

上述对于利益的理解与把握,可以说是涉及了利益的方方面面,是对利益的全面、系统、整体的审视。但必须注意的一点是,我们在社会生活中的认

---

〔1〕 参见李德顺、马俊峰:《价值论原理》,陕西人民出版社2002年版,第108页。
〔2〕 参见王伟光:《利益论》,人民出版社2001年版,第52页。

识与思考基本不会到如此细致缜密的程度,人们在谈论利益时,总是基于利益底蕴意义并且直接指向我们所需要的客体对象。比如,在人们的日常交谈中,往往把利益的主体予以省略或隐没,有时这种省略借助于具体的语境不会造成语义的丢失或失真,但是在相当多的情况下,省略主体会造成所指层次或范围的扩大。尤其在理论研究中,忽视、忘记利益主体的不同层次会引起许多不必要的麻烦,致使为了一些虚假的问题而进行争论。比如,某个事情对群体来说是正利益,对个人而言是负利益,这本来是两种不同的命题,它们可以同时存在而并不矛盾。但由于人们易于忽视主体的不同层次——或是站在个人立场认为这件事是坏事,或是站在群体的立场认为是好事〔1〕——由此容易发生对利益认识的冲突与矛盾。因此,为避免出现不必要的冲突和对立,我们在探讨利益问题时,不能过于抽象与空洞,而应当将利益问题具体化、实在化,明确利益的主体和客体。

三、程序利益的概念界定

从利益的划分形态来看,程序利益是与实体利益相对的概念,应当说随着实体利益概念的出现,程序利益概念亦应当出现。然而事实并非如此,原因可能在于人们认为利益就是指实体利益,而不存在程序利益,但此种认识显然有误。实体是与程序相对应的分类概念,二者是相互依存、相互对照的,二者共同构成一个概念内涵的整体,不可能只存在实体的概念而不存在程序的概念,或是只存在程序概念而不存在实体概念。就像我们提及实体法时,对应的事物就是程序法,失去其一,就失去了概念独立存在的意义。如果说实体利益等于利益的全部,那么我们就没有必要在利益概念之外另行创设一个实体利益的概念。

其实,有关实体利益之外是否存在独立的程序利益,存在三种观点:一是认为没有独立的程序利益存在,程序是依赖实体的,程序只有在保障实体内容实现时才有意义,除此之外没有任何其他的独立价值。程序与实体的关系

---

〔1〕 参见李德顺、马俊峰:《价值论原理》,陕西人民出版社2002年版,第109页。

等同于手段与目的的关系,那么,只要能实现实体利益,程序无论怎样都无所谓,都是正义的,因为程序利益是通过实体利益表现出来的。二是认为程序即目的,程序不是为了实施实体法、实现实体利益而存在的,程序本身有其独立的内在价值,只要能够实现这些价值,程序利益即已达成。三是认为程序利益与实体利益同是诉讼程序所追求的目的,实体利益应当以程序利益为前提,程序利益应当以实体利益为依据。一方面,程序运行的最终指向是实体利益,从这个意义来说,程序利益是实现实体利益的手段;另一方面,程序本身又必须满足内在价值的追求,从这个意义来讲,程序利益又是程序的目的。[1]

笔者认为,这三种观点实质上是从三个不同的视角对程序和程序利益所得出的结论,它们之间不存在根本性冲突。首先,在任何情况下,我们均不能否认民事诉讼程序对于实现实体利益的工具性价值,程序不是为了程序而存在,程序也不能成为程序的目的所在,如果不能解决当事人之间系争的实体利益,那么程序自身存在的意义就存在疑问。其次,程序的价值亦不仅在于它是实现实体利益的手段,就其本身而言,亦能满足主体的一定需要,对于程序主体来说具有利益的性质。最后,如果将上述两个方面结合起来看,程序与程序利益相对于实体与实体利益来说,就表现为目的与手段的统一、伦理价值与工具价值的统一。所以,笔者认为,实体利益与程序利益为并存的两种独立的利益形态,二者既有联系,又存在区别。

应当说,程序利益概念是随着我国程序理论研究的深入发展而出现的一个法律概念,特别是在学者们将视野转向程序的利益保障机能之后,程序利益的概念得到了人们的重视,我国许多学者在论及程序正义、程序价值、程序改革等程序问题时,在强调对实体利益保护的同时,往往也会提及对当事人程序利益的保护。如李祖军认为,对当事人权利的侵害,在民事诉讼程序中"则不仅表现为争议实体利益的减少,也表现为实体利益之外程序利益的损耗。利益保障说始终立足于平衡实体利益与程序利益的基本宗旨,强调民事

---

[1] 参见李祖军:《民事诉讼目的论》,法律出版社2000年版,第165页。

诉讼不仅应将实体权利的保护列入民事诉讼的目的范围，还应将直接关系到诉讼外基本权利的程序利益的维护一并作为民事诉讼的目的”。[1] 彭世忠认为，“诉讼当事人即程序主体不仅可请求受诉法院实现其实体利益；亦可请求法院维护其程序利益。为此，受诉法院对于当事人，一方面应赋予发现真实的机会，另一方面则应同样赋予其有促进诉讼追求程序利益的机会”。[2] 汤维建教授提出：“平衡保障当事人的实体利益和程序利益应当成为新民事诉讼法所明确的目的。”[3] 虽然我们现在可以在许多的法学论述中见到程序利益这个概念，但基本上都是在回答程序与实体的关系中笼统地涉及，几乎没有学者对何为程序利益给予明确的回答，亦无人系统地阐释程序利益。

在我国台湾地区，程序利益的概念起源于20世纪80年代提倡、开展的程序利益保障论，我国台湾地区学者邱联恭对程序利益概念进行了比较系统、详细的论述，他认为：有关民事诉讼制度应如何建构或运作之审判实务及理论学说中，向来使用诉讼经济之概念者，多系为达成其避免程序重复或减轻法院负担之目的，借此寻求正当化之根据，而鲜见其表明系出于保护当事人利益之意图，此种态度之所以形成，或许肇因于传统上论者对于当事人应如何保障其程序主体地位之事欠缺认知；或许亦由于受德、日等国学说上有关诉讼经济之向来持论所影响，而有其法制继受沿革上原因，因此，不难察知向来借重诉讼经济之概念者，多指向于试图用以达成其禁止、限制或约束当事人为某诉讼行为，借此处理其应否在诉讼程序上受某项制约之问题。于此，论者既未意识到应如何积极设法容许或便利当事人为某行为，以保护其正当利益或使其有机会追求系争实体法上利益以外之程序法上利益，亦非图谋厘清法院负担之减轻与当事人利益之保护二者，在目的指向上，有何优劣先后之关系或孰重孰轻。进而，邱联恭指出：“程序利益系指因简速化程序之利用或避不使烦琐、乏实益之程序所可节省之劳力、时间或费用而言，所以诉讼程序之进行或运作倘未致力与此，或竟然反而造成劳力、时间或费用之浪

[1] 李祖军：《利益保障目的论解说——论民事诉讼制度的目的》，载《现代法学》2000年第2期。
[2] 彭世忠：《程序选择权及其法经济学思考》，载《西南政法大学学报》2003年第6期。
[3] 汤维建等：《民事诉讼法的基本走势》，载《江海学刊》2005年第2期。

费,即属使当事人蒙受程序上不利益……程序利益指向独立于系争实体利益以外而与其并存之利益、地位,亦包含具有精神性、人格性者在内,而不受系争标的究为财产上权利或属人事、身份上法律地位之拘。”[1]也就是说,程序利益就是当事人系争实体利益之外的利益,其主要集中于诉讼的经济简便而给予当事人的利益。此种观点只是为我们提供了一个寻找程序利益的方向,那就是系争实体利益之外的利益,但对于究竟何为程序利益并没有给出一个明确的答案。

我们知道,法律规范构成了立法者为解决种种利益冲突而制定的原则和原理。从这个意义来讲,我们必须把法律规范看作价值判断,也就是这样一种看法——“相互冲突的社会群体中的一方利益应当优先于另一方的利益,或者该冲突双方的利益都应当服从第三方的利益或整个社会的利益”。[2]作为民事诉讼解决对象的民事法律关系,虽然是以个人与个人之间的平等与自决(私法自治)为基础,表现为个人与个人之间的关系,但对于进入民事诉讼领域的民事冲突来说,其解决并不唯依个人利益判断来决定救济法律关系的形成。一方面,私法不仅保护个人利益,而且往往同时保护公共利益;另一方面,虽然公法通常涉及公共利益,但也并不是仅仅关系公共利益,它同样也会适当照顾个人利益。因而,无论是公法还是私法,其宗旨都不仅在于促进或保护某些公共的或个人的利益,而在于适当地平衡各方面的利益,创造公平和公正的局面。[3]

当今的诉讼法学将诉讼法律关系视为一项三方法律关系,即诉讼当事人之间的关系以及当事人与法院之间的关系。当事人之间的关系类似于私法关系,当事人与法院之间的关系则类似于公法关系,但鉴于诉讼是一个整体关系,其不能被分解为公法部分与私法部分。[4] 因此,民事诉讼中的法律关系同时具有私法与公法双重性质,其所涉利益亦可分属私法利益与公法利

---

〔1〕 邱联恭:《程序利益保护原则(上)》,载《月旦法学教室》2002 年第 1 期。

〔2〕 Max Rheinstein,“Sociology of Law”,48 *Etgics* 233(1938). 转引自[美]E. 博登海默:《法理学——法律哲学与法律方法》,邓正来译,中国政法大学出版社 2004 年版,第 151 页。

〔3〕 参见[德]卡尔·拉伦茨:《德国民法通论》,王晓晔等译,法律出版社 2003 年版,第 5 页。

〔4〕 同上书,第 8 页。

益。在此意义上，程序利益之内涵兼具公、私双重属性，而这种公、私的属性与诉讼的主体并不具有当然的对应性。也就是说，私人的主体并不必然仅仅代表私利，而公的主体亦不必然代表公益。因而，我们不能仅仅依赖利益主体对程序利益进行考察，更不能将程序利益仅仅归结于当事人系争实体利益之外的利益。但是从利益的分类来看，实体利益与程序利益系出自同一分类标准之下的相对的利益类型，二者相结合共同构成周延的利益实体。由于实体利益的概念较程序利益的概念出现更早、流传更广，我们在界定程序利益概念时，亦不能脱离实体利益。

综上所述，结合利益概念的相关特性，笔者认为，程序利益就是指程序中主体与程序中客体之间一种特定的关系，即客体以自身属性满足程序主体需要或主体需要被客体满足的效用关系。相比于一般的利益，程序利益有其自身的特殊性，这表现为主体的特殊、客体的特殊以及需要的特殊。

（一）程序利益主体具有特殊性

任何利益均不能脱离一定的社会主体而独立存在，程序利益作为利益之一种，当然也不能例外，其必定与一定的程序参与者联系在一起，程序利益就表现为程序参与者的利益。通常而言，我们将民事诉讼程序的主体限定于法院与当事人，其他程序参与者的地位或是依附于当事人或是依附于法院，一般不属于独立的程序主体，所以程序利益的主体一般也指法院和当事人。但在特殊情况下，其他诉讼参与人也可能成为独立的程序利益主体，比如，诉讼代理人为代理诉讼而向当事人收取的费用，对于当事人来说是一种程序利益的支出，可对于代理人来说则是一种程序利益的增加，就此利益而言，代理人就是独立的程序利益主体。法院与当事人虽然同为基本的程序利益主体，但在程序利益关系中，各自的地位和相互间的关系并不相同，就此可从以下四个方面来看。

1. 法院利益主体身份的双重性

法院作为民事诉讼的参与主体之一，其最基本的职权无疑就是对案件和当事人权利义务的裁判权以及对诉讼程序的控制权。[1] 作为判断者,其裁判的是当事人之间的利益纠纷,因此,为保证裁判人公正与合理,法院就应当保持中立的第三者地位,在主体的关系上不应与当事人产生利益上的关联和冲突。同时,法院作为程序主体之一,也有自己的或自己所代表的程序利益,那么作为这些利益的主体或代表主体,法院同样具有追求和维护自己利益或自己所代表的利益的本性和动机。

2. 当事人之间为相互对立的利益主体

民事诉讼以解决民事纠纷为目的,民事纠纷是在相对的双方当事人之间进行的,所以典型的民事诉讼要有原告和被告双方才可成立,现代各国民事诉讼均以两造对立为当事人的基本结构。民事诉讼的目的是基于审判权解决私人间的纠纷、调整利益冲突,所以民事诉讼是以接受审判的双方当事人为存在前提的,并把他们作为主体,让他们去追求诉讼上的利益,这种当事人的对立关系构成诉讼的基本结构。[2] 民事纠纷就是民事权益的纠纷,直接反映的是当事人之间在利益层面上的冲突,当事人之间的法律关系就是民事法律关系,因此,当事人在法律地位上是平等的。在此基础上,当事人的程序利益也应当具有对等性,否则就不足以保持当事人的平等地位,而且就争讼的利益客体而言,由于对立的双方当事人不可能同时成为该利益的主体。因此,双方当事人在利益归属上具有对立性,是具有平等地位的对立的利益主体。

3. 主体间的法律关系具有特殊性

传统观点认为,法院主导了民事诉讼法律关系,分别与各当事人形成民事诉讼法律关系,至于当事人之间,则并不形成法律关系,不具有程序上的利益交涉,这明显是审判权高于当事人诉权的观念的体现。随着观念的转变,当事人在诉讼中的主体地位得到了重新的审视和定位,学界逐渐形成了对诉权与审判权关系的共识,那就是诉讼程序为诉权与审判发生相互作用的"共

---

〔1〕 参见张卫平:《民事诉讼法》,法律出版社 2004 年版,第 53 页。

〔2〕 参见江伟主编:《民事诉讼法原理》,中国人民大学出版社 1999 年版,第 382 页。

振场”,诉权与审判权的结合构成了民事诉讼的基础,二者相互依存、相互影响,并不存在孰优孰劣之分。所以,民事诉讼法律关系是多个诉讼法律主体之间形成的多种社会关系。民事诉讼法律关系的主轴是以法院为中心的审判法律关系和以当事人为中心的争讼法律关系的组合。在这两个主轴下,各个诉讼法律关系主体之间展开了多种诉讼法律关系。在审判法律关系中,法院分别与当事人、诉讼代理人、证人、鉴定人、翻译人员、协助执行人、人民检察院等发生诉讼法律关系。在争讼法律关系中,当事人之间,当事人与代理人、证人、翻译人员之间发生争讼法律关系。[1]

4. 程序利益主体对于程序利益不完全自主

任何利益的行使都有其边际,世界上不存在自由行使的不受约束的利益,因此,程序利益与一般的利益并无区别。但诉讼程序与普通的民事领域不同,利益的主观属性并不完全取决于个别诉讼主体的主观认识,而是要受到一定的制约。比如,在普通的民事领域中,只要双方当事人就某一项利益达成一致,如不违反法律的强制性规定或公序良俗原则,就具有法律效力。但在诉讼程序中,当事人之间就某项程序利益事项的合意往往需要法院的认可方能产生法律效力。同时,对于法院来说,由于其代表的程序利益并非全部归其所有,因而它并不拥有自由处分权,如诉讼费的收取,法院就必须按照法律的规定进行,既不能随意增加,亦不能任意减免。

(二)程序利益客体具有特殊性

首先,表现为程序利益客体不能离开程序主体。从诉讼程序的构成与运作形态来看,诉讼程序是主体参与程序、推动程序展开的,而程序客体则是程序主体的程序活动对象,即诉讼程序所指向、所实践的对象世界。因此,程序利益客体首先是程序利益主体所指向的、所需要的、所欲追求的、所消费的客观对象。程序利益客体是相对于主体来说的,离开了利益主体,也就无所谓客体。利益客体是相对于利益主体而存在的对象,没有离开利益主体而单独

---

〔1〕 参见江伟主编:《民事诉讼法原理》,中国人民大学出版社 1999 年版,第 213 页。

存在的利益客体。[1] 比如,提出管辖权异议,对于当事人来说是一种程序利益,就不可能离开一定的当事人而独立存在。

其次,程序利益具有客观的、宽泛的客体内容和范围。程序利益作为一种救济利益,其客体范围是相对于被救济的利益实体而言的,只要是存在于程序之中的、不属于当事人系争实体利益范围之内的利益客体,均属于程序利益的范围。其中既包括一定的经济利益,如当事人在诉讼中支出的费用、时间等,也包括一定的精神利益,如当事人在程序中的尊严、人格、收获利益的喜悦、等待进展的心理煎熬等。

最后,程序利益的客体范围具有法律的现实性。就一般的利益客体而言,只要是能满足主体需要的客体实在,均可成为利益客体。但诉讼程序系法律规定的规范性程序,其如何开始、进行、结束等均具有明确的法律规定,世界上广泛存在的客观对象只有被纳入法律规定的程序范围内,方可成为程序利益的客体。程序利益客体是存在于程序范围内的客观存在,程序外不存在程序利益。比如,我国对于陪审员费用的支出,就不属于当事人程序利益,因为此项费用如何支付、支付多少,均与当事人不存在任何的必然关联,因而不能成为当事人利益关系的对象。有些特殊的程序利益是由基本法作出规定的,比如,在德国听审权就是由《德国基本法》规定的。在德国,如果任何人的接受法庭听审这一基本权利被侵犯和剥夺,在所有普通法院救济被用尽的情况下,可以根据《德国基本法》第 93 条第 1 款的规定向德国联邦宪法法院提出关于违反宪法的申诉,或是向欧洲人权法院提出控诉,并且不受《德国民事诉讼法》第 511 条关于争议金额超过 1500 马克的一审案件方允许提起控诉的限制。[2]

(三)程序主体的需要具有特殊性

作为法律规定的诉讼程序,是对私权争议的公法解决,其对于民事争议的解决具有普遍适用的特点,且为纠纷之解决预置标准化的结构模式,通常

---

〔1〕 参见王伟光:《利益论》,人民出版社 2001 年版,第 97 页。

〔2〕 Harald Koch, Frank Diedrich, "Civil Procedure in Germany", *Kluwer Law International*, 1998, pp. 35 – 36.

不会随着当事人需要而作出变动。但民事诉讼程序毕竟是解决私权争议的程序,当事人的程序利益亦有私益的特性,因此,当事人的需要在许多情况下决定了程序中的客体能否成为程序利益的客体内容。

首先,个别利益主体自身的需要对程序利益的构成不具有必然性。通常来说,在单一主体的情况下,主体对客体的需要是利益构成不可缺少的要件,但由于诉讼程序中的主体具有众多性的特点,因此,某一程序主体的需要有时不能决定程序利益的构成。任何一个程序主体的需要都可能引起其他程序主体利益的增加或减少,比如,法院依职权提起审判监督程序就直接影响当事人的程序利益。

其次,程序主体的需要是程序发展和进步的内在动力。马克思在论述社会历史发展的基本要素、基本前提时,都提到了需要,不仅如此,他还把需要当作一种原动力、一种始因,用以解释人们的活动。[1] 当事人参与诉讼程序就是为了维护自身利益,而为了满足当事人的程序需要,法律必须在程序上作出回应,对相关程序制度和程序利益作出安排,使程序设置在最大限度内满足当事人的需要。如果单纯从个体角度出发,当事人在程序中获得的程序利益越大,对其就越有利,但程序不可能做到使每个主体的利益实现最大化,因而必须通过程序的改进和发展,平衡各方当事人的程序利益冲突,以在综合状态下实现利益的最大化。这种程序主体的需要进行满足的过程,实际上也是诉讼程序发展和优化的过程。

综上所述,笔者认为,程序利益是程序主体利益在程序中的反映,其不但反映了程序主体对程序的需要和满足的关系,而且在民事诉讼中外化为各种诉讼行为和诉讼现象,可以说所有的诉讼行为和诉讼现象背后,均离不开程序利益的支撑。

---

〔1〕 参见李德顺、马俊峰:《价值论原理》,陕西人民出版社 2002 年版,第 41 页。

第二节 程序利益本质、功能及表现样式

一、程序利益的本质

(一)程序利益为第二性的利益

利益既可表现为现实存在的利益,也可表现为对它追求的自由,追求利益的自由本身也是一种利益。不同于现实存在的财产、人身等利益,自由追求的利益不一定能够实现,[1]但所追求利益的实现与否,并不妨碍这种追求的利益之属性。对利益的追求可以分为两种不同的类别——积极追求与消极追求。所谓积极追求,就是指主体在其自身拥有的现实利益外,另行追求新的不为主体所现实拥有的利益,也就是将一些未与主体需要发生联系的客体纳入主体的利益范围内,目的是扩大主体利益的范围、增加利益的数量或提高利益的质量。所谓的消极追求,是指主体对自身现实利益的维护,主要包括对受损利益的救济与还原。这里所说的现实利益并不仅仅局限于主体所享有的以物理的现实状态存在的利益,还包括在现实中有根据的、正常应在将来合理期限内归属于主体的利益,如民事合同的预期利益等。

在消极追求中,存在两个相互关联的利益实体,即被侵害利益与补救利益,其中,前者为后者产生的原因,后者为前者发展的结果;只有在前者存在的情况下,才可能会产生后者的问题;如果后者出现,则必然存在前者。换言之,有前因必有后果,有后果亦必有前因。补救利益的产生必须以原有的利益实体受到侵害为基础,原利益没有受到侵害或就原利益不存在纷争就不会产生对原利益的补救;补救利益是相对于原利益的助利益,即通过该利益的满足,使原利益得以恢复或实现。理论上对权利的分类,可按因果关系分为第一性权利或原权利、第二性权利或补救权利。第一性权利是直接由法律赋予的权利或由法律授权的主体依法通过其积极活动而创设的权利,补救权利则是在原有权利受到侵害时产生的权利。[2] 在此,我们可以比照此理论,将

---

〔1〕 参见彭诚信:《从利益到权利——以正义为中介与内核》,载《法制与社会发展》2004 年第 5 期。

〔2〕 参见张文显:《法哲学范畴研究》,中国政法大学出版社 2001 年版,第 319 页。

被侵害的利益称作“第一性利益或原利益”，将对被侵害利益进行保护的利益称为“第二性利益或补救利益”。补救利益具有双重特性：一是在利益本质方面，它是利益主体所当然具有的一种利益，一个社会主体如果被剥夺了救济利益的享有，那就意味着其同时丧失了原利益或第一性利益；二是在功能方面，补救利益是第一性利益实现的保障，通过补救利益的满足，社会主体可以获得对第一性利益恢复和实现的程序机制。对于补救利益的第二性定位不是就其利益本质而言的，而是针对其功能来说的，其对于第一性利益的补救性功能集中体现了第二性利益的定位。

从总体来看，程序利益就是一种补救利益，是第一性利益受到侵害后，当事人为了恢复其利益的原初状态而作出的利益追求，本质是一种追求利益的利益，是相对于第一性利益而言的第二性利益，功能是为了实现与恢复第一性利益。有一点必须明确，那就是作为第二性利益的程序利益，第二性的定位源于其对受侵害利益的补救性的性质，而不是源于第一性利益的性质。只要是利益实体均可能成为被侵害的对象，因而都存在一个补救问题，所以，作为第二性利益的程序利益，亦可能成为被侵害的利益，也存在一个补救的问题。在以程序利益为被侵害利益的利益关系组成中，程序利益就成了第一性利益，而对其进行利益补救的利益则成为第二性利益。所以说，认定某种利益为第一性利益与第二性利益，是相对的而非绝对的，只有将一定的利益实体放在特定的关系组合中，根据相互间的因果关系进行考察才有意义。我们将程序利益定位于第二性利益，是相对于当事人系争的利益实体而言的，是程序主体所拥有的对于该利益纷争进行补救的一种利益。

有一点必须引起注意，那就是第一性不等于第一位，第二性不等于第二位；第一性利益、第二性利益只是就利益间的因果关系所作的分类，并不意味着对利益重要性的排序，既不能认为第一性利益比第二性利益重要，也不能认为第二性利益比第一性利益重要，第一性利益与第二性利益是不可分割的一对利益组合，缺少任何一项都不完整。“没有救济的权利就不是权利”，同样，没有救济利益的利益亦不是利益。程序利益作为一种第二性利益，其产生的基础为第一性利益受到侵害，因此，程序利益并不是在任何情况下都出现在现实状态中,但程序利益不出现,并不意味着其不存在。程序利益是为了保障原利益的实现而采取的措施,它的存在使原利益获得了一种程序上的保障,给予了利益主体一种维护其利益的正当途径,特别是诉讼程序,其实质上就是给予原利益一种法律上之力,通过程序利益的实现,以国家强制力的形式满足程序主体的利益需要。利益之内容中实质上已经隐含了程序利益的要素,是对利益内容预设的一种保障,是对否定第一性利益的一种否定。利益之所以能够实现,皆依程序利益之保障。第一性利益与第二性利益的结合,使利益获得了程序上的保障力量。如果利益能够得以顺利实现和满足,则利益主体不必启动程序寻求利益保护;如果相关的义务人不履行其义务,致使利益内容得不到实现,或是利益被侵害,则可启动程序,以法律上之力强制义务人履行义务或为损害赔偿,以确保利益内容的实现。所以说,原利益为程序利益发生的基础,程序利益为原利益不能实现的结果;无原利益不产生程序利益,但无程序利益就不是法律意义上的利益,失去其法律上的价值,就会成为一种空洞的概念。

(二)程序利益是运行程序的利益

虽然说民事纠纷的存在是民事程序启动的前提和基础,程序运行的结果在客观上会影响当事人系争的实体利益,但程序自身的运行离不开程序利益的推动。就诉权而言,其程序意义上的含义是在程序上向法院请求行使审判权,诉权的行使形式实际上是提起程序意义上的诉。[1] 国家为国民提供司法保护,即以国家的审判权保护国民的合法权益,能够利用民事诉讼制度,对国民来说是一种利益,而法律承认国民得以享有这种利益的权利就是诉权。[2] 诉权实质上就是一种请求权、主张权、要求权,而且诉权是肯定的、主动的要求权,“肯定”的含义是“要求他人采取肯定的行动”,“主动”的含义是“选择是否从事某种行为”。法定的要求权是一种要求国家加以认可和强制实施的权利,诉权是一种法定要求权,而且是一种特殊的法定要求权。总而

〔1〕 参见江伟、邵明、陈刚:《民事诉权研究》,法律出版社2002年版,第153页。

〔2〕 参见何勤华:《当代日本法学》,上海社会科学出版社1991年版,第280页。

言之,诉权就是法律赋予国民享有的要求法院提供诉讼救济的权利。[1] 所以说,诉讼程序的提起,实质上是当事人为了寻求利益保护而发动的追求利益的活动,这本身就是一种运行程序利益的体现。由于诉讼程序不同于一般的追求利益的程序活动,其运行并不仅依当事人的要求而进行,还要依赖法院对于这种要求权的态度,所以诉讼程序运行的过程就是当事人权利与法院审判权交织作用的结果,是当事人和法院程序利益交锋及相互作用的过程。在私法领域,诉讼是提供给公民借以要求国家维护自己遭受漠视的权利的手段。诉讼只不过是公民通过审判要求获得自己应得之物的权利,一般的审判是人们意图借以证明自己权利存在的诉讼程序。[2]

(三)程序利益是受程序法保障的利益

程序利益系一种追求利益,是为了保证原利益的恢复与实现而设置的一种利益,所以说,只要是满足利益主体此种需要的客体,均可被归入程序利益的范围。从这一点来说,程序利益与程序法所保护的利益存在具有内在的联系,程序利益就是受程序法保障的利益。但有一点必须明确,那就是受程序法保障并不一定意味着程序法作出了明确的规定,亦不意味着只有程序法规定的利益方为程序利益。民事诉讼为诉讼法与实体法综合发生作用之“场”,亦为当事人之间诉讼行为与法律行为交错发展之过程。民事诉讼法与民事实体法,均以民事问题为其规制对象,故两种法律均建立在相同法律价值之上,且两者法律领域之界限有不易分清之情况。所以,在分析问题时,应当兼顾诉讼法与实体法之规定互相交涉发生作用而形成诉讼程序过程之事实,仅得就具体法律规范之机能目的,评价及解释特定的法律现象。[3] 虽然程序法总是为解决一定争议或实现某一权利而制定的,但程序法并不能涵盖所有的程序利益,这与民事实体法不能详尽规定所有的民事实体利益是一个道理。

---

〔1〕 参见江伟、邵明、陈刚:《民事诉权研究》,法律出版社2002年版,第141页。

〔2〕 参见[意]彼德罗·彭梵得:《罗马法教科书》,黄风译,中国政法大学出版社1992年版,第85页。

〔3〕 参见陈荣宗、林庆苗:《民事诉讼法》,台北,三民书局1996年版,第76页。

二、程序利益的功能

功能,在一般意义上可解释为功用、作用、效能和用途等,那么程序利益的功能就是指程序利益的功用、作用、效能和用途。程序利益作为人们需要的对象,对于程序主体的活动、对于程序的开展与运行、对于程序现象的构成,均具有极为重要的功能。[1] 但程序利益毕竟为追求利益的利益,属于第二性利益,满足此利益的最终目标是原利益的实现与恢复。程序利益主要包括以下几个功能。

(一)程序利益的中介功能

人的需要是对一定对象的需要,这体现了人是一种被动性的存在,人总要依赖一定的对象而存在,所以人的存在是受限制的、受制约的。但同时,需要不仅是“需”,而且是“要”,这又体现了人是一种能动的主动性存在。正是在需要的驱动下,人才会去“要”、去“求”、去占有对象和改造对象。同时,需要的对象性,表明需要总是有一定的指向,并且是一种“外向性”的指向。需要的指向也即活动的指向,有多少种对象,就有多少种指向。但这些指向又不是离散的、互不连属的,也不是“勇往直前”的,它们源于需要的主体,又折返回需要的主体。也可以说,需要的外向性指向只是需要的一个方面,另外,需要还有一种“内向性”的指向。正是这种“内向性”的指向,使各需要可能成为一种有机的系统,也是人的需要整合的内在要求。尽管不同的需要之间存在差异、冲突,但人总可以根据它们各自的性质以及在需要体系中的地位,同时根据自己的能力,确定哪些更为紧急,哪些可以迟缓,哪些更加重要,哪些较为次要,由此规定了它们的优先顺序,确定事情的轻重缓急。在有些时候,人面对自己相互冲突的需要,必须有所割舍、有所限制。即使这种割舍并非情愿,自知会留下深深的甚至是无可弥补的遗憾,那也是无可奈何之事。之所以如此,就是因为需要构成了一种整体性结构,主体为了整体的、总体的

---

〔1〕 参见苏宏章:《利益论》,辽宁大学出版社1991年版,第84页。

需要，就必须割舍或限制某些部分性的需要。[1]

通常来说，对程序利益的追求并不是人的最终目的，程序利益需要的满足主要是为了实现与恢复原利益。也就是说，人的程序活动的最终目的一般指向原利益，程序利益的满足只不过是一个中介、一个路径，通过此种利益需要的满足最终达到原利益需要的满足。

（二）程序利益直接、最终满足需要的功能

虽然在大多数情况下，追求程序利益并不是最终目的，但并不能以此认为主体没有对程序利益的直接需要。对于程序利益的需要分为两个层次：第一个层次是前述的中介性需要；第二个层次是对程序利益自身的需要，因为程序利益毕竟也是利益的一种形态，具有满足人需要的功能。这两个层次的需要的排序并不是固定不变的，而是会随着内外各种因素的变化发生变化。在多数情况下，以原利益为最终目标对象，程序利益只是附带的中介；有的时候则把程序利益作为最终的目标对象，原利益变成程序利益的附带结果。因为需要与对象的关系不仅是多样的，表现为多方面的，而且性质也是不同的，有肯定性的、相契合的，也有否定性的、相悖反的，肯定中有否定、契合中有悖反，如此等等。对需要与对象的关系的认识，不但在于摸清这种关系，更在于把某种关系确定为追求的目标，而对其他关系作出相应的安排，如防范、避免、维持等。确定目的的过程，既是一个把自己的各种需要及需要的满足进行排序的过程，也是一个根据现有的能力和手段对目标实现的可能性进行排序的过程。目的从来不是静态的，而是具有实现的冲动力和倾向，所以它总是与一定的能力和手段相联系，而且这种联系具有一种不以人的意志为转移的客观性质，能力达不到、手段不具备，这目的就难以作为目的被确立。有的对象是我所欲求的，甚至是我急需的，但如果不具备实现它的能力和手段，那就只能把它“搁置”起来，等条件具备的时候再行考虑，这虽非我所愿，却也是无可奈何。[2]

---

〔1〕 参见李德顺、马俊峰：《价值论原理》，陕西人民出版社2002年版，第48页。

〔2〕 同上书，第51页。

人越是理性,就越是能合理地对程序利益与原利益这两个方面进行排序并考虑两个序列的契合性,其所确立的利益目的也就越容易达到。那些比较冲动的人,容易感情用事的人,往往只进行了各种需要与利益的排序,而没有对现实性的、影响利益实现的因素进行排序;或是对这两个序列的契合性缺乏考虑,想得更多的是"我想如何,我要如何",而对"我能如何"则关注得不够;或是只是考虑了当下的需要及需要的满足,也意识到自己有能力实现这种满足,而对这种行为的后果缺乏详细的考虑。因此,个人的行为就难免莽撞,成功的胜算也要大打折扣,有时还会造成连自己都不愿意看到的结果。[1] 在现实的案件中,我们经常看到一些人不顾自己整体利益的增加或是减少,而盲目追求程序利益或原利益的现象。"有枣没枣打一杆",实际上就只是享受"打一杆"的快感,而没有考虑是否可以得到枣的问题,枣的问题在这里就成了"打一杆"的附带结果,有之则更好、无之也不少。

(三)程序利益的程序推动、离散整合与尺度功能

实体与程序的架设,根本目的就是满足利益的需要。民事诉讼程序除受到整体利益目标的推动与制约外,还直接受到程序利益的推动、整合和评价,因为对于诉讼程序中的主体来说,整体的利益目标只是在程序终端等待他的一种不确定的预期,他只能站在远处对其观望与设想,却难以具体地、现实地对其进行控制与把握,他唯一可做的就是把握程序利益,通过程序利益的实现和满足最终达到程序终端的利益目标。

程序利益是程序主体在程序中现实的、具体的、可操作性的利益,是推动程序的直接驱动力量。利益是一个能动的范畴,它的能动性质直接决定了人是被动的存在物,而人的利益同时也是人成为能动的存在物的根据和动因。利益本身包含活动的因素,它要求人必须诉诸行动。它的这种能动性质就集中表现为对人的活动的驱动性。[2] 程序利益是程序主体在程序中活动的直接动因,而程序启动、展开、终结等均是程序主体活动的结果,程序利益对程

[1] 参见李德顺、马俊峰:《价值论原理》,陕西人民出版社 2002 年版,第 52 页。

[2] 参见苏宏章:《利益论》,辽宁大学出版社 1991 年版,第 85 页。

序的驱动是以程序主体为中介进行的。程序主体在程序中的一切活动与体验,无论是各种诉讼行为的进行、诉讼中时间与费用的投入等外在因素的活动,还是在诉讼中的感觉、情绪、心理、意志等内在因素的活动,直接作用因子就是程序利益。

离散和整合是利益的两个非常重要的社会功能。利益作为社会体系中的一个相对独立的要素,既具有使社会系统和社会结构分化瓦解的功能,又具有使社会系统各要素不断聚合的一体化功能。[1] 由于程序主体之间系争的利益实体在程序结束之前具有不确定性,所以程序主体主要是围绕程序利益进行相关诉讼行为。利益一致的程序主体在程序进行过程中,为了保障共同的利益,有时会结成一定利益共同体,共同推进程序向有利于自己的方向发展。利益相悖的程序主体,由于缺乏一致的利益基础,各自根据自身的利益需要对程序提出不同的要求,在这种情况下,就会造成程序结构的分化和程序主体间的对立。

在诉讼程序中,程序主体总是通过程序利益满足的程度来判断自己最终利益的实现程序,因而总是以程序利益为尺度衡量一切、改造一切。当然,程序主体也可能会按科学的观点来衡量程序中的活动和程序中的事物,但是他们同时也用利益来衡量这种科学,如一种科学发明价值如何,对人们有何效用,怎样运用才能实现它的价值从而实现人们的利益等。因此,利益作为人们衡量和判断事物的尺度,具有极大的广泛性和普遍性,它规定着人们的认识和判断。[2] 具有不同程序利益的主体会有不同的眼光,对相关诉讼事项的评价标准也不尽相同,对原告有利的程序,对被告来说可能一文不值甚至会造成重大的损失;对社会公益有利的程序,可能不会满足当事人的任何利益需要。

三、程序利益的表现样式

程序利益属于一个抽象的概括概念,是对多种多样的程序利益具体表现

---

〔1〕 参见张玉堂:《近年来利益问题研究综述》,载《哲学动态》1998 年第 4 期。
〔2〕 参见苏宏章:《利益论》,辽宁大学出版社 1991 年版,第 88 页。

形式的一个总的称谓。由于程序内容的丰富性和复杂性,以及程序主体的多数性,程序利益各构成要素在程序中相互交融、相互组合,呈现多姿多彩、纷繁复杂的表现样式。程序利益的分类标准很多,根据这些分类标准,可以将程序利益分为不同的形态。比如,我们可以按照不同的程序主体将程序利益分为当事人的程序利益、法院的程序利益及其他诉讼参与人的程序利益等;按照程序利益客体的不同,可以将程序利益分为物质性程序利益、精神性程序利益;可以根据社会满足需要的程度,将程序利益分为现实的程序利益、理想的程序利益等。可以说,有多少不同的分类标准,就有多少不同的程序利益表现形式,笔者不可能也没有必要一一进行研究和分析,在此,笔者仅对那些对诉讼程序构建和运行具有重大影响的程序利益样式进行研究。

(一)当事人的程序利益、法院的程序利益与其他诉讼参与人的程序利益

利益的主体性是利益最重要的特征,在谈及利益问题时,总是自觉不自觉地与一定的主体联系在一起,而事实上,一定的利益总是要归属于一定的主体,如果没有主体,就根本谈不上利益问题。程序利益亦是如此,其总是与一定的主体联系在一起,程序利益在任何情况下均表现为一定主体的程序利益。由于在诉讼程序中,最重要的主体就是当事人和法院,所以程序利益最主要的表现形式就是当事人的程序利益和法院的程序利益。除法院和当事人外,诉讼程序还存在其他诉讼参与人,如代理人、鉴定人等,他们既然参与了程序,那在程序中必然也涉及与他们有关的利益问题,所以程序利益也表现为其他诉讼参与人的程序利益。

就当事人和其他诉讼参与人而言,其参与诉讼程序的目的主要是实现和维护各自的个体利益。程序运行有两条并行的主轴,其中之一就是当事人之间的诉讼法律关系,反映的是当事人之间的程序利益关系。当事人的程序利益虽然从形式上说属于个体利益,但并不意味其利益内容全部是个别利益和特殊利益。每一个程序利益主体都是生活在一定社会中的主体,虽然相对于社会,其属于个体主体,但社会整体是由众多的个体主体构成的,整体由个体构成,共性寓于个性之中,一个利益主体必然具有个别、特殊利益和共同利益

的双重性格，个别、特殊利益和共同利益形成复杂、对立统一的程序利益网络。[1] 所以，当事人的程序利益虽然以个体私利为核心，但并不意味其利益没有任何的公益性，不反映社会和程序的整体的共同利益。其实，当事人通过程序来解决民事纷争这一点，就证明了其行动具有公共利益的因素，因为其毕竟是在国家和社会规定或认可的纠纷解决机制中寻求问题的解决，而没有寻求程序外的解决，这本身就是维护社会秩序的一种表现。

法院作为国家的审判机关，公职机关的性质决定了其程序利益的公益属性。也就是说，在正常情况下，法院没有属于自身的个别程序利益，所有归属于法院的程序利益，都是属于社会的、国家的，法院只不过是国家和社会在程序中的利益代表而已。从此意义上讲，法院对程序利益的需要并不是法院作为一个主体自己的需要，而是整体社会的需要，拥有哪些程序利益，要争取哪些程序利益，或可以放弃哪些程序利益，所有这一切的行动都是社会需要的反映，都是为了满足社会共同的利益。

程序利益还有一个特殊的主体，那就是公益诉讼主体。社会公共利益的代表主体是多元的，法院虽然在诉讼程序中以国家代表的身份出现，但其作为判断者的主体定位，有时亦会影响其通过程序维护公共利益的主动性和积极性。比如，对公共利益的侵害，法院就不能主动进行审查与维护，否则，其便会丧失中立地位，不利于社会利益的实现。在这种情况下，就要在程序中引入一个新的社会利益代表，代表主体启动维护社会利益的诉讼程序，而且使其在程序中享有相关的程序利益。比如，在公益诉讼中，提起公益诉讼的公益代表人，就在诉讼中享有相关的程序利益。

(二)物质程序利益与精神程序利益

程序利益的客体对象多种多样，作为客体的客观世界总体上分为物质世界和精神世界两大部分，所以程序利益依据其客体类型可以分作物质程序利益和精神程序利益两个类型。

物质程序利益体现了程序主体对程序中物质客体对象的需要，精神程序

---

〔1〕 参见王伟光：《利益论》，人民出版社 2001 年版，第 75 页。

利益就是以精神需要为客体对象的程序利益。对物质的需要是人类社会最基本的需要,只有物质需要得到了满足,人才能生存、发展。因此,在人类发展的低级阶段,物质利益是社会中最基础的利益,同样,物质程序利益是程序利益的主体和基础,人们通过程序也主要是为了物质利益的维护和实现,而基本上不关心精神程序利益。然而,无论是物质程序利益还是精神程序利益均是程序主体需要的对象,主体在程序中不仅追求经济、时间等物质利益也需要得到程序主体的尊严、自由、快乐等。没有精神利益的程序利益是屈辱的、不称心的甚至是毫无价值的,而缺乏物质利益的程序利益则是空洞的、不实在的甚至无意义的。程序主体通过程序获得的最终的利益实体,既包括物质利益,也包括精神利益,是二者之和,任何一项质的降低或量的减少,都会直接导致利益整体的质的降低或量的减少。

(三)中介性程序利益与满足性程序利益

在我们所需求的对象中,有些事物本身并不能满足我们享有的需要,也就是说,其本身对我们利益的满足价值并不大或者根本就不具有满足价值。但在一定的条件下,这些事物却可以通过交换来换取那些我们真正需要的具有很大满足价值的事物,因此,这些事物也依然可以成为我们需要的对象,成为具有满足价值的东西。从总体来看,程序就是一个满足利益需要的中介事物,很少有人会为了享有纯粹的程序利益而使用程序,大多数人的目的是最终整体利益的满足。但从程序利益内部来看,程序利益对程序主体需要的满足亦可分为直接和间接两个层次:有的程序利益可直接满足程序主体的需要;有的则不能直接满足程序主体的需要,只是程序主体获得其他程序利益的中介。笔者把后者称为中介性程序利益,前者称为满足性程序利益。

实际上,程序中的任何利益事项均具有中介性和满足性,即作为中介事物的满足需要的功能和作为客体的直接满足需要的功能。但在有些利益事项中,它可能作为客体的利益满足度较高、中介满足度较低;而有些利益事项则中介满足度较高,它本身作为客体的满足度则较低。但这并不意味着中介利益就不能满足主体的需要,其实中介需要也是一种需要,同样是主体利益的反映。但是,实际上一种事物作为中介所具有的满足价值特性与事物本身所具有的满足价值特性，相对于获得需求来说是相同的，因为无论是事物本身所具有的满足价值或是它通过中介所具有的满足价值，都是对该事物具有的一种预期的满足度的判断，最终同样可以使拥有者得到某种享用需求的满足。[1] 因此，无论中介性程序利益对程序主体所具有的满足价值来自何方，我们均可将其看作中介利益自身所有的满足价值，程序主体只要获得中介程序利益就可以看作获得了其所需要的程序利益，中介利益需要的满足亦可看作最终的程序利益需要的满足。比如，简易程序的目的就是实现程序的快速和降低程序利益支出，其着眼点并不在于自身的简便，而是通过简易程序的应用达到一个程序节约的目的，因此，简易程序只是节约的中介，但该中介的实现也往往意味着节约的实现。

(四)正程序利益与负程序利益

从原初意义来讲，利益是指好处，利益需要的满足就是得到了好处。但并不总是遂人所愿，在很多情况下，人们所追求的许多目标和愿望无法实现，甚至有的时候会出现人们不愿看到的结果。比如，我们本来想去饭店饱餐一顿，但事与愿违，不但食物难以下咽，还因食品不够卫生导致了食物中毒。这种与需要相反的满足结果对于主体来说就是一种负利益，如果说正利益是一种利益收入，负利益则是一种利益的支出。

从利益的整体来看，程序总是属于对原利益的补救，主体在处于原利益主体状态时，通常不愿看到自身利益受到侵害的情况，因而不会存在利用程序来维护其利益的心理。在此角度上，程序之利用对于程序主体来说，属于负利益的范畴，程序主体参与程序总是要付出一定的时间、精力和金钱，这些支出与主体享有原利益的需要并不相符。但是如果纯粹地局限于程序内来考察利益的正负状态，情况则有所不同，因为程序毕竟具有维护和实现原利益的功能，程序主体为了保证其总体利益的最大化，往往会积极地利用程序，这时，其对于程序事项就会表现出主观需要，一定的程序事项亦能满足这种需要，这对于程序主体来说，就成为一种正利益。所以说，程序利益的正负性

[1] 参见石明：《价值意识》，学林出版社 2005 年版，第 68 页。

不是绝对的,而是相对的,判断一个程序利益是正利益还是负利益,不能一概而论,要根据具体的条件、环境、法律的要求等来确定。

在通常的观念上,人们常常将得到某种东西看作得了利益,而把失去某些东西看作受了损失,其实,虽然利益的正负性与利益的收入和支出具有一定对应关系,但这种对应性并不是绝对的。收入或支出只是客体的一种客观流动方向,其对于主体究竟是负利益还是正利益,还要根据主体需要的满足程度和向度来确定。我们不能仅仅局限于客体对象流向的考察,而不考虑主体的内在需要。在任何情况下,正利益都是能够满足主体需要的利益,负利益都是主体需要得到负满足的利益。利益正负性的这种表现看似与常态的社会生活不符,但实际上,这种不符源于我们过多关注物质利益的思维定式。如果在利益正负性的考察中平衡考虑物质利益与精神利益,则不会出现此种现象。

第三节　程序利益与相关概念的辨识

在民事诉讼领域,有许多与程序利益相关的概念,如程序价值、程序权利等,相比于这些概念,程序利益出现较晚,属于一个新概念。因此,在研究民事诉讼程序利益之前,就面临一个必须澄清的问题,那就是程序利益与这些概念之间究竟存在什么样的本质区别,使我们必须在这些概念之外,另行寻找程序利益的概念作为理论研究的切入点。也就是说,在已有概念所涵盖的范围外,是否还有程序利益的生存空间。如果说程序利益作为一概念,其内涵和外延均没有超出现有概念所及的范围,那么程序利益概念只不过是现有概念的翻版而已,便没有什么理论研究价值。因此,在对程序利益相关理论展开研究之前,必须将其与相关的概念进行比较与辨识,以明程序利益的存在之理。

一、与程序价值的辨识

利益与价值的概念十分接近,甚至在通常的思想意识中,利益概念基本上就等同于价值概念,对某人有利的事物,就同时意味着该事物对某人有价值,没有利益的事物则没有价值。在有些学者的价值哲学论述中,亦把利益与价值基本等同起来。比如,有学者就认为:“按照利益来衡量事物的观点叫作价值观点,由此而得出的判断叫作价值判断。价值观点、价值判断的实质就在于利益。作为价值的意义的有用性或效用,对人而言就是人们审视和判断事物时,总是以自己的利益为依据和尺度。”[1]有的学者虽然认为利益是一种价值状态,它不同于价值,不能“离开对利益的前提、历史特点和实现过程的具体分析,把它抽象地夸大成人类社会生活的唯一本质关系”;但同时认为:“利益的特点、地位和作用,最集中最充分地显示了价值关系的性质。利益作为价值关系的社会形式,是人们社会生活中的一种基本关系内容,它的地位和作用永远不应忽视。”[2]由此可见,利益与价值这两个概念无论是在普通的生活中,还是在学术的论述中,二者的意义都非常接近,这种关系反映到诉讼程序中,就产生了程序利益与程序价值两个概念的近似性问题。

(一)利益与价值

价值是一个使用十分普遍的概念,一个具体的物品是否有用,我们可以说它是否具有使用价值,一个抽象意义上的人的自我实现,则可以说是自我或社会价值的实现等。在西方,“价值”一词亦有多种用法,含义也十分复杂。与“价值”相对应的词,英文为“value”,法语为“valeur”,德语为“wert”。马克思曾专门考证过“价值”这个词的来历,认为其源于古代梵文和拉丁文的结合,[3]最初源于古代梵文中的一个词“篱笆、围墙、护栏”;后来传到欧洲,它和拉丁文中的“堤、护堤”汇合在一起。篱笆、围墙、护栏和堤岸,是人所建造的,它们所起的作用,就是对人和人的财产起“遮盖、掩护、保护、维护和加固”的作用。这个词的本义就是指“对人起保护作用、有掩护和巩固作用”。以后,又进一步引申,“价值”就成了一个专用词,指对一个人的“好处、益处、有用”,或“可珍惜、可宝贵、可重视”,等等。换言之,这个词本来就是“好”的意思,变成正式的学术用语后,这个词就变得更全面了。单说“价

[1] 苏宏章:《利益论》,辽宁大学出版社 1991 年版,第 88 页。
[2] 李德顺:《价值论》,中国人民大学出版社 1987 年版,第 142 页。
[3] 参见《马克思恩格斯全集》(第 26 卷),人民出版社 1974 年版,第 327 页。

值”，就是指“好坏的程度”，是个中性概念。其中，“好”的这一面，可以叫作“正价值”，或简称“价值”；“不好”或“坏”的一面，则叫作“负价值”或“无价值”。由此可见，“价值”与“好坏”之间，是完全相通的。[1]

从系统的哲学角度来看，对价值的认识主要分为三种：一是着重于从主体的方面来理解，强调主体的需要，只要能满足主体的某种需要，即价值，或者强调价值是主体“给予”客体的，即价值是客体的人化，因而，认为价值具有主观性。二是着重从客体方面来理解，强调价值是客体的属性、功能，因而认为价值具有客观性。三是从主客体关系来理解，认为价值是一个关系范畴，只有将主客体统一起来，才能正确地理解价值。[2] 虽然这三种认识是分别从主体、客体和主客体关系三个方面对价值进行的界定，但无论哪一种界定，均不能脱离一个中心，即价值所反映的实质就是客体对于主体的积极意义。虽然这种积极意义的表现形态有很多种，但人的行动客观上永远是实现着他对对象世界、对周围的人、对社会、对自己的种种关系，而实现这些关系的主要推动力，就是利益。人们总是以利益为基础作出价值选择，在价值活动的对象背后，总是存在某种需要，各种利益总是适合这样或那样的需要。需要必须指向客观的对象世界，必须通过利益中介并转化为利益，才能成为价值活动的动机。因而，我们既不能从主体内部状态，从主体的需要、情绪、良心和义务出发来评价主体的价值活动，也不能单纯地从主体的价值活动结果出发来评价主体的价值活动，科学和客观的评价应该是从主体指向利益的对象性活动出发。[3] 一定的客体与主体构成利益关系，抑或是说它们是能给主体带来利益的必要条件，因而在某种意义上来说，对隶属于主体的价值对象的破坏，就等于对主体利益的损害。[4]

在此，利益关系是价值关系的核心，但同时也说明，价值关系并不等同于利益关系，利益关系只是价值关系的一种特殊形态，价值关系比利益关系更

---

〔1〕 参见李德顺：《价值新论》，中国青年出版社 1993 年版，第 21 页。
〔2〕 参见肖建国：《民事诉讼程序价值论》，中国人民大学出版社 2000 年版，第 60 页。
〔3〕 参见涂可国：《利益范畴新论》，载《山东社会科学》1996 年第 5 期。
〔4〕 参见竹立家：《关系、利益与价值》，载《岭南学刊》1996 年第 1 期。

为广泛，主体的内在尺度并非都表现为或只表现为利益。[1] 马克思和恩格斯在批判边沁的功利主义时说过："把各种各样的人类的相互关系都归结为唯一的功利关系，看起来是很愚蠢的。"[2] 以利益为中心的功利价值只是价值的一大类型，此外，还存在非功利价值或超功利价值。当然价值的超功利性是相对的，这种相对性就表现为它往往是具体地相对于某种功利而言的。比如，当一个人将某种道德或道德型人格作为自己的理想时，他就会自觉遵循有关规范，并自觉地维护这些规范、弘扬这种理想。在这个意义上，也仅仅在这个意义上，道德价值具有超功利性，是一种超功利的价值。但是，如果我们把视野放在全人类的共同利益时，又可以说，道德规范在限制个体利益思考的同时，又从整体上保护了人们共同利益的实现，或是有利于人们的共同利益或长远利益在某种程度上的实现。[3]

所以说，一方面，利益与价值存在区别；另一方面，这种区别又具有相对性。我们不能将所有的价值关系均归结为利益关系，但同时也不能完全脱离利益来谈论价值。此外，利益相比于价值，与主体的联系更密切，利益总是紧紧地围绕具体的主体方有意义，无论这个主体为个人、群体或全人类，我们一般不对利益主体进行泛化、空洞的表述；而价值则不然，价值主体可以是抽象的、泛化的，有时则只是反映一种价值评判结果。比如，"联合国的维和行动是有价值的"，此处的价值主体就不具有具体性的特点，我们也很难说该价值是针对何种主体的价值，但这并不妨碍这句话的意义传达。相反，如果表述为"联合国的维和行动是有利益的"，则会因为利益主体的不清而产生理解上的困难。

（二）程序价值与程序利益

法律是一种涉及价值的事物，法律只有在涉及价值的立场框架中才可能被理解，法律的概念也只有在有意识地去实现法律理念的现实情况下才能够

---

〔1〕参见谢鹏程：《法律价值概念的解释》，载《天津社会科学》1996 年第 1 期。

〔2〕［德］马克思、恩格斯：《德意志意识形态》，人民出版社 1961 年版，第 469 页。

〔3〕参见李德顺、马俊峰：《价值论原理》，陕西人民出版社 2002 年版，第 172 页。

被确定，[1]因此，在法律史的各个经典时期，无论是在古代或是近现代世界，对价值准则的论证、批判或合乎逻辑的适用，都曾是法学家的主要活动。[2]法律价值是人类众多价值的一种，应当遵从法的一般内涵，因而法律价值的实质表征是人和法律关系的范畴。[3] 一方面，它体现了作为主体的人与作为客体的法之间需要和满足的对应关系，即法律价值关系；另一方面，它又体现了法所具有的、对主体有意义的、可以满足主体需要的功能和属性。[4] 所以说，法的价值是属人的，具有属人性。任何法的价值是相对于人而产生和存在的，离开了人就无所谓法的价值，肯定法的属人性，实际上是对人的主体性的肯定，即法的价值的主体是人。[5]

由于法律价值的主体在社会中有多种表现形式，比如，有个人、有群体、有社会等，因而，从法的价值外延的角度，法的价值可分为个人价值、群体价值、社会价值和人类价值等，其中，个人价值是最基本的，群体价值、社会价值都是个人价值的集合和延伸，人类价值是以个人价值为基础而形成的具有人类的普遍性的价值。[6] 有人根据这种法律价值的不同主体性及不同主体的法律价值在社会中的接受度，将法律价值归结为主导性和多层次性的统一。法律价值的主导性是针对特定社会条件下社会主体共同赋予法律的属性而言的。在一定的具体物质生产条件下，全社会主体对法律具有共同的期望，基于这种共同的期望本身，社会主体赋予法律能反映共同期望的规定性，这就形成主导性的法律价值，如希腊时代的“正义”和自由资本主义时期的“自由、平等、博爱”等。然而，这种共同期望只是一种抽象期望，是社会主体具体期望的概括和总结，而每一个社会主体由于其财富、地位和受教育的程度不同，加之其在社会化进程中受主客观制约条件的差异，使其对法律的认识和

---

〔1〕 参见[德]G. 拉德布鲁赫：《法哲学》，王朴译，法律出版社2005年版，第4页。

〔2〕 参见[美]罗斯科·庞德：《通过法律的社会控制》，沈宗灵译，商务印书馆1984年版，第55页。

〔3〕 参见董长春：《论法律价值》，载《南京社会科学》1995年第8期。

〔4〕 参见张文显：《法哲学范畴研究》，中国政法大学出版社2001年版，第192页。

〔5〕 参见卓泽渊：《法的价值论》，法律出版社1999年版，第30页。

〔6〕 同上书，第25页。

对法律属性的赋予存在巨大的差异,甚至与主导价值存在对抗,由此才形成了多层次的法律价值。主导价值和多层次价值都统一于特定的社会形态下,以致形成多重价值混合的状态。[1] 但是,多数学者在论述法律的价值时,虽然一方面承认法的价值的多层次性,但另一方面将法的价值归结为自由、秩序、公正等具有基本性的、共同性的价值,将法的主导性价值等同于法的价值,忽略了法律价值的主体性特征。此外,我们在讨论法律的价值时,常常从法的整体属性出发,认为法的价值就是法所具有的共同性的价值,是对于普遍的人的价值,而这就忽视了法的价值的主客体之间的关系,甚至将法的某些属性归结为法的价值。

民事诉讼程序为法律程序之一种,对于法的价值的认识直接反映到对程序价值的认识之中,在讨论程序价值时,亦常常有意无意地以主导性的程序价值代替,忽视程序价值的个体性特征。这种观点一方面认为,民事诉讼价值作为一种具体价值,是一种以程序价值主体尺度为尺度的关系内容,它以程序参加者的中立性与平等性而表现出一个程序参加者的特殊性和个性。民事诉讼程序价值的个体性,根源于程序参加者内在的结构和条件的特殊性。对法官或当事人来说,其自身有什么样的结构和条件,就同民事诉讼程序发生什么样的关系。事实上,无论是当事人还是法官,任何一个程序参加者都有自己的一套价值坐标体系,不同的主体之间在程序价值关系上不可能完全重合,甚至常常互相对立。正是由于民事诉讼程序价值具有主体的个体性特点,所以在民事诉讼中,民事诉讼程序价值的标准、评定和表现是极其复杂的,是多层、异向、异质的。[2] 另外,程序的价值却又仅仅被归结为自由、公正、秩序等普遍性的一般价值。无论是在理论界还是在实务界,一谈起程序的价值,人们首先想到的就是公正与效率等非功利层次的概念,甚至在通常人的概念里,程序的价值就是程序所应当具有的客观属性。

从上面的分析可以看出,在单纯地讨论价值之时,人们基本能从价值的

---

〔1〕 参见董长春:《论法律价值》,载《南京社会科学》1995 年第 8 期。

〔2〕 参见肖建国:《民事诉讼程序价值论》,中国人民大学出版社 2000 年版,第 90 页。

哲学原理出发,对相关问题进行分析和研究,但是一旦转入法的价值和程序价值研究,就是将价值问题替换为法或程序的基本价值问题时,角度就会发生异变。现有观点认为,法的价值问题属于固有价值、自足型价值,表明法意味着什么,只有法能够实现这些目的时,法才是有价值的;同时,法的价值还是一个目的论承诺,是法存在的功能和用途。正是在这个意义上,我们说正义、自由、平等、秩序、利益、安全、效用、公共福利是法的价值,因为它们表明了法的存在目的或使命,它们是我们谈论法的价值的基本话语。[1] 从这个意义来讲,法的价值和程序价值,其关注视野主要集中于宏观的、抽象的、普遍性问题,相对于多元的个体来说,其是超功利的价值。

如果说,就如何区分通常性的利益与价值问题尚存难度,那么在我国特殊的法律语境之下,程序价值与程序利益的区别甚为明显。程序利益虽然也存在多层次的利益主体,但其目光主要集中于程序之利用以给予程序主体的积极性效用,基本不关注程序的普遍性价值与功能,即便给予普遍价值以适当关注,其出发点也是程序主体的个体利益,从个体利益的角度来审视普遍价值的意义所在。因而,程序利益是从微观的、具体的、程序运行的层面来观察程序主体与程序之间的功利性关系,其立足点在于程序主体利益需要的满足与实现。虽然这些内容亦是理论上程序价值的内容之一,但程序价值的关注点并不在此,其主要关注超个体的、超功利的、普遍的价值目标。从一般意义来讲,这些价值目标的实现,亦能满足程序主体的一定利益需要,但这种满足并不具有普适性。比如,一个公正的诉讼程序,对于期待从程序中得到不法利益之主体,就不具有利益满足的功能。

二、与程序权利的辨识

程序利益与程序权利并不是对等的概念,但由于权利与利益的天然联系,决定了程序权利与程序利益之间必然存在密切联系。把权利与利益相连

---

〔1〕 参见张骐:《论法的价值共识——对当代中国法治进程中一个悖论的解决尝试》,载《法制与社会发展》2001 年第 5 期。

的观念由来已久，早在18世纪初，以边沁为代表的功利主义学派已注意到法律是对各种利益的衡定以及权利义务的功利主义基础。奥斯丁明确指出："权利之特质在于给所有者以利益"，"授权性规范的特质在于以各种限制条件对实际利益进行划分。"[1]但是，清晰地透视权利背后的利益基础，并明确地把利益作为权利概念指称范畴的学者，当推德国法学家耶林。耶林通过使人们注意权利背后的利益而改变了整个权利观念。在当代世界法学中，几乎无人否认利益说是影响最大的权利义务理论，这种理论认为，权利的基础是利益——权利源于利益要求，权利是法律所承认和保障的利益。无论权利的具体客体是什么，上升到抽象概念，对权利主体来说，它总是一种利益或必须包含某种利益。赋予权利规则之本质特征的，就是这些规则将保护或增进个人利益或财产作为其具体目的，而义务则是不利、负担或实现权利主体之利益工具。撇开利益去谈权利，权利必定是空洞的。[2]

除利益法学的权利观外，在法理上对于何谓权利，还存在"资格说""主张说""自由说""法力说""可能说""规范说""选择说"等各种学说。但是，如果我们将目光从概念逻辑转向生活的价值，使法律在实践上更加面向和贴近生活时就会发现，无论哪一种权利的理论，都不能否认权利的实质内容在于其能够满足权利主体的需要。拉伦茨写道："当它以法律秩序自身的评价标准，根据这个标准，复杂的事实被仔细斟酌地加以判断，现实的利益在评价中被考虑到，越来越多地替代仅仅以形式的逻辑的推理为基础的方法时，它逐渐地在事实上彻底改变了法的适用。"[3]因此，利益是法律形成与发展的内在驱动力，法律则是对利益的确认、界定及分配。当人们的社会需求凝结为一种强有力的价值观念体系时，法律就必须适时地将利益内化为权利的形态，以国家强制力的背景来对之加以保护和维护。[4] 权利的基本要素首先是利益，利益既是权利的基础和根本内容，又是权利的目标指向，是人们享受

---

〔1〕 张文显：《法哲学范畴研究》，中国政法大学出版社2001年版，第302页。

〔2〕 同上书，第303页。

〔3〕 [德]阿图尔·考夫曼、温弗里德·哈斯默尔主编：《当代法哲学和法律理论导论》，郑永流译，法律出版社2002年版，第167页。

〔4〕 参见胡玉鸿：《关于"利益衡量"的几个法理问题》，载《现代法学》2001年第4期。

权利要达到的目的以及起始动机之所在。[1]

程序权利是程序法所规定的权利,是权利类型中的一种,其实质内容就是程序法所保护的某种利益,但是程序权利与程序利益之间并不能画等号。程序权利是经法律承认的程序利益,是程序利益的一种法律表现形式,有关程序主体可以此形式主张利益,但是,除程序权利外,各种利益通过法律制度经其他方式也能得到很好的保护,而不一定要设定一个权利。[2] 实际上,权利是制定法的产物,大陆法系的法学家殚精竭虑,竭尽概括抽象之能事,终于演绎成今日之权利体系及其相应的权利类型。但限于立法技术和立法者认识能力,或出于公共政策和利益衡量的考虑,法律不可将主体的全部利益都纳入权利体系中。唯有那些符合权利特征并被制定法认可的民事利益,才可纳入正式的权利类型。[3] 因此,权利虽然是受到法律所保护的利益,但并非所有的利益都是权利,只有为法律所承认和保障的利益才是权利,[4]在权利之外尚存在大量的不能归入权利类型的、具有保护价值的利益,程序权利并不能涵盖所有的程序利益。此外,在程序利益问题上,还存在一个正当性评价问题,即有些利益在法律上是正当的,有的则不正当;有些利益在法律上是正当的,但并不受法律的保护;有些利益在法律上不能被主张,但在道德或政策上却可以主张。[5] 宣布为权利的利益不能仅是纯粹个人的利益,而应被视为能够普遍享有的、获得广泛关注的,即可能相互冲突并可竞争的利益,或可以平等地适用于同一群体或社会成员的利益。[6]

由于权利与义务是相对应的概念,故一项程序权利的存在,就意味着一种让别人承担和履行相应义务的观念和制度存在。如果说权利是以"要求""获取""做"为表现形式的"得",那么义务就是相应的以"提供""让与""不

---

〔1〕 参见吕世伦、文正邦主编:《法哲学论》,中国人民大学出版社 1999 年版,第 544 页。

〔2〕 参见[德]卡尔·拉伦茨:《德国民法通论》,王晓晔等译,法律出版社 2003 年版,第 279 页。

〔3〕 参见张驰、韩强:《民事权利的类型及其保护》,载《法学》2001 年第 12 期。

〔4〕 参见[美]罗斯科·庞德:《通过法律的社会控制》,沈宗灵译,商务印书馆 1984 年版,第 47 页。

〔5〕 参见夏勇:《中国民权哲学》,生活·读书·新知三联书店 2004 年版,第 313 页。

〔6〕 参见张文显:《法哲学范畴研究》,中国政法大学出版社 2001 年版,第 307 页。

做”为表现形式的“予”。[1] 从这个意义来讲,程序权利所保护的主要是一种积极的、正的程序利益,而程序义务对于义务主体来说,则是一种消极的、负的程序利益。程序权利在任何时候均与程序义务是相对的概念,而程序利益既可以是程序权利所保护的内容,也可以是体现程序义务的载体。

〔1〕 参见夏勇:《中国民权哲学》,生活·读书·新知三联书店2004年版,第313页。

第二章　程序利益的关系形态

在民事诉讼程序中，主体之间的关系，主要表现为两种类型：一是当事人与法院的关系；二是当事人之间的关系，即原告与被告之间的关系。在社会中，主体之间的关系主要是指利益关系，主体之间如果没有利益交往，就意味着不能产生关系。无论是当事人与法院之间的关系，还是当事人之间的关系，实质上都是一种利益关系，而且主要是程序利益关系，因为他们之间虽然是为了解决实体利益而形成诉讼程序，但就程序层面而言，这种关系已经脱离实体的控制而具有相对独立性，其内容已主要表现为程序利益关系。由于利益与主体之间具有依存性、不可分割性，因此，在某种意义上来讲，程序利益的关系形态与程序主体之间的关系形态，具有高度的一致性，这也从另一个侧面论证了利益与主体之间的相互成就性。

由于系争的实体利益在双方当事人之间通常存在非此即彼的关系，因而，当事人之间的实体法律关系通常表现为对立与争执，而这种对立与争执体现在民事诉讼程序中，则为原告、被告对立的两造关系。通过考察可以发现，多数国家的民事诉讼立法都以原告的攻击和被告的防御为诉讼程序的发展线索，以此规范程序的过程和当事人在诉讼中的权利义务关系，并立足于当事人之间的相互对立，来表明行使辩论权、处分权的当事人在程序中的主导地位。[1] 如德国著名的民事诉讼法学者哥尔德施密特提出的“诉讼状态”

〔1〕 参见江伟主编：《民事诉讼法学》，中国人民大学出版社 2000 年版，第 109 页。

理论就坚持认为，诉讼是发展着的、变化着的，当事人在诉讼中都有趋利避害的心理，当事人通过积极实施诉讼行为以期望取得对自己有利的判决并避免不利判决带来的负担，从而将诉讼作为当事人之间进行斗争的场所。[1] 但必须看到，当事人之间的程序对立源于实体利益的对立，当事人程序对立的目的在于争取系争的实体利益，但是在个别情况下，程序对立本身并不必然有利于对实体利益的争取，程序对立有时会产生双输或是一方惨输的局面，而合作有时会产生共赢的结果，"合则两利，斗则两败"的道理同样适用于诉讼程序中的原告与被告。比如，在权利义务关系十分明确的案件中，双方当事人如果采取合作的态度，那么双方均可避免诉累，国家亦可减少司法投入。故而，程序主体之间是对立还是合作关系，实际上并非取决于实体利益关系的对立，而是取决于在何种关系状态下，可以实现实体利益的最大化。

法院作为居中裁判的权威第三方，主要职责就是在案件事实中发现法律的规范，对权利义务进行确定的判断。[2] 在当事人具体的利益争议中，法院不存在自己的私利，法院与当事人之间不存在利益上的对立，法院参与程序的目的在于把体现公共意志的相关法律规定运用于当事人之间的争议，它与当事人之间形成由民事诉讼法、法院组织法等法律调整的以审判权(力)利和审判义务为内容的审判法律关系。这一关系的核心内容是人民法院行使审判权，履行组织、指挥诉讼程序进行的义务，以及当事人请求法院进行审判的权利和服从法院程序的控制指挥的义务。审判法律关系的发展结果，是促成法院在裁判时机成熟阶段运用国家审判权，对当事人之间的民事权利义务归属作出司法判断。[3] 审判就是在对立当事人之间树立一个具有权威的第三者，通过这样三方相互作用把当事者的争论引导或收敛到一个合理解决的

---

〔1〕 参见王福华：《民事诉讼基本结构——诉权与审判权的对峙与调和》，中国检察出版社 2002 年版，第 29 页。

〔2〕 参见[日]棚濑孝雄：《纠纷的解决与审判制度》，王亚新译，中国政法大学出版社 2004 年版，第 256 页。

〔3〕 参见江伟主编：《民事诉讼法学原理》，中国人民大学出版社 1999 年版，第 211 页。

社会机制上。[1] 民事诉讼运行的过程，就是法院联合当事人协作将有关事实予以证明，并在此基础上适用法律解决利益纷争的过程。

从此意义上来讲，无论是法院主导民事诉讼，还是当事人主导民事诉讼，法院和当事人之间的关系均可以看作一种合作关系，或者说是法院与当事人合作完成对当事人之间利益纷争的处理，或者说是当事人与法院合作完成对当事人之间利益纷争的处理。而且从程序利益的性质来看，法院所代表的公共利益与当事人的个体私益之间，亦是一种合作的关系。因为从总体上来说，公共利益是个体私益的集合，它反映了普遍的个体私利的要求，而个体私利中亦蕴含着公共利益，公共利益与个体利益是总体与部分、一般与特殊的关系，二者在本质上具有一致性。由此看来，当事人与法院之间的程序利益关系亦应属于一种合作关系。通过合作，在具体的当事人程序利益实现的同时，实现公共利益；而公共利益实现的同时，通常也意味着当事人个体利益的实现。英美法系的对抗制，虽然诉讼程序以当事人之间的对抗为主，但也离不开法院对于程序的指挥、事实的认定、法律的适用；而大陆法系的纠问制，实质上就是以法院为主的合作证明制。当然，此处必须强调一点，法院与当事人之间的合作关系并非是指双方之间存在协调配合的主观能动性，而是指双方客观的关系状态，即同为一个程序场域内的主体，共同参与并完成诉讼程序的“在一起”的状态。

总而言之，当事人之间的对抗关系和法院与当事人之间的合作关系，是民事诉讼程序不可分割的两个侧面，任何一个典型的民事诉讼程序均具有这两个侧面的内容。[2] 如果把主体间的诉讼结构看作三角形，即以当事人之间关系为“底边”、法院与当事人关系为“两腰”，当事人之间的对抗关系是从

---

〔1〕 参见［日］棚濑孝雄：《纠纷的解决与审判制度》，王亚新译，中国政法大学出版社 2004 年版，第 256 页。

〔2〕 此处之所以将这两个侧面界定为典型的民事诉讼所具有的内容，原因在于在特殊的民事程序形态中，可能并不能同时具备这两个侧面的内容，比如，在宣告失踪案件、破产案件以及一定的人事诉讼中，当事人之间就可能不存在利益上的对抗关系，甚至有时只有一方当事人。但是，由于法院是各种民事诉讼程序中不可缺少的主体，所以说，在任何时候，法院与当事人之间的协作关系均是民事诉讼程序的必备关系。

“底边”观察这个三角形的结果；合作关系则是从“两腰”观察这个三角形的结果。如果仅从一个侧面来观察和强调现实中的民事诉讼程序，并将其提高到理念或当为的高度上，就很容易得出两个不同的抽象的诉讼理论模式，但两个模式之间的区别只在于表达方式与着重点的不同，对于诉讼程序的运行并无实质性的优劣。但这并不是说对抗关系与合作关系在民事诉讼程序中始终处于同等的地位，恰恰相反，有的民事诉讼程序以当事人与法院之间的合作关系为主，要么法院问当事人答；要么当事人举证主张，法院审查判断；辩论的作用虽在一定程度上体现了当事人之间的对抗，但其意义主要在于协助法院查明事实和适用法律。有的民事诉讼程序则以当事人之间的对抗关系为主，程序进行主要由当事人之间的诉驳问答构成，只有在影响程序进行或存在不可回避的争议之时，法院才作出公断。至于一个具体民事程序究竟以何种关系为主，只要程序设计合理、科学，与事实发现的真实度和法律适用的准确性之间并无必然的联系。也就是说，民事诉讼程序的开展，以当事人之间的关系为主，还是以当事人与法院之间的关系为主，并无优劣之分。但由于对抗的机理与合作的机理存在很大的区别，因此，在分析一个具体的民事诉讼程序时，应当将二者区分开来讨论，不能将当事人之间关系、当事人与法院之间的关系混在一起。比如，在分析对抗制为主的诉讼模式时，提出当事人与法院的关系应当以当事人为主，就没有意义了；同样，在分析当事人与法院之间的关系时，主张当事人之间的对抗，也缺乏针对性。这一点，从证据的规定上也可以看出些许迹象。比如，对抗制中采优势证据的证明标准，优势就意味着对抗的胜利、一方的成功；在纠问制中，则是以法院的确信程度的盖然性为证明标准，让法院相信才意味着证明的成功，这既需要当事人的努力，也需要法院的认可。这两种证明标准以不同关系为主导，两者的机理不同，不能混合在一起使用。

第一节　对抗形态

如前所述，无论在何种法律制度下，民事诉讼程序总是包含利益相反的双方当事人之间的对立和冲突。每一方当事人不仅被容许提出一切有利于自己的主张和证据并反驳对方的见解,而且这也是当事人的权利。当事人的这种行为可以说在任何民事诉讼制度中都是被允许的。[1] 所以说,虽然只有一部分国家将对抗视为诉讼的基调或结构性要素,但"对抗"一词所表示的双方当事人之间的斗争、对立等因素,具有相当的普遍性,几乎在任何诉讼制度中都有反映或体现。[2] 此处必须强调一点,那就是应当将当事人在诉讼程序中的对抗与实体利益的对立区分开来。如前所述,虽然实体利益之间的对立是当事人程序对抗关系的基础与来源,但在诉讼程序中,当事人之间的对抗主要表现为程序关系的对抗,其核心在于程序利益的对立与争执。

一、为什么需要对抗

利益是行为的最好动机。当事人在民事诉讼程序中的各种行为,其均是为了利益,而系争实体利益的最终归属在当事人之间又具有排斥性。因而,为了获得最终的系争利益,就需要双方当事人在追求实体利益的过程中展开竞争,这在诉讼程序中就表现为当事人之间在对抗性程序中的冲突。应当说,当事人之间在实体利益上的对立和冲突是二者在程序中对立和冲突的逻辑基础和前提。当然,在解决纠纷之外,有的国家还授权法院解决某些非纠纷事项,但是非纠纷事项的处置始终处于从属地位,而不决定诉讼程序得以存在的理念、价值和性质。所以除少数宣告性的判决外,如果没有实存的纠纷提交给法院,法院是不可能对公民的权利、义务或责任等事项进行审判的。换言之,冲突的假定对法院行使审判权从而引起审判程序的发生是必不可少的。[3]

从民事诉讼程序的发展轨迹上看,当事人之间通过程序对抗解决利益争端,是有根可循、有源可溯的。在历史上,原始古老的解决纠纷方式有很多,比如,个人复仇、集体复仇、氏族之间的战争、宣誓及决斗等。古代人相信通

---

〔1〕 参见[日]谷口安平:《程序的正义与诉讼》,王亚新、刘荣军译,中国政法大学出版社 2002 年版,第 22 页。

〔2〕 参见王亚新:《对抗与判定:日本民事诉讼的基本结构》,清华大学出版社 2002 年版,第 58 页。

〔3〕 参见汤维建:《美国民事司法制度与民事诉讼程序》,中国法制出版社 2001 年版,第 228 页。

过这样的方法可以发现事实真相,并据此解决纠纷。[1] 由此,从人类解决纠纷的思维惯性来看,通过当事人之间的私力对抗解决纠纷,“或许是视诉讼为部落之间战争的远古观念的残存”。[2] 此外,基于人们往往具有通过纠纷行为的实施才得以解决纠纷的心理净化机制,或者基于对抗能够促进纠纷事实充分展示并有利于查明事实真相等侧面,也可以部分地说明程序对抗的渊源。[3] 戴维林指出,获得真相最好的方法是,让各方能够证实真相的各种事实,然后双方展示他们所获得的所有材料,两个带有偏见的寻找者从田地的两端开始寻找,他们漏掉的东西要比一个无私的寻找者从地中间开始寻找所要漏掉的东西少得多。[4] 这种观点反映了一种信念,那就是与争议具有利害关系的当事人具有更为强烈的动力来全面调查,以便收集对他们最有利的证据材料。由于双方当事人均与案件结果有利害关系,因此可以推定,所有相关的事实都会得到呈示,而事实真相也由此得以揭示。[5] 此外,由于当事人是案件事实的亲历者,在正常情况下,其心中自应当明了案件事实的本来面目,从发现事实的角度来看,当事人比法官的地位更为有利和优越。但由于当事人之间的利益存在对立,所以有的当事人可能只提供对其有利的证据,而不提供对其不利的证据。对于所提供证据的真实性,相关当事人较清楚,更能找到对方证据的弱点所在,由一方当事人针对对方当事人所提证据进行反驳并进行辩论,从方法论上讲,有利于事实的查明,正所谓“真理越辩越明”。在此角度上,当事人之间的对抗亦是一种事实发现和证据判断的途径和方法,而且,这种途径和方法相比法院对相关证据的职权查明,更具有针对性和全面性,行为动力也更充足。所以,就事实发现方法而言,通过当事人

---

〔1〕 参见汤维建:《美国民事司法制度与民事诉讼程序》,中国法制出版社 2001 年版,第 234 页。

〔2〕 本条引注源于美国著名法学家庞德,原文为:“美国的对抗制或许是视诉讼为部落之间战争的远古观念的残存”,由于对抗制的基础就是当事人之间的对抗,所以笔者认为此语同样适用于当事人之间对抗关系。参见汤维建:《美国民事司法制度与民事诉讼程序》,中国法制出版社 2001 年版,第 234 页。

〔3〕 参见王亚新:《对抗与判定:日本民事诉讼的基本结构》,清华大学出版社 2002 年版,第 59 页。

〔4〕 参见何家弘、刘品新:《证据法学》,法律出版社 2004 年版,第 9 页。

〔5〕 参见[美]史蒂文·苏本、玛格瑞特·伍:《美国民事诉讼的真谛》,蔡彦敏、徐卉译,法律出版社 2002 年版,第 29 页。

之间的诉讼行为进行事实发现,亦是较为科学的,有助于实现“求真”的事实发现目标。

但是,在诉讼程序的制度性框架内,仍然鼓励乃至要求当事人保持对抗关系,在更根本的层次上,却应该说是当事人意思自治原则使然,或者说是市场活动主体自我决定、自我负责的价值在诉讼上的体现或投影。[1] 就当事人双方而言,程序中的意思自治首先表现为当事人双方对程序的选择;其次表现为诉辩双方的自由发言和自由辩论;最后表现为当事人双方对结果选择的合理性,因为在程序中,事实上的过去和程序上的过去并存,而且随着程序的展开,前者逐渐转化为后者,面对这种双重结构和转化过程,当事人有争取有利结果的机会,这就使当事人双方对结果的选择趋于合理。[2] 如前所述,民事诉讼程序是一个类似于解决利益纠纷的市场,当事人作为市场上卖方和买方主体,在法律规定的范围内理应具有个体自由,双方交易应当自由竞争,二者为了争取各自利益的最大化,对抗不可避免。现代社会强调民众的主体地位,由民众自己掌握自己的命运、决定自己的利益追求,在此种主流的社会价值观念下,既然当事人双方通过诉讼程序的对立性争取同一实体利益,那么,让双方当事人在诉讼程序中形成对抗性关系亦是理所当然的事情。

在当代的司法体制中,最能体现对抗特色的就是英美法系的对抗制诉讼模式,而这种诉讼模式据说来自以竞斗为形式的诺曼审判。因此,有学者认为,对抗制诉讼模式主要是模仿体育比赛的原理,是一种司法上的竞技。“很早以前,诉讼就是两部落之间的格斗,司法竞技观大概是这一传统的遗留,只是比赛地换成了法庭。特别是对英美法系来说,长久以来一直是法学的基本原理。因此,在美国,人们理所当然地认为法官仅仅应当是名裁判员,去裁决各种异议,查阅竞赛规则,双方当事人应当以自己的方式通过争斗来完成自己的比赛,无须司法干涉。司法竞技理论让最尽责的法官觉得自己仅仅应当观看律师的表演,再根据竞赛规则来宣布比赛结果,而不是独立地去发现真

---

〔1〕 参见王亚新:《对抗与判定:日本民事诉讼的基本结构》,清华大学出版社 2002 年版,第 59 页。

〔2〕 参见汪进元:《论宪法的正当程序原则》,载《法学研究》2001 年第 2 期。

实和正义。"[1]英美法系国家和地区之所以将对抗作为诉讼程序的主线,起源于英美法系国家和地区对个人地位和权利的极端重视和对私人财产的无限尊崇。英美法系国家和地区把具有最高社会意义的问题当作私人争端来处理,从个人角度出发,制定了相关规则。单独的个人是英美法系重要学说的核心。在本来意义上,对抗制这个概念反映了国家不干预主义的哲理,即国家对个人之间的事务干涉得越少越好。[2] 从这个意义来说,只要我们承认并尊重当事人的主体地位,那么当事人在民事诉讼程序中的对抗地位就不可避免。这种对抗真实地映射了关于社会正义的自由主义精神气质的许多方面,它反映了竞争这个卓越而又首要的价值观。[3]

此外,从心理学上来看,利益的纷争不可避免地会给当事人带来对彼此的不满,为了化解这种情绪,当事人总是存在向对方进攻的原始冲动。著名学者、律师和反传统主义者查理斯·科堤斯在《这是你的法律》一书中曾提出这样的观点:"法律应当能够使当事人获得满意。相信实现这一点的最佳途径,是激励当事人以争斗的方式解决纠纷并消除他们各持一端的分歧点。我们依然是好斗的人民,我们尚未进化和成熟到忘记争斗是实现正义的一条途径的程度。"[4]著名的律师和多产的学者姆斯·马歇尔对此也有相同的见解,他说:"对抗制诉讼程序为当事人发泄和表达各自的不满和敌意提供了一个合法化的渠道,并由此实现它的社会性目的。它起到了社会稳定器的作用。"[5]由此可见,当事人在诉讼程序中的对抗,除具有程序技术需要外,还具有非法律的或者说超越法律的价值:它通过释放抱怨、舒解紧张气氛和缩短对立距离的方法,体现了此种价值。因为,如果当事人不能通过诉讼程序将蕴积的敌意和不快消除,将会诉诸更具破坏性的渠道来予以宣泄,这就势

---

〔1〕 Roscoe Pound, "The Causes of Popular Dissatisfaction with the Administration of Justice", *Reports of the American Bar Association*, Vol. XXIX, 1906.

〔2〕 参见[美]罗斯科·庞德:《普通法的精神》,唐前宏、高雪原、廖湘文译,法律出版社 2001 年版,第 9 页。

〔3〕 参见汤维建:《美国民事司法制度与民事诉讼程序》,中国法制出版社 2001 年版,第 241 页。

〔4〕 转引自汤维建:《美国民事司法制度与民事诉讼程序》,中国法制出版社 2001 年版,第 233 页。

〔5〕 同上。

必增加了社会的不稳定因素,并有可能激化矛盾。从这个意义来讲,对抗制成为合法的发泄愤懑等反面情绪的工具。只有对抗的诉讼程序,才具有这种直观意义上的功能。较之仅仅依靠当事人自己的勇猛或力量来确证自我有理的诉讼制度,对抗制还算得上是一种以温和的方式表述自己不满情绪的诉讼制度。[1] 通常来说,将对方作为"靶子",面对面地向对方质询、诉求、发泄不满,以自己的力量将对方"击倒",体现出自己的程序力量,比起法院直接以决定的方式裁决纠纷,更能消除当事人的不满,更能全面地满足当事人的利益需要,而且在此过程中,对抗越是激烈,越是能达到这种功能。反之,如果愤怒和不满失去发泄的方向和目标,往往会使事情变得更加糟糕,在现实的诉讼中,我们经常看到一方当事人因为对方的不出庭而愤怒不已,其原因就在于此。

二、对抗何以可能

虽然民事诉讼程序离不开当事人之间的对抗,但是民事诉讼程序需要对抗并不意味着在任何情况下,当事人之间的对抗状态均能成为现实的程序形态。一个典型的对抗关系只需要两个主体即可,但是在对抗关系中,如果双方主体对于对抗规则或对抗结果等事宜发生争议,单纯依靠双方主体就很难解决。因此,对抗关系往往需要第三方主体的介入,以解决对抗中的争议问题,否则就可能导致对抗关系的循环进行或双方主体对抗关系的失衡。很显然,民事诉讼程序中的双方当事人是民事诉讼中对抗关系的两个端点,作为裁判者的法院就是双方当事人对抗关系中的第三方。

(一)对立平等的双方当事人

虽然并不否认特定的个体会与自己产生"左右手互搏"的情况,但多数对抗状态的形成还是必须依赖相互对立的双方主体,这是对抗形成的主体条件。民事诉讼源于社会纠纷,而民事纠纷生成于一方当事人的民事权益受到

---

[1] 转引自汤维建:《美国民事司法制度与民事诉讼程序》,中国法制出版社 2001 年版,第 233 页。

对方当事人行为的损害或妨害,故此诉讼程序必以对手的存在为前提。在争议对方不明的情况下,诉讼根本无法进行,因此形成诉讼的一个基础条件就是明确的双方当事人。当然,双方当事人是否明确,主要是从诉讼程序的层面而言的,而非从实体层面而言的。也就是说,在诉讼程序中,双方当事人必须明确,而不是必然要求在实体层面的纠纷关系的当事人明确。比如,在股东撤销之诉中,诉讼程序层面只要有适当的原告即可,而对于哪些股东的实体利益受到损害,并非诉讼程序必须解决的问题。

如欲当事人之间形成对抗状态,双方在诉讼程序上存在对立关系就自然成为一个基础性要件,这亦是对抗区别于合作或协作关系的关键所在。比如,双方在主体定位上,一方是原告,那么另一方就是被告;一方提起诉讼,另一方则进行答辩;一方举证,另一方则进行质证;等等。总之,在诉讼程序的各个环节,双方始终处于对立面,这其实亦是平衡诉讼程序中主体地位的关键所在。当然,这种对立关系的形成,主要原因在于双方当事人实体利益的对立,但前述所说的对立,主要是指诉讼程序层面的对立,即便是双方当事人存在实体利益关系的对立,如果在诉讼程序中不存在对立关系,亦无法形成对抗状态。

此外,双方当事人之间除对立关系外,主体之间的平等亦是对抗关系所要求的条件之一,否则对抗关系就会因双方当事人地位的失衡而异变为一方的抵抗或一方的征服。当事人之间的平等包括两个方面的内容:一是程序利益配置上的平等,也就是当事人之间的地位平等;二是程序利益实现上的平等,也就是当事人之间方法上的平等。由于程序利益是一种追求利益的利益,可以用一个比喻来形象说明当事人之间的利益追求关系:程序就好像是一场赛跑,程序结果就是终点,双方当事人就是运动员,当事人之间只有从相同的起点,跑相同的距离,用同样的方法前进,才算得上是一场公平合理的比赛,否则,如果不在同一起点起跑,或是终点不同,或是用不同的方法前进(如一方可以跑,另一方只能走等),均不能算是真正意义上的对抗性比赛。

当事人的平等地位,在民事诉讼程序中主要表现为诉讼权利的平等。一些学者认为,当事人诉讼权利平等是由民事法律关系的特点所决定的,由于民事法律关系是平等主体之间的关系,双方当事人在民事活动中的地位平等,所以在民事诉讼中双方的地位、诉讼权利也必须平等。而实际上,当事人在实体法律中的地位对其在诉讼中的地位并无决定性的影响,否则就很难解释为什么地位并不平等的行政法律关系当事人在行政诉讼中却具有平等的地位。[1] 如果从更深层意义来讲,对当事人之间的平等性要求,也不能简单地看作诉讼中的一种表现,而应当将其看作当事人之间对抗的必备前提,如果当事人之间不具有平等的法律地位,那么作为民事诉讼程序一个侧面的对抗关系就无法形成,民事诉讼程序自身的存在意义亦会受到影响。

此外,当事人之间的平等性在民事诉讼程序中还具体表现为同一性和对等性。同一性是指为双方当事人规定完全相同的诉讼权利,如委托诉讼代理人、申请回避、收集与提供证据、进行辩论、请求调解、提起上诉等。对等性是指诉讼权利的具体内容虽然不同,但双方当事人享有的权利是对应的,如原告有起诉权、被告有答辩权;原告可以放弃或变更诉讼请求,被告可以承认或反驳诉讼请求。这种诉讼权利的对等性是由原被告在诉讼中所处的攻击与防御的不同地位所决定的。[2]

(二)当事人的理性经济人属性

理性经济人的基本假设源于亚当·斯密,他从分工、自利和个人自由等方面论证了个人是行为决策的基本单位。在亚当·斯密看来,处于市场交易中的理性经济人按照利益最大化的原则行事,最终也能实现整个社会的利益最大化。理性经济人也是新古典经济学的分析前提,完整的理性经济人假设包含了三个方面的内容:一是自利假设,即追求自身利益是人们经济行为的根本动机;二是理性假设,即追求个人利益的最大化是人们经济行为的目标;三是方法论的个人主义,即社会秩序与公共利益是个人追求利益最大化的自然结果。[3] 亚当·斯密认为,建立自由竞争的法律秩序和维护自由竞争是

---

〔1〕 参见江伟主编:《民事诉讼法学原理》,中国人民大学出版社 1999 年版,第 308 页。

〔2〕 同上。

〔3〕 参见谢云山、陈晓丹:《"理性经济人理论"述评——对"理性经济人"的质疑》,载《兰州学刊》2004 年第 2 期。

国家最基本法律政策的指导原则,社会的进步要求为个人保留一个不容国家或其他权威任加干涉的广大私生活范围。[1] 虽然在经济学和哲学上,有观点对亚当・斯密的理性经济人理论存在诸多质疑;但在民事诉讼领域,以此理论来考量对抗中的当事人主观状态,还是比较贴切的。当然,民事诉讼中的当事人作为理性经济人,其对利益的追求并不仅局限于经济利益,还包括其他类型的利益形态,此处借用理性经济人这个概念,主要是为了强调当事人在诉讼程序中是一种利益主体,其程序目标是利益的最大化。

1. 当事人具有自利性

霍布斯说过:"对于每一个人,其目的都是为着他自己的利益。"[2] 利益构成了人和社会的真实本质,决定了人审视和评价一切事物和现象的眼光和尺度。人们总是从自己的利益出发来认识和把握万事万物。人的世界观和稳定的心理结构从根本上来说源于人的利益结构和人们对其利益的认识与把握。人的行为也根源于人的利益,在人们作出某种行为前,其利益总会对其行为的动机进行检查,肯定符合利益的动机,否定或抑制违反利益要求的动机。这也促使人们遵守利益原则,履行一定的义务,作出正确的动机抉择,作出符合利益要求的行为。[3] 同样,每一个当事人在诉讼程序中都有其自身的特殊利益,参与民事诉讼程序主要是为了满足自己私利,而由于诉讼进行的一个假定前提就是诉讼者都想获得同一样东西,因此,系争的实体利益对于双方当事人来说具有非此即彼的归属性。也就是说,一个争议的利益要么属于原告,要么属于被告,二者具有排斥关系,一方当事人之所获通常是另一方当事人之所失。在民事案件中,争议的对象是财产或个人的权利;在刑事案件中,争议的客体则是被告人的自由和生命。美国的自由女神手持天平,这形象地表达了美国人民的正义观,"天平这个象征符号表达了这样的根深蒂固的价值趋向:在黑与白之间看不到丝毫阴影;正确与错误之间泾渭分

---

〔1〕 参见[英]柏林:《两种自由概念》,载刘军宁等编:《市场逻辑与国家观念》,生活・读书・新知三联书店 1995 年版,第 205 页。转引自张卫平:《民事诉讼基本模式:转换与选择之根据》,载《现代法学》1996 年第 6 期。

〔2〕 转引自苏宏章:《利益论》,辽宁大学出版社 1991 年版,第 90 页。

〔3〕 参见苏宏章:《利益论》,辽宁大学出版社 1991 年版,第 97 页。

明；损失不得均摊，利益不可共享；当事人胜者王、败者寇之间必居其一”。[1]当事人的自利性促使他们为了各自利益的满足而在程序中进行对抗，以尽可能多地实现程序利益，来达到自身实体利益或整体利益的最大化。如果当事人没有自利性，相互之间均为了对方的利益着想，或是为了一个共同的利益目标进行程序行为，那么当事人之间就不可能发生诉讼，更不可能在诉讼中存在对抗关系。

2. 意思自治

成立一个完整的对抗关系的基本前提是对抗主体具有自治性和主动性，能够按照自己的意志行事。当事人在程序中的意思自治原则是宪法所规定的人身自由在司法领域的投射，它表明程序主体有权利按照其所乐意的方式展开程序行动，甚至包括选择程序形式。[2] 如果当事人在程序中没有独立的意志，不能按照自己的意愿进行相关的诉讼行为，他们之间即便存在利益的对立关系，二者在诉讼程序中也不可能形成真实的对抗。因为对于那些不是出于自主意愿而为的诉讼行为，很难说它代表了当事人的利益，在此基础上形成的对抗，就不是真正意义上的对抗，而是形式上的、虚假的对抗。所以，一个正常的诉讼程序，对于涉及当事人利益的事项，应当由当事人自由处理。但是有一点必须注意，那就是诉讼行为的意思自治仅仅是对那些意志正常的人来说的，如果主体不具有完全的民事行为能力，那么出于维护其利益的需要，就应当由那些能维护其利益的代理人代替其进行诉讼行为。一个正常的理性人与一个不具有意志自由的人进行对抗性的利益竞争，将不再是对抗性的利益竞争，而是利益欺骗。

此外，当事人在民事诉讼程序中的意思自治也是要求当事人承担程序结果的正当性基础。作为民事诉讼程序的主体，每一方当事人都必须对自己在对抗中采取的行为或意思表示承担责任，进而对整个诉讼程序的结果承担责任，这本身就是“自己行为，自己负责”在民事诉讼程序中的体现。所有这一

---

〔1〕 汤维建：《美国民事司法制度与民事诉讼程序》，中国法制出版社 2001 年版，第 232 页。

〔2〕 参见[美]米尔伊安·R.达玛什卡：《司法和国家权力的多种面孔》，郑戈译，中国政法大学出版社 2000 年版，第 156 页。

切都需要以当事人的意思自治为基础,因为只有真正出于当事人自由意思表达所为的行为,才能算得上真正意义上的当事人的行为。如果当事人不具有意志自由,其所为的行为就很难说是当事人自己的行为,在这种情况下,要求其为相关的诉讼行为负责,显然缺乏正当性。

(三)法院的中立

虽然说法院在民事诉讼中具有多重功能,但相对于当事人之间的对抗,法院最重要的角色就是一个中立的判断人,主要作用是将双方当事人之间的对抗规范在法律规则的范围内。这就要求法院在民事诉讼程序中平等地对待双方当事人,在等腰三角形的诉讼基本结构中,要保持"两腰"距离的相等。唯有这样,才能使双方当事人的对抗保持均衡状态,否则,当事人之间的对抗就会因为法院地位的偏移而失去平衡,对抗演变为强权欺压,法院实质上就不再是真正意义上的裁决者,而成为隐性的一方当事人。对于在足球比赛中失去中立性的裁判,人们常常将其称作为"第十二名队员",其原因亦在于此。

笔者此处所强调的中立,仅指法院对于双方当事人的姿态而言——一种中立的、客观的或公允的姿态。在这里,我们应当认识到,决策者的中立及其裁决的实体正确性是两个互不相干的变量:一个宣告了正确结果的决策者很可能不平等地对待了当事人,而一个平等地对待所有当事人的决策者又可能宣布一个错误的结果。[1] 所以说,对于法院的中立性要求只是出于尊重当事人对抗地位的目的,并不是为了争议的最终公正解决。因此,有观点认为,如果诉讼被理解为对手之间的一种仪式化的斗争或对抗,其使用的武器则是言词与证据。作为审判者的公共权力只是为了保障竞技公正进行的裁判,其作用仅仅是被动适用相关的规则,判决也不过是对斗争结果给予确认或作出宣言而已,公共权力在原则上既不卷入判决的实体内容,也不负责直接执行

---

〔1〕 参见[美]米尔伊安·R.达玛什卡:《司法和国家权力的多种面孔》,郑戈译,中国政法大学出版社2000年版,第203页。

判决。[1]

戈尔丁认为,中立有三项规则:其一,任何人不能作为有关自己案件的法官;其二,冲突的结果中不含有解决者个人的利益;其三,冲突的解决不应有对当事人一方的好恶偏见。[2] 戈尔丁所讲的前两个规则意在强调法官在利益上与案件无涉,而第三个规则则是强调法官在主观方面不受自己情绪误导,对当事人双方平等处置。从制度的层面来讲,前两个规则可以通过法律规范予以贯彻,如实行回避制保证法官离开与自己有利益关联的案件,通过检察监督制度防止法院因受贿而不能平等地对待双方当事人。第三个规则在法律上就很难规范,因其在很大程度上取决于法官的价值取向、禀性情绪、性格爱好等,因此,存在诸多法外的、不确定的因素。[3] 而实际上,如果从法官自己心态的角度来看,即便是前两个规则,在其内心之中亦应当明了在案件中是否存在自己的私利,因而,作为一个正常的法官,能否在当事人的对抗中保持中立,主要取决于法官的品行,甚至是在符合前两种规则的情形下,品行好的法官同样可以保持中立,"铁面无私""不徇私情""大义灭亲"等词语均是形容类似情形的。在此意义上,法官与当事人之间是否存在私利,并不必然导致法官失去中立地位,我们评判一个法官是否中立的标准应当根据其在诉讼程序中的表现,看其在程序事项上是否与双方当事人保持了相等的距离,而不是一味地强调法官是否存在私利。当然,如果在诉讼程序中存在私利,法官自身的自利本性往往易使其不能在双方当事人之间保持中立,因而,需要制度来隔断法官与案件的私利瓜葛,这样做一方面可避免法官自己失去中立地位,另一方面也可以消除当事人对于法院的怀疑,避免影响程序的正常进行和裁判结果的主观接受度。

---

〔1〕 这是法国学者路易·杰尔耐的论述,参见王亚新:《对抗与判定:日本民事诉讼的基本结构》,清华大学出版社 2002 年版,第 61 页。路易·杰尔耐在其《竞技与法》中认为,古希腊的诉讼本是以在公众面前公开举行的竞技为原型而发展起来的。虽然现在的诉讼程序与古希腊相比,已有很大的不同,但就当事人之间存在对抗关系这一点来看,二者并不存在实质的不同,因而,其论述亦符合我们在此处的论证。

〔2〕 参见[美]马丁·P. 戈尔丁:《法律哲学》,齐海滨译,生活·读书·新知三联书店 1987 年版,第 240 页。转引自陈桂明:《诉讼公正与程序保障》,载《政法论坛》1995 年第 5 期。

〔3〕 参见陈桂明:《诉讼公正与程序保障》,载《政法论坛》1995 年第 5 期。

此外,由于进入民事诉讼中的当事人之间的利益纷争必须在程序中得以终结,而经过当事人的攻击防御活动后,由法官作出的胜负裁判并不直接是关于案情是非曲直的伦理性判断,其根本性质更接近于有关当事人攻击防御活动是成功还是失败的决定。作为提供判定的第三方,法院所具有的中立性体现在诉讼过程中,即使在诉讼的结果上其仍然保持价值中立,达到的最终结论也只是一种技术上的决定。这种观念既是要求当事人对最终达到的诉讼结果负责的逻辑基础,也使一种设想成为可能,那就是能够有效抑制个人价值判断和感情投入的、作为技术专家型判定者的法官形象设想。对抗必然在公平的原理下进行,判定的正当性基础主要在于程序展开是对等公平的。[1] 从某种意义来讲,在对抗程序中的中立只是法院中立判断的基础,虽然直接影响当事人的程序利益的追求,但由于当事人最终是为了整体利益的实现,所以最终的中立判断,对于当事人才具有实质的意义,而这种最终的中立判断有时并不与法官在程序中的中立存在必然的联系。虽然如此,我们也不能否认法官在程序内中立的意义,因为最终的判断在形态上毕竟是法官自由心证的结果,在这种情况下,法官的个人品质和法律能力成为关键的因素。由于这种因素过于个人化,缺乏必要的可操作性监督,因此,为了保证结果上的中立,程序的中立就成为一个至关重要的可控制因素。在此意义上,程序的公正性正是使具有对抗性结构的纠纷解决方式得以成立的关键,或者说,也是使其得以维系的生命线。[2]

三、对抗以何可能

双方当事人在程序地位上相互对立,只是为对抗提供了一种静态结构上的可能性,如果双方只是固守这种状态,彼此之间缺乏互动与交流,那么只能表明程序上存在对立的双方,并不意味着双方存在对抗。从某种意义来讲,"老死不相往来"的对抗,应当称作隔离,而不能算是真正意义的对抗。只有

〔1〕 参见王亚新:《对抗与判定:日本民事诉讼的基本结构》,清华大学出版社 2002 年版,第 60 页。

〔2〕 同上。

动态意义上的“攻击”“防御”,“你来我往”式竞技性对抗,才能算是民事诉讼程序中的对抗,因为民事诉讼程序是解决纠纷的程序设置,其目的不是仅仅维持当事人之间的对抗局面,而是为了结束当事人之间的利益对抗局面。如果当事人在民事诉讼程序中只是冷眼相对、一言不发,那么这种对抗对于解决二者的利益纷争没有任何意义,民事诉讼程序亦不需要这种对抗。所以,当事人之间的对抗除对主体的特殊要求外,还需要一定渠道连接双方当事人,以使当事人从静态的冷战状态演变成动态的热战状态。

(一)对话与交流

程序不仅是一种决定过程,还包含决定成立的前提,存在左右当事人在程序完成之后的行为态度的契机,并且保留客观评价决定过程的可能性。[1]当事人之间的对抗意味着当事人对自己意思的主体性表达及相互间的信息交流,由于民事诉讼程序排除了程序利益的武力形态,所以当事人之间只能通过和平的方式来实施诉讼行为、实现程序利益,这就决定了当事人的对抗主要是以对话的方式进行的。通过合理的交往和沟通过程,各方当事人不但可以从中获取对方的真实的乃至正当的内容,而且一方面,这种对话合理主义可以避免操纵、控制和压抑人的自由交往;另一方面,把理性结构引入交往行为中,使交往行为合理化,以此作为合法性的补充。程序正义本身就要求从过程中获取内容,法律程序无疑也是过程,而且不可否认的是,该过程将决定当事人在法律上的权利和义务。[2] 因此,在诉讼程序中,当事人之间的对话,不仅是一个相互攻击和防御的手段,更是一个获取信息、实现程序求真的重要途径。英美法系国家主要通过诉答和证据开示等程序来达到信息交流的目的。在美国,民事诉讼由原告向法院递交诉状而开始,法院向对方当事人发出传票,指示他们对诉讼作出答辩,否则就要承受缺席判决的后果,诉讼书状确定了当时所知的最大限量的争议,[3]这是当事人交流信息的起点。

---

〔1〕 参见季卫东:《程序比较论》,载《比较法研究》1993 年第 1 期。

〔2〕 参见江伟主编:《民事诉讼法学原理》,中国人民大学出版社 1999 年版,第 163 ~ 164 页。

〔3〕 参见[美]杰弗里 · C. 哈泽德、米歇尔 · 塔鲁伊:《美国民事诉讼法导论》,张茂译,中国政法大学出版社 1998 年版,第 110 页。

而随后的证据开示程序，则是民事诉讼的当事人发现与当事人有关的涉及纠纷的信息的程序，有助于保存证据，明确真正存在争执的争点，并设定能够引出可采纳的证据的信息范围或界限。[1] 大陆法系国家也规定了诉答和整理证据、争点的程序，以实现主体间的信息交流和对话。比如，德国在其书面准备程序中，在向被告送达诉状的同时，必须规定提出答辩状的日期。无论是诉答程序，还是证据交换和争点整理，其实质都是试图通过信息互换，使当事人对案件情况有一个更全面和清晰的把握，帮助当事人更好地评定他们案件的强弱，以促使双方当事人在认清案件形势的情况下，了解彼此的立场、重新审视自身立场、重新调整对策，同时有助于最终的审判结果向客观事实的接近和靠拢。

当事人之间的对话与交流除作为双方对抗的手段与方法外，也是当事人之间形成对抗局面的前提之一，因为只有通过双方当事人的交流，当事人才能知晓对方的主张，才可能有针对性地提出相对立的反驳，以使争论点能够集中、明确，形成利益追求上的交锋。否则，毫无关联的诉求与反驳之间，根本就不能算是真正意义上的对抗。

当事人之间的对话与交流，在程序中主要通过口头和书面两种形式的诉讼行为来完成，而这两种形式作为传递交换信息的方式其实各有优缺点。一方面，口头形式的优点在于表达灵活生动，使对方获得鲜明的印象，疑问能够随时澄清，也便于迅速地把握纠纷的核心和全貌等，但也有可能发生脱落遗漏，且复杂的案情不容易表达清楚或难以当场使对方充分理解并作出适当反应，获得的信息也会因时间的消逝而变得模糊不清。另一方面，书面形式的优点是记载简要确实、便于保存查找等，缺点则在于信息的交换难以在同一时间、空间内进行，不容易达到在关键之处的真正交锋和相互作用的紧凑进行，还可能导致各方的负担增加以及文牍堆积等。鉴于上述优缺点和两种形式常常能够互补其不足，事实上在任何民事诉讼制度中都可以看到口头与书

---

〔1〕 参见[美]史蒂文·苏本、玛格瑞特·伍:《美国民事诉讼的真谛》，蔡彦敏、徐卉译，法律出版社2002年版，第127页。

面形式并用的场面。[1]

(二)稳定的程序规则

没有规制的争讼就像没有规则的决斗一样,必定会导致报复,引发更多的冲突,而不是遏制和消解现有的纠纷。[2] 双方当事人在民事诉讼程序中的对抗,自然也需要规则的约束,而实际上,民事诉讼法中的许多规定都是为了约束双方当事人的对抗行为。程序规则对于双方当事人的对抗来说,就相当于竞技比赛中的规则,这种规则无论是预先制定的,还是当事人临时约定的,其均具有脱离双方当事人任意控制的独立地位,从而保证对抗的稳定、有序进行。没有规则的对抗只能是一种混战,其实质是原始的弱肉强食的再现。当然,从某种意义来讲,没有规则的对抗自身亦内含一种规则,那就是无所不用其极的争斗规则,但这种规则并不是人类稳定秩序要求的那种规则。

此外,在稳定的程序规则下,当事人可以寻找、识别各自有关的需求,并根据这些需求不断地调整和选择诉讼方略,由此形成程序的投入和产出机制。在这个机制中,当事人对产出形成什么样的合理期待,便相应地决定什么样的投入,投入多少便产出多少。诉讼的结果尽管是不确定的,但程序利益的对抗和交易规则只要是固定的,当事人便可以根据自己的情况作出相应的安排,以自己的行为争取所期待的结果,因此,无论什么样的结果都是可以理解的,也是可以控制的。当事人对于法律适用乃至法律本身的创造性功能,便在这个充满生趣、生动而活泼的诉讼过程中得到体现和展示。[3]

稳定的程序规则有助于保证双方当事人在对抗中的自治地位,限制外来恣意的干涉,为程序主体创造一个相对独立于外部环境的决策的“隔音空间”。在这里,只有原告、被告、证人、代理人,而无论他们在社会上是贤达名流还是贩夫平民。在这里,只讨论纷争中的判断问题,而无论早晨的茶馆谈笑、傍晚的交通拥挤。在这里,只考虑与案件有关的事实和法律,而无论500

---

〔1〕 参见王亚新:《对抗与判定:日本民事诉讼的基本结构》,清华大学出版社2002年版,第121页。

〔2〕 参见[美]米尔伊安·R.达玛什卡:《司法和国家权力的多种面孔》,郑戈译,中国政法大学出版社2000年版,第147页。

〔3〕 参见汤维建:《美国民事司法制度与民事诉讼程序》,中国法制出版社2001年版,第232页。

年前的春秋大义、500 年后的地球危机。总之,通过排除各种偏见、不必要的社会影响和不着边际的连环关系的重荷,来营造一个平等对话、自主判断的场所,[1]保持当事人之间利益对抗的纯粹性。

(三)胜者获利的对抗结局

两位对立当事人在一位中立的纠纷调解人面前进行"竞赛",这种设想下的诉讼程序营造出一种结构性的压力,迫使决策者作出有利于在法庭对抗中取胜的当事人判决。如果判决的结果不利于法庭竞赛中的明显胜方,被安排为一场竞赛的程序违背了自身的原则,这样的话,不仅竞赛激励的性质会受到不利影响,更不妙的是,纠纷解决者的公正性会因此蒙上阴影,人们会认为决策者偏袒输家。[2] 对抗性规则的结局就应当是胜者获得争议的利益,否则人们就不可能在程序中形成积极的对抗。法院不根据对抗的结果来作出最后的裁决,就相当于足球比赛的裁判不根据比分宣布比赛结果一样,直接的结果就是抹杀当事人在对抗中的努力,使他们在比赛中的对抗成为形式,正式的对抗性比赛演化为纯粹的娱乐性表演。"你辩论你的,我判我的",在此种情形下,辩论只是程序的点缀和装饰。可以肯定地说,胜者获利是当事人之间进行对抗的目的,也是激励当事人积极进行诉讼的动机。如果离开了这一点,民事诉讼程序中当事人之间有无对抗则意义不大,这也是在超职权主义模式下,当事人辩论不受重视的主要原因之一。

(四)法院裁判接受率的注重

由于民事诉讼程序的主要目的之一就是结束当事人之间的对抗状态,所以对法院裁判的接受,也是当事人对抗形态要求的条件之一,否则对抗可能会持续下去,诉讼程序就无法得以终结。对于对抗的过程来说,如果当事人能够密切而深刻地介入诉讼案件的解决过程,并感觉到他们被赋予了公平的提供证据的机会,他们便更有可能接受最终的结果,而无论这种诉讼结果对他自己是否有利。反过来,这也降低了当事人诉后冲突或再次摩擦的可能

[1] 参见季卫东:《法治秩序的建构》,中国政法大学出版社 1999 年版,第 16 页。

[2] 参见[美]史蒂文·苏本、玛格瑞特·伍:《美国民事诉讼的真谛》,蔡彦敏、徐卉译,法律出版社 2002 年版,第 152 页。

性,而增加了他们对司法裁决的认同感,司法裁决由此得到他们自觉的遵从和执行,[1]对抗得以解决。但是,由于民事诉讼程序自身固有的缺陷,决定了对程序利益的充分保护并不一定能产生使当事人满意的程序结果,所以,程序结果虽然具有避免与理想中客观事实相对照的正当理由,但它无法排斥当事人和社会大众对它普遍性的正义评价。优良的程序仅有助于优良结果的产生,但结果的正义性,有时还需要结果自身品性的保证,所以,要想保障法院裁判的可接受度,除优化程序外,还要注意结果的正义品性。

四、公共利益规制

此前我们所讨论的关于当事人对抗的内容,大多是从对抗的应然状态来考虑的,但从实然性角度考虑,在当事人之间的对抗因素中,还有一个非常重要的因素,那就是公共利益。当事人的程序利益在任何时候均不能脱离公共利益的监管,同样,程序利益之间的对抗也要符合公共利益的要求,因为理想状态的司法过程不可能完全与关于对与错的实体性观念相分离,也不可能完全等同于一场游戏或辩论赛。于是,每当代表着公共利益的法官认为体现着竞赛优胜者观点的结果与基于实体法考虑的正确结果并不吻合,更优秀的法庭"表演者"不一定代表与实体法的更准确理解相一致的立场的时候,出于公共利益的考虑,法官可能会进入当事人之间的对抗,将相关程序事项调整到公共利益可以接受的范围内。[2] 比如,由于当事人之间存在实际上的差异,为他们提供同等的诉讼武器并不能确保他们享有有效追求诉讼利益的平等能力。如果诉讼当事人之间的不平等来自法庭竞赛规则以外的因素,那么,为了确保当事人之间对抗地位的平衡,我们除"形式上的"当事人平等概念外,还需要另外一种平等的概念,以矫正当事人之间实质上的不平等。[3] 比如,给予那些经济困难的人以司法求助,减免其提起程序的利益支出;再

---

〔1〕 参见汤维建:《美国民事司法制度与民事诉讼程序》,中国法制出版社2001年版,第241页。

〔2〕 参见[美]米尔伊安·R.达玛什卡:《司法和国家权力的多种面孔》,郑戈译,中国政法大学出版社2000年版,第152页。

〔3〕 同上。

如，对于取证能力不足的当事人施以援手；等等。所有这些措施，其目的都是矫正当事人之间事实上的不平等状态。

虽然法院在诉讼程序中具有公共利益代表的身份，但由于公共利益对各方当事人程序利益的规制，涉及当事人自身的切身利益，因此，为了维护法院的中立性，具体的公共利益规制情形应当由立法作出明确具体的规定，这也是公共利益法定化的一个重要原则。当然，法律不可能将所有事项均规定清楚，总会给法院留下一定的自由裁量空间。但法院对当事人双方对抗事务干预越多，法院的中立性就越差，从这个角度来讲，法院自由裁量的公益规制与法院的中立永远是一对矛盾，解决这一矛盾唯一的办法就是法官自身品行和能力，确保每一次的干预都是出于公益，只有这样才能确保法院的中立性身份。

第二节　合作形态

就利益的性质而言，法院的主体利益具有一定公益性，而当事人的利益则纯属个体私益。法院与当事人之间的关系，实质上就是社会层面上的公益与私益之间关系在诉讼程序上的具体体现。

一、诉权能否制衡审判权

诉权和审判权是国家法律赋予当事人和法院之权，前者具体表现为诉讼程序制度，后者具体表现为审判程序制度，二者互相协调，统一于民事诉讼程序中。[1] 诉讼的本质特征就在于由国家权力而非由冲突主体或其他第三人来解决社会冲突。诉讼制度的发展，只是诉讼技能的逐步完善，这一特征没有发生根本的变化。[2] 因此，法院与当事人之间的关系一直是民事诉讼主体结构中至关重要的关系。由于当事人与法院分别代表了私益与公益两种不同性质的程序利益形态，因此，当事人与法院之间的利益关系也体现了私

---

〔1〕 参见王福华：《民事诉讼的基本结构》，中国检察出版社 2002 年版，第 29 页。

〔2〕 参见顾培东：《社会冲突与诉讼机制》，法律出版社 2004 年版，第 40 页。

益与公益的关系,在民事诉讼中,主要表现为权利与权力的关系,即当事人的诉讼权利与法院的审判权力的关系。虽然从二者关系模型的内部作用来讲,存在当事人主导与法院主导之说,但这仅仅反映了当事人与法院在二者关系中的角色定位问题,没有回答二者之间究竟是一种什么关系。

有学者从权利与权力的关系定位出发,推论出诉权与审判权、当事人与法院之间的关系应当是相互制衡与相互约束的关系。笔者认为,此种观点并不能成立:第一,权利与权力的相互制约只能体现在立法层面的利益分配上,也就是说,通过立法划定当事人的程序利益与法院所代表的公共利益的运行范围。而这种立法层面的制约关系,实际上不是真正意义上的制约关系,而是要求权利与权力在自己的势力范围内运行。具体来说,权利属于社会领域,是私域的范畴,它以公民个人为本位,强调的是公民作为一个社会成员在利益分配中应有的资格;权力则属于国家领域,是公域的范畴,是国家拥有的统治和管理社会成员的强制性力量。因此,对权利与权力进行划分,首先意味着权利的领域变成权力的边界,意味着国家权力不得任意侵入公民权利的领地,权利乃国家权力止步之处;反之亦然。[1] 所以说,不能因为权力不能进入权利的运行范围,就认为这是权利对权力的制约;也不能因为权利不能进入权力的运行范围,就认为这是权力对权利的制约。固守本道,不侵犯他人,本来就是事物运行的内在要求,说不上相互制约的问题。第二,权力往往具有制约性、扩张性和强制性,面对强大的国家权力,作为原子化个体的公民往往显得十分弱小,很难与之相抗衡,公民权利常常无法得到充分的体现和实现。[2] 当审判权侵犯当事人正当程序利益时,当事人基本上无法自救,必须借助审判权或其他权力来维护自身利益。而当权利侵犯审判权时,审判权自身就具有维护自己权威的能力。所以从权利与权力运行的角度来看,审判权以自身能力就可以约束当事人诉讼权利的运行,而当事人的诉讼权利无法约束审判权的运行。第三,虽然与其他权力机关一样,法院也是权力的代行

〔1〕 参见邓名奋:《论权力制约的三种机制》,载《国家行政学院学报》2005 年增刊。
〔2〕 同上。

机构,但由于法院审判的特殊性,其不能像其他机关那样,可以因为权力的运行不当而被起诉。在通常情况下,法院的不当司法行为,只能由法院自己纠正。从这个意义来讲,对审判权的约束只能由审判权自己来实施,面对审判权的不当运行,当事人除申诉、控告等反应性的软措施外,基本上无能为力。所以,权利无法制约权力。

综上所述,笔者认为,在当事人的诉讼权利与法院的审判权之间,不可能存在平等的相互制衡关系,审判权具有约束当事人的诉讼权利的能力,而当事人的诉讼权利却不具备约束审判权的能力。对审判权的约束主要依靠审判权的自身约束和社会力量的监督,当事人的诉讼权利既没有制衡审判权的能力,也没有制衡的实在方法,相对于审判权的不当运行,只能处于消极和被动状态。因此,那种寄希望于以当事人的诉讼权利来约束法院审判权的想法,只是一种一厢情愿的想法,权力的正当运行归根结底还在于权力自身。

二、合作的两种面孔

权利就是在特定的社会制度中被认可的自由,而权力则是社会为了兑现这一认可的权利必不可少的辅助手段,它是权利聚合与转化的结果,它由权威和强力构成。从应然的角度来看,权力源于权利,也服务于权利。权力协助权利实现的办法就是通过制定和实施行为准则来建立和维持一种社会秩序,从而为权利的实现创造一个良好的社会环境。[1] 国家的理性在于服务社会,权力的理性在于确保权利。虽然这种理性是以“社会契约”的方式进行的,但两者间手段与目的的关系却不因契约而弱化。[2] 从此意义来讲,司法权作为公权,源于公民的授予,行使权力的目的在于维护作为个体的当事人的利益和作为整体的社会利益。[3] 而个人利益的正当性要受到公益的审查,个人利益的实现并不是纯粹的个人利益的实现,而是符合公益要求的私人利益的实现。

---

〔1〕 参见严存生:《自由与权利、权力、法律》,载《中共南京市委党校学报》2005 年第 1 期。

〔2〕 参见谢晖:《法学范畴的矛盾辨思》,山东人民出版社 1999 年版,第 264 页。

〔3〕 参见田平安、刘春梅:《论协同型民事诉讼模式的建立》,载《现代法学》2003 年第 1 期。

因此,当事人与法院之间的关系,虽然从总体来看具有合作开展诉讼程序的形式,但在协作中,由于私益和公益的具体的分离性,程序的目的就具体体现为两种截然相反的观念:其一,程序应当服务于解决纠纷的目的,通过私益的具体实现来体现公益;其二,程序应当服务于实现公益,应当在公益的约束下实现私益。虽然从理论角度来讲,二者并无实质性的差别,但就法院与当事人之间的关系来看,就表现为两种迥然的形式,即当事人主导和法院主导。在程序进行方面,以当事人主导的关系支持竞赛的形式,以法院主导的关系则偏爱调查的形式。与通常看法不同的是,围绕竞赛这一主导形象而组织起来的程序,同围绕调查这一主导形象而组织起来的程序,实际上并不是达致同一目标的不同结构性选择。〔1〕

按照德国法学家卡尔·海因兹·舒瓦伯的解释,当事人主导包含如下的意思:"只有当事人才能够把争议的事项导入程序并判断法院是否有必要对此作出决定,同时当事人有权要求法院作出决定;作为程序规范,法院自身则不得考虑当事人双方都未提出的事实,且不得根据自己的判断主动收集或审查任何证据。"〔2〕另外,诉讼不仅是当事人私人之间的事务,即使开始纯粹是私人间的事务,一旦交给法院处理就变成了公共事务。法官被授权主持程序的展开以保证诉讼在有秩序和公正的条件下进行。〔3〕 所以说,如果分别从当事人的私人利益和法院所代表的公共利益两个角度来看民事诉讼程序,则可能得出不同的主体关系的结论。但是,有一点必须明确,当事人主导原则只是在当事人双方和法院之间能够充分地疏通意思并进行合作的情况下才是有效的,这通常被表达为当事人展示案件事实而法官适用法律。但是当事人如果完全不懂法律他们也就不知道哪些事实重要、哪些事实不重要。至关紧要的是法官和当事人必须对什么样的法律适用于本案有共通的理解。一

---

〔1〕 参见[美]米尔伊安·R.达玛什卡:《司法和国家权力的多种面孔》,郑戈译,中国政法大学出版社2000年版,第131页。

〔2〕 参见[德]K.H.舒瓦伯:《民事诉讼法教程》,第454页。转引自[日]谷口安平:《程序的正义与诉讼》,王亚新、刘荣军译,中国政法大学出版社2002年版,第24页。

〔3〕 参见[日]谷口安平:《程序的正义与诉讼》,王亚新、刘荣军译,中国政法大学出版社2002年版,第25页。

般很难指望不懂法律的当事人自己进行诉讼时能够及时地提出形成判决所必要的事实。因此,法官常常需要通过行使"释明权"来使三方主体获得共识。这并不意味着法官可以把自己的法律观点强加给当事人,而意味着共通的认识应当通过当事人和法官以及当事人双方之间讨论逐渐形成。[1] 但从总体来看,法官对诉讼程序的参与主要是为了辅助当事人合理地进行相关诉讼行为,避免因当事人的个人行为而导致最终的审判结果出现偏差,影响公共利益的实现,程序从总体上体现了当事人自治原则、辩论原则和处分原则。

法院主导的诉讼程序主要把公益的实现放在程序的首要位置,当事人的程序利益只是实现公益的手段。在极端的法院主导观念下,不仅在程序的进行、开始、终结等方面法院具有主导权,法院在诉讼对象的确定和诉讼资料的收集方面也有主导权,甚至在某些情况下,法院会主动地为当事人挺身而出、保驾护航,不仅民事裁判的事实可以不受当事人请求范围的拘束,甚至法院在解决案件的争议时也不受双方当事人请求范围的拘束。从世界各国的民事诉讼体制来看,几乎没有民事诉讼程序完全由法院或法官启动引发,在多数情况下是法院或法官可依职权启动民事诉讼中的某些附带程序。例如,保全程序、先予执行程序、执行程序、再审程序等。[2]

从当事人与法院的关系这一侧面观察民事诉讼程序可以发现,在二者的关系中,无论是当事人处于主导地位,还是由法院处于主导地位,从表面上看是对作为裁判者或被裁判者主体地位或作用的描述,但实质上反映的是当事人的个体私益与法院所代表的公共利益在民事诉讼中的地位和相互作用。虽然从量的角度观察,私益与公益的运行范围存在此消彼涨的反比关系,即当事人的程序利益扩张,则法院所代表的公益必然相反地缩减;反之,公共利益的扩张,则私益必然相反地缩减。当事人与法院利益之间的这种反比关系,表明在民事诉讼程序中,如果当事人的程序利益运行范围无限制地扩张,那么法院的公益运行范围就会被大幅度地压缩,直至消失;反之亦然。但民

〔1〕 参见[日]谷口安平:《程序的正义与诉讼》,王亚新、刘荣军译,中国政法大学出版社 2002 年版,第 31 页。

〔2〕 参见张卫平:《民事诉讼基本模式:转换与选择之根据》,载《现代法学》1996 年第 6 期。

事诉讼程序毕竟是当事人程序利益和法院公益共同作用的舞台，不可能完全消除一方在程序中的作用，所以当事人主导或法院主导民事诉讼程序并不存在质的区别，只有量的区别，从法院角度来说，就是法院对程序的干预量的大小。虽然我们不同意笼统提及当事人主义和职权主义的诉讼模式，但如果不考虑当事人之间的关系，仅从法院与当事人之间的关系模型来观察民事诉讼程序，用当事人主义和职权主义模式来描述还是比较贴切的。如果我们以此为标准来划分当事人与法院之间的关系，那自然又存在一个质的问题，即一个程序要么属于当事人主义模式，要么属于职权主义模式；只要当事人的程序利益和法院的公益运行范围超出一定的临界点，那么就会发生从一种模式向另一种模式的质变。

三、当事人主导的合理性

虽然从抽象的角度来看，由当事人主导还是由法院主导，有时并不必然影响当事人利益和程序目的的正当实现，但如果从程序的角度来看，由当事人主导具有更多的合理性。

首先，民事诉讼程序毕竟属于解决私益纠纷的程序，当事人作为利益的主体，最明白自己的利益所在，进而决定采取何种诉讼行为，通过程序利益来实现自己的利益目标。民事诉讼法作为法律，虽然亦体现了一定的国家意志，也是保护公共利益一种“装置”，但从总体来说，民事程序是实现代表私人的私人利益，在诉讼程序中的私法自由处分，与在诉讼程序外的权利人拥有的自由处分并无两样。[1] 所以，民事诉讼程序中的主导利益形态应当为当事人个体私益，这种私益在相当多的情况下与公共利益并无直接联系，当事人理应对其具有广泛的支配权。法院作为公共利益的代表，应当坚守其公益的底线，不能任意干预当事人的诉讼行为。而且，由于当事人和法院观察问题的角度存在差异，在某些时候，法院对私益的主动干预并不一定符合当

---

〔1〕 参见［德］拉德布鲁赫：《法学导论》，米健、朱林译，中国大百科全书出版社 1997 年版，第 126 页。

事人的利益需求。比如,当事人可能出于某种特殊原因,没有申请诉讼保全,但法院认为有必要,就主动采取了诉讼保全措施,此时就可能激化当事人之间的对立,进而影响当事人利益的实现。

其次,法院的中立裁判者的角色,决定了其不应当主动干预当事人的诉讼行为。裁判者不受当事人主张的限制就可以独立地收集和提出证据,并依此作出裁判,虽然在客观上可能会达到追求真实的目的,但在某种程度上,法院取代了当事人一方的地位,置身于与另一方当事人对立的位置。如果对方当事人对法院调查取得的证据存在怀疑,那实质上就是对法院本身中立性和司法能力的怀疑。如此一来,法院作为司法者的权威就会大打折扣,当事人对诉讼结果的不满将不仅是针对对方当事人,更多时候将针对本来作为中立者的第三人,即法院,这反过来影响民事诉讼程序的顺利进行以及人们对程序的信赖,毕竟中立是裁判的生命。[1]

总而言之,根据民事诉讼程序三方主体的基本构造,我们可以得出程序利益关系形态的基本模型,那就是等腰三角形的利益对抗与协作形态:对立当事人之间的程序利益对抗是三角形的"底边","两腰"则反映了当事人私益与公益的协作运行的关系。我们从不同的侧面来观察民事诉讼程序,其结论自然有所差异,但民事诉讼程序作为一个运作的主体,并不因为人们观察角度的变化而变化,其运作规律和基本结构是客观的。在这个模型之中,最关键的因素在于法院的位置,其应当始终保持与双方当事人的等距离,否则等腰三角形就会变形,民事诉讼程序的重心则会随之倾向一方当事人。

从另一个角度来说,虽然存在三方主体,但只要法院保持中立,实在的利益关系则仅是作为"底边"的当事人之间的利益对抗关系和作为"两腰"的当事人与法院的协作关系。如果在民事诉讼程序中,当事人的对抗内容不断扩充,那么作为三角形之顶点的法院就相对地不断接近"底边",整个诉讼程序则会以当事人之间的对抗关系为主。如果三角形的"两腰"不断加长,那么当事人之间的对抗关系就会相对地缩小,整个诉讼程序则会以协作关系为

〔1〕 参见张卫平:《民事诉讼基本模式:转换与选择之根据》,载《现代法学》1996年第6期。

主。所以民事诉讼程序最终会呈现什么形态,与程序利益在各边上的总量具有内在的联系。但必须注意的是,三角形的"底边"与"两腰"反映的是两种不同利益关系,所以不能混为一谈,更不能将适用于"两腰"的一些规律适用于"底边",亦不能将适用于"底边"的规律适用于"两腰",这一点是在设计民事诉讼程序制度中尤其需要注意的。

第三章 程序利益的配置

民事诉讼的三角形结构,只是提供一个简便的、抽象化的程序利益关系的结构模型,从某种意义来讲,这种利益结构模型也是理想化的民事诉讼程序基本构造。但程序作为一个客观存在,并不是一个空洞的概念,更不是大而化之的理念,其有自身所固有的内容,理想化的价值目标只是反映了人们对程序的期望,至于程序自身能否实现人们所期望的结果,根本性的决定因素在于程序自身的运行,这就需要我们深入程序内容去观察程序。但洞见或透视隐藏于深处的问题是艰难的,因为如果只是把握这一棘手问题的表层,它就会维持现状,仍然得不到解决。因此,必须把它"连根拔起",使它彻底暴露出来,这就要求我们以一种新的方式来思考。[1] 程序利益作为隐藏于程序内部的动力性因素,其直接决定了程序形态的建构与运作,程序利益在各主体间如何配置以及如何运行,均会对程序主体的利益结构造成影响,并直接影响正义的实现。

第一节 程序利益配置的考量因素

程序利益作为诉讼程序中的具体利益形态,实质上代表了程序主体在诉讼程序中可以运用的资源,它是程序主体进行诉讼行为的基础和前提。如果

---

[1] 参见[英]维特根斯坦:《札记》。转引自[法]皮埃尔·布迪厄、[美]华康德:《实践与反思——反思社会学导引》,李猛、李康译,中央编译出版社 1998 年版,第 1 页。

我们把诉讼程序比喻成一个由两方进行对抗的电子游戏，那么程序利益就类似于游戏中的武器。因此，程序利益如何配置，对于当事人来说，就直接涉及一个起点是否相同的问题，而对于法院来说，则涉及其在诉讼程序中的活动范围的权限大小问题。因此，与程序主体相关的程序利益配置，实质上就是一个利益分配的问题，这其中所涉及的正义问题就是分配的公正性和合理性问题。但如果我们超越具体的程序主体，而从抽象的程序自身来考虑程序利益配置，那么就会发现程序利益的配置还需要考虑以下两个方面：诉讼程序的定位以及程序利益与实体利益的对立统一。

一、诉讼程序的定位

（一）自发救济秩序失效的一种回应

如同在自然界一样，秩序在人类生活中也起着极为重要的作用。大多数人在安排他们各自的生活时都遵循某些习惯，并按一定的方式组织他们的活动和空闲时间。人与人之间关系有序的倾向，从个体角度来看，主要可以追溯至两种欲望或冲动，它们似乎根植于人的精神中：第一，人具有重复在过去被认为是令人满意的经验或安排的先见取向；第二，人倾向对一些情形作出逆反应，在这类情形中，他们的关系是受瞬时兴致、任性和专横力量控制，而不是受关于权利义务对等的合理稳定的决定控制的。弗洛伊德认为，“恢复早期事态”的愿望在人生发展中是始终存在的，只是这种愿望的强烈度不一；这种愿望构成了有机生命中所固有的一种惰性现象，按照这种欲望，人们要求创制一种永恒不变的秩序，即无论何地、何时，还是以某种方式做某事时，只要在一相同的情形中，就无须犹豫和疑虑。尽管弗洛伊德特别倾向于强调人的心理中因循守旧、侧重过去的倾向，但毋庸置疑，惰性力量在个人生活与社会生活中也是极为强大的。许多人都是习惯的奴隶，他们愿意无怨言地或毫无质疑地承受现状，尽管改变现存事态完全有可能对他们有益。[1]

---

〔1〕 参见［美］E. 博登海默：《法理学——法律哲学与法律方法》，邓正来译，中国政法大学出版社 2004 年版，第 236 页、第 238 页。

除人的内部心理因素外，人类的社群生活方式也决定了人类对于秩序的需要。人类区别于其他动物的一个重要特征在于，人类是以有意识的社群方式存在的动物，这表明：一方面，人类是有意识的动物，这业已成为现代生物学、人类学和哲学的常识；另一方面，人类是以社群方式生存的动物，这一特点虽在许多动物界都有，但人类的生存方式不是简单的群居，而是组合为独特的社群结构的生存。[1] 人类的社群生活由众多的个体构成，而个人总有一种按照自己的意愿行事的本性，我行我素既是一种自由的最高境界，也是一种利益的表现形态。但是如果每个人都按照自己的意愿我行我素，那么此个体的自由就可能侵犯彼个体的自由，如果人人对自由均不加以收敛，社会对个人自由亦不加控制，那么个体之间的冲突就不可避免，社群结构的稳定就会被破坏，人类的生存便会受到影响，最终每个人的自由均会受到影响。因此，为了维护社群结构的稳定和人类的生存，就需要建立一定的规则来避免冲突或解决冲突，维护人类社群生活方式的和谐，这些规则就是人类最初的习惯或惯例。根据规则界定个体领域的情形，不仅发生在人类社会，甚至在动物世界亦有发生。在动物界，也存在一定程度的秩序，以防止动物在觅食过程中发生太多的争斗或彼此干扰。这种秩序常常产生于下述事实，即个别动物在远离其兽穴时，往往不愿与其他动物争斗，结果，当两个动物在某个中间地带相遇时，其中的一只野兽通常会在没有进行真正的力量角斗之前就跑开。据此可见，属于每个动物的领域并不是经由具体边界的划定来确定的，而是通过对一项规则的遵守来确定的。[2] 人类社会设立规则不是为了取消或限制自由，而是为了扩大和维护自由，以建立社会的秩序。所以说，秩序并非一种从外部强加给社会的压力，而是一种从内部建立起来的平衡。“在社会生活中，明显存在着一种秩序、一贯性和恒长性。如果不存在秩序、一贯性和恒长性的话，则任何人都不可能从事其事业，甚或不可能满足其最

---

〔1〕 参见谢晖：《法学范畴的矛盾辨思》，山东人民出版社1999年版，第340页。

〔2〕 参见［英］弗里德里希·冯·哈耶克：《自由秩序原理》，邓正来译，生活·读书·新知三联书店1997年版，第184页。

为基本的需求。"[1]

由此可见,人类生活的方方面面,均离不开一定的秩序要求,利益的受损与补救,实质上是主体间的利益流动问题,其同样需要一定的规则与秩序,否则就会引起社会的混乱,进而影响人类的生存。如果把个人对利益的追求看作纯粹的个体行为,那么决定采取何种程序或方式追求利益的因素,就直接根源于个人身上,而不是个人隶属的群体之中。[2] 在没有相关规则之前,人们对侵权的处理,在非理性社会是以强权的方式解决,以武力形成侵权的处理规则,而文明社会则是以谈判等和平方式解决。比如,如果两辆汽车相对行驶,在没有交通规则的情况下,谁给谁让路需要谈判,也许还要辅以威胁、条件等。每次谈判的结果就是一个单独的"协约",类似的需要谈判的问题多了,大家就有足够的理由协商出机械效法先例的安排,契约就倾向于变成习俗了。契约是习俗之父;先例方便了谈判和协商,甚至干脆使谈判和协商成为多余;习俗省却了协约。[3] 但从最初的社群习惯和惯例来看,生活在其中的个体存在两个方面的体验:一方面,个体有这样一种经验,即在追求个人目的时把别人看作实现这种目的的有利因素或阻碍因素;另一方面,也有同样的默认一个人所属的集体的惯例以及把他们的规则作为是非标准加以遵守的经验。[4] 虽然二者最终统一于人们利益最大化的实现,但个体间存在的差异和人的体验的直接性,决定了并非每个社会成员均能将两种体验看作为了自己的利益。

事实上,在感性中,秩序总是被认为是对自由的一种约束。人们在追逐利益的过程中,总有一种超出规则边界的原始冲动和欲望,而这种冲突和欲望一旦付诸实践,则会对已有秩序造成冲击。同时,习惯缺乏实在性,它是由

〔1〕 参见[英]弗里德里希·冯·哈耶克:《自由秩序原理》,邓正来译,生活·读书·新知三联书店 1997 年版,第 184 页。

〔2〕 参见[美]R. M. 昂格尔:《现代社会中的法律》,吴玉章、周汉华译,译林出版社 2001 年版,第 24 页。

〔3〕 参见[英]安东尼·德·雅赛:《重申自由主义——选择、契约、协议》,陈茅等译,中国社会科学出版社 1997 年版,第 105 页。

〔4〕 参见[美]R. M. 昂格尔:《现代社会中的法律》,吴玉章、周汉华译,译林出版社 2001 年版,第 126 页。

一些含蓄的行为标准而不是公式化的行为规则所构成的。虽然这些标准常常十分准确,但它们基本上是心照不宣的标准。此外,习惯也特别不准确,它们适用于狭窄限定的各类人和关系范畴而不是极其普遍的各阶级。[1] 因此,在看似平静的秩序背后,实际上隐藏着两种破坏秩序的天然因素:一是人对利益需要的本性,二是习惯规则的模糊性与不准确性。这两种因素交织在一起,时时冲击着秩序并促使着秩序规则作出变动。比如,在血亲复仇的习惯规则中,人们对自己利益的维护方式是以眼还眼、以牙还牙,从表面上看,这种规则简便而易懂,但在实践中,则缺乏操作的标准。人总是不愿意损害自己的利益,如果自己亲自去复仇,往往会遇到反抗,甚至出现砍别人腿不成,反又被别人砍的结果;或者是在砍别人腿的时候,一时兴起,顺手又砍掉了别人的一只手,引发新一轮的利益救济。同时,由于救济标准缺乏确定性,以眼还眼、以牙还牙并不必然意味着复仇对等,一人去掉一只眼还有一只眼,而对于另一个只有一只眼的人来说,去掉一只则意味失去光明,如此仍然会因为利益的失衡引发新的侵权或新的救济,产生秩序危机。此外,惯例本身亦有刺激奸诈和邪恶的结构,遵守某一惯例的人越多,不遵守这一惯例的人所获得的好处可能就越大。有学者以排队为例对此作出了生动的说明:[2] 无论是排队的绝对长度还是排队的人与往前拥的人的比例,都有可能引发退出排队的行为。到了引发的程度,勉强排队者对先来后到原则的尊重恰好被加塞的吸引力所压倒。加塞的人越多,加塞对不愿被人越过的其他人的吸引力也就越大。因此,一个开始解体的队伍往往会彻底解体。如果大家都不排队而往前拥,排队规则自己就会解体,至少暂时,排队的文明不再可能受益于"先来后到"。

所以,秩序反映了人类群体生活需要的同时,人类及秩序自身又有导致秩序瓦解的内在趋势。为了维护秩序,人类不得不对违反规则的人和行为作

---

〔1〕 参见[美]R. M. 昂格尔:《现代社会中的法律》,吴玉章、周汉华译,译林出版社 2001 年版,第 47 页。

〔2〕 参见[英]安东尼·德·雅赛:《重申自由主义——选择、契约、协议》,陈茅等译,中国社会科学出版社 1997 年版,第 107 页。

出处理,强制那些“加塞”的人重新回到“先来后到”的队伍中。在很多情况下,只需要道德的力量就足以维护规则和秩序的权威,同样以排队为例,通常只要队伍中发出两个愤怒的声音,对加塞者提出指责和警告就足够了。但是,对于脸皮厚的人,则需要采取强有力的措施,强制那些加塞的人排队。[1]如果我们把根据自发性规则所形成的秩序称为自发秩序,那么经过强制性手段人为构造而形成的秩序,则可称为人造秩序。自发秩序是那些追求自己的目的的个人之间自发形成的,既不是设计的结果,也不是发明的结果,是人之行动非意图的后果,是遵循某些规则的结果,它所特有的行动规则是否定性的,它们只界定个人行动的合法领域,并允许社会活动参与者在这个限度内自由地根据他们自己的计划选择和决定自己的活动;而人造秩序则是人为设计的结果,是由人的理性、意志和命令所建构起来的规范系统,其是通过规定成员的具体活动的方式全力推进先定的集体目标,是一种有助于实施某个先行确定的具体目的的集体工具。[2]

从总体来看,利益救济秩序是一种自发性的秩序,是人类根据救济规则自发形成的秩序,比如,对利益纷争的处理,通常是采用协商、调解等方式进行,进而形成了社会整体的纷争解决方式。但是,并非所有的纠纷均能以此方式解决,对于社会秩序的危机以及解决危机尝试的失败,人们不得不以强制的方式进行解决,在自发秩序之外,加入人造规则,维护已有秩序的稳定。从法的进化史来看,其经历了一个从习惯、习惯法到法的历程,程序法的历史也经历了同样的发展阶段。在通常情况下,习俗与惯例足以满足人们解决纠纷的需要,并不需要启动诉讼程序。只有在惯例失效、解决纠纷的秩序受到威胁的情况下,诉讼程序才介入人们的纠纷,解决相关争端,维护、修复相关的解决纠纷的秩序,如果习惯或习惯法能够满足利益救济秩序的需要,那么人们就没有必要设计程序法。诉讼程序实质上是对自发性的利益救济秩序

---

〔1〕 参见[英]安东尼·德·雅赛:《重申自由主义——选择、契约、协议》,陈茅等译,中国社会科学出版社 1997 年版,第 107 页。

〔2〕 参见[英]弗里德里希·冯·哈耶克:《自由秩序原理》,邓正来译,生活·读书·新知三联书店 1997 年版,第 18 页。

瓦解的一种回应、补救和修正,是为了应对"礼崩乐坏"所产生的结果。从某种意义来讲,根据诉讼程序形成的救济秩序是一种人造的秩序,诉讼程序的出现与形成,反映了人类解决纠纷从无序到有序,再到秩序修复的发展过程。

将诉讼程序界定为对自发救济秩序瓦解的回应,具有两个方面的现实意义:其一,解决利益纷争的自发性秩序有其深刻的社会和历史缘由,符合人们的心理需要和生活习惯,是解决民众纠纷的普遍性基本秩序,我们应当给予足够的尊重;其二,诉讼程序是自发性秩序的补救,其目的是维护自发性秩序的稳定,因而诉讼程序的设计应当符合自发性秩序的基本要求,尽量与自发性秩序保持一致,不能与之脱节。否则诉讼程序与民众习惯之间易产生冲突或对立,不仅会影响人们对诉讼程序的接受度,而且也会最终影响社会秩序的稳定。因此,立法在配置程序利益时,应当充分尊重社会传统和习惯,尽量将社会通行的解决纠纷方式纳入诉讼程序的体系内,或是使诉讼体系与社会通行做法相衔接,而不能盲目地以理论构想主导程序利益配置。比如,我国历史上具有重视调解的传统,那么民事诉讼程序应当尊重这种传统,并为有关主体配置相应的程序利益。

(二)利益与工具的统一

人类无论生活在何种阶段,利益都是人的主体性构成要素,即便是动物,离开自体的利益满足,其也无法作为一个生物体存在于世。从利益的表现形式来看,利益既可表现为现实的、已归属于主体的利益,也可表现为主体对于利益的追求,而主体对于利益的追求,决定了主体利益需要满足的程度,是人最大的利益所在。因为无论是出于"人恶论"或"人善论",人总是对己之外的事物充满好奇,人的需要不可能囿于人的原初的、自然分配的利益,这些原初的利益也不可能满足人的需求。如果我们否定人的利益追求,则无异于否定人自身;对主体追求自由的限制,就是对主体现实利益实现的限制。主体若没有追求自由,其追求的结果——现实利益——更是不可能存在的。[1]

---

〔1〕 参见彭诚信:《从利益到权利——以正义为中介与内核》,载《法制与社会发展》2004 年第 5 期。

所以说,只要存在人这一主体,就必然存在作为利益追求的利益,必然需要一定的程序和方式来实现人的利益追求。在通常情况下,程序利益只是隐藏在利益实体之中,并不表现为一种积极的利益状态,只有在主体真正启动一定程序时,程序利益方才外化于程序形态中,成为现实的利益。程序利益不依现实的程序形态的存在为前提,而现实的程序形态则必然体现一定的程序利益。所以说,程序实质上是一种过程利益,是一种内含于利益实体中的利益,其虽然在程序中展开,但其本源并不是程序,而是利益实体自身。

程序利益对于当事人来说,具有实质的利益内容,但程序自身过程性的本质,决定了其对于当事人最终利益的工具性定位。"程序"一词,顾名思义,指的是事物发展的过程和次序,但是过程和次序有主观和客观之分。所谓主观的过程和次序指的是人为安排的过程和次序,如合议程序、缔约手续、办事仪式等,这都是根据人们的主观需要、方便和习惯自主安排的。而客观的过程和次序指的是事物本身不以人的意志为转移的过程和次序,如万物生长、昼夜更替、潮起潮落等。前者才是我们通常意义上的程序,而后者我们通常称为规律。程序是人为安排的,这种意义也反映在英文的构词法上。在英文里,程序是"procedure",根据英文的构词法,"pro-"的意思是"在前","ced"的意思是"走",二者合起来即"走在前面",亦即"事先安排"的意思。《现代汉语词典》关于"程序"一词的释义为"事情进行的先后次序",《辞海》的释义为"按时间先后和依次安排的工作步骤",与英文的解释异曲同工。[1]所以说,无论给程序披上什么样的外衣,程序的实质就是过程、次序、步骤。虽然说我们所讨论的程序具有主观性的特点,是人作为主体设计的产物,但是程序亦具有客观性,它必然表现为一定的外在事物,有其自身的运行规律。我们可以随时更改程序,但是我们不能保证程序必然能够满足我们的设计要求,这其中既有程序主体的能力问题,也有程序自身设计的科学性与合理性问题。

作为利益追求程序中的一种,诉讼程序亦具有利益与工具的双重特性,

---

〔1〕 参见陈小文:《程序正义的哲学基础》,载《比较法研究》2003 年第 1 期。

这两个方面的特性,实质上是一个问题的两个方面,是从不同的角度观察诉讼程序而得出的结论。比如,活着是为了吃饭,还是吃饭是为了活着,就是从不同的角度观察吃饭的结果,吃饭这一过程本身没有变化,变化的只是人们思考问题的视角。但是,在多数情况下,利益与工具在人们心目中的地位并不绝对相等,而是随着人们的关注点不同而有所不同。如果将视野集中于程序自身,那么其利益的特性就显得较为突出;如果关注的目光集中于程序运行的结果,那么诉讼程序的工具特性就较为重要。此外,主体自身的特殊情况,有时也影响诉讼程序两个特性的地位。"黑猫白猫,抓住老鼠的就是好猫",此种情况下的猫,虽然亦有一定的价值,但其价值集中体现在其作为抓老鼠的工具方面;如果我们将猫作为宠物来养,那么猫自身就是其价值的最大体现。所以,从抽象的角度来讲,我们不能将诉讼程序的利益本体特性与工具特性分开进行讨论,更不能区分何者为重,那样做的结果只能导致"蛋生鸡"还是"鸡生蛋"的循环。对于程序主体来说,诉讼程序的利益特性,是从程序自身所具有的能够直接满足主体相关需要而言的,其评判因素只有主体与程序,而诉讼程序的工具特性,则是从程序之外对程序所作的评判,程序是实现某种结果的工具。在一般人的意识中,工具从来都是为结果服务的,所以不可能存在只追求工具而不注重结果的现象,此种符合常理的思维,常常被人引申而得出结果重于工具的结论。而实际上,何者重要并不具有绝对性,有时甚至不因人的侧重而增加其重要性,即便承认结果重于工具,也不能因此而贬低工具的价值,飞机是运输工具,其坠毁同样意味着重大的利益损失,这种重大性甚至超过了结果本身。

虽然说诉讼程序是利益与工具的统一体,但是在现实状态中,我们所能接触的利益实质内容只能是作为利益存在的程序自身,其工具性的利益内容需要结果的评判,这一点是所有的作为工具存在的事物的共性,比如,飞机本身是快捷的运输工具,但是如果经常误点,那么其作为快捷的工具价值就会大打折扣。从价值评判的角度来看,作为利益存在的诉讼程序,其评判角度在于主体需要的满足。也就是说,程序自身的客观实质内容即主体需要的对象,并不将程序外的事项纳入利益对象中。而作为工具存在的诉讼程序,有其目的性的结果,该结果即程序工具性价值的最终评判依据,这本身就涉及一个工具选择与工具设计的问题。虽然说"条条大路通罗马",但路亦有直有曲,有远有近,选择很重要。此外,作为工具存在的诉讼程序必然要受制于工具的天然特性,那就是工具只是达到目的的一种手段,但并不能保证目的一定能够达到,这其中既有工具自身的因素,也有使用工具之人的能力因素等。比如,写情书可以作为向所爱之人表达爱意的工具,但有的人写情书写得很好,有的人却写得很差,可即便是写得很好的情书,也不能保证接到情书之人就一定能够从中体会到爱意。

笔者认为,诉讼程序是利益与工具的统一,这具有两个层面的意义:第一,强调利益性诉讼程序与工具性诉讼程序的分立。从微观的、具体的、现实的角度来分析程序在利益范畴中对人的影响,强调从两个视角来灵活地看待程序在利益运行机制中的作用,各个视角有各个视角的理解范式与评价标准,不能一味地从宏观的、抽象的、理想化的角度来理解诉讼程序。因而,在涉及利益层面的程序时,我们应当按照利益的要求来配置程序利益,而在涉及工具性的程序时,则应当按照工具性的要求来配置程序利益。第二,强调诉讼程序的整体性。利益性诉讼程序与工具性诉讼程序的分立是在诉讼程序统一体之下的分立。没有分立即无所谓统一,统一是建立在分立基础上的统一,分立则是统一下的分立。虽然在不同的情形下,利益性诉讼程序与工具性诉讼程序二者有主次之分,但这种主次是在统一体中的主要矛盾与次要矛盾之别,并不具有绝对性,在一定的条件下二者可以发生转化。因而,在特定情形下,虽可以强调其一之重要性,但不能因此而漠视另一方的存在。

二、程序利益与实体利益的对立统一

长期以来,在我国现代的法律研究中,存在一个复杂的哲学问题,即过程与结果、程序与实体的关系和地位的问题。在具体的问题上,存在众所周知的统一理念,即合法性原则,既要求符合实体法,又要求符合程序法。这样看来,程序和实体并重,应该是不争的命题和理念。然而,事情没有那么简单。有的人认为实体重要,有的人却主张程序重要;同样,一个人此时会觉得程序重要,彼时则可能觉得实体重要。[1] 这种程序与实体关系的争论实际上并非我国所独有,各国自建立两分法的法律体系理论之后,就一直存在实体与程序的关系定位问题,总体来说,主要存在两种模式:[2]一种模式是偏重于法律程序的功利性,强调程序对于形成好的法律或实施实体法的有用性,主张从程序所产生的结果方面来评价其正当性;另一种模式则是偏重于法律程序正义性,强调程序的内在道德性,主张从法律程序本身的公正性来建立其价值标准。前者被称为程序工具主义,后者则被称为程序本位主义或者过程中心主义。

应当说,无论是程序工具主义还是程序本位主义,均非毫无根据的理念主张,其各自存在的合理性不容置疑。从利益的角度来讲,利益实体本身就包含了实体利益(原利益)与程序利益的双重内容,而作为规范程序利益的程序设置,天然就具有利益与工具的双重特性。因此,程序工具主义与程序本位主义均能从利益的原初内容中找到根据,二者实际上并不存在本质的冲突,只不过观察问题的角度不同而已。

许多诉讼法学者认为,程序工具主义实质上否定了程序的独立价值与地位,但事实并非如此。程序工具主义并没有否认程序的独立价值和重要地位,工具性定位也不必然意味着程序地位的低下,生活中的一切均可能成为工具,没有工具就不可能办成任何事情,更别说实现理想的目的。就人自身来说,其定位就是能制造和使用工具的动物,如果没有了工具范畴,人将不为人,由此可见,工具性定位本身并不意味对程序地位的漠视。我国之所以存在不重视程序的现象,其实质是法律虚无主义在程序中的体现,与程序自身的定位关系不大,不能归因于"重实体、轻程序"的观念,程序法也是法,"重实体、轻程序"的实质就是法律虚无主义。试想,如果法律界定了利益,却不给予这种利益以足够的程序保障,这种利益性规定除满足宣传、倡导等要求

---

〔1〕 参见杨建顺、刘连泰:《试论程序法与实体法的辩证关系——评"法即程序"之谬》,载《行政法学研究》1998年第1期。

〔2〕 参见陈瑞华:《走向综合性程序价值理论——贝勒斯程序正义理论述评》,载《中国社会科学》1999年第6期。该文认为,在英美程序价值理论的研究中大体上存在两种模式,笔者认为,此两种模式不唯英美程序价值理论所独有。

外,能否起到利益调整与规范的作用,甚是值得怀疑。

同样,程序本位主义亦不见得是提高了程序的地位。程序本位主义主要提倡从程序自身来理解程序,由于结果之正当与公正性缺乏客观、理想、可操作的标准,或者说结果之正当与公正性标准只存在于理想、抽象之中,因此,保证程序自身的公正性即实现公正结果的关键。应当说,程序本位主义相比于程序工具主义具备了更多的现实主义色彩,但是,如果仅限于在程序中来理解程序,那么程序就会迷失目的和方向,为程序而程序,实质上就是否定程序。霍姆斯的一句告诫现已成为经典,即“法律的生命一直并非逻辑,法律的生命一直是经验”。[1] 程序自身虽然亦体现为一种利益,但对于当事人来说,程序的结果永远是根本,虽然在实践中缺乏客观的评价标准,但每一个经历程序的人总是希望借助于程序实现自己所追求的利益,而程序对此利益的满足将构成当事人的一种程序经验,并在人们的主观之中,强化着程序的正义与功能。

当然,公正科学的程序并不能保障当事人体验到公正的结果,公正的程序是产生公正结果的必要条件而不是充分条件。从这个意义来讲,对于诉讼程序来说,每一个新案件都是一个对于利益追求的实验。苏格拉底之死已成为历史,而稍具正义感的人都会认为苏格拉底的确不应被处死。然而,苏格拉底竟然死于十分公正的程序,并不是几个强权者处死了苏格拉底,而是雅典人通过真正的民主程序杀死了他——281 票对 220 票宣布他有罪。[2] 《美国宪法修正案》第 1 条也许会给我们一些启示,它规定,“国会不得制定关于下列事项的法律:创立宗教或禁止信教自由,剥夺言论自由或出版自由,或剥夺人民和平集会和向政府请愿申冤的权利”。这种规定显然是基于这样的考虑:对于某些特定事项来说,通过公正的立法程序未必一定能制定公正、民主的法律。司法程序又何尝不是?通过公正的司法程序不一定能产生公正的

---

〔1〕[美]本杰明·卡多佐:《司法过程的性质》,苏力译,商务印书馆 1998 年版,第 17 页。

〔2〕参见梁治平:《从苏格拉底之死看希腊法的悲剧》,载梁治平:《法辩——中国法的过去、现在与未来》,贵州人民出版社 1992 年版,第 164 页。

司法判决。[1] 程序本位主义实质上没有看到或忽视了程序自身的工具特性,未充分考虑结果对于程序的要求,实质就是就事论事,没有考虑民众的要求,最终只能导致程序走向形式化的极端。那种不强调审判依据规定性的观点,显然是缺乏考证依据的。

利益是存在于法律之外的一个出发点,法律必须为这个出发点服务。[2] 无论是程序法还是实体法,实质上都是为了利益服务。实体法的目的是划分和界定利益,实体法规范下的利益在总体上属于第一性利益即原利益,而程序法的目的则是规范和界定第二性利益,第一性利益与第二性利益本属一体,二者失其一,则利益就不能称为利益。法律最重要的目的就是维护秩序,实体法与程序法分别从不同的侧面来完成法的这一目的:实体法通过设定利益格局避免利益间形成冲突,程序法则是对产生的利益冲突进行处理,使之回归到实体法所设置的利益格局中。可以说,实体利益与程序利益的统一性决定了实体与程序的统一性,二者并不存在孰轻孰重的问题。这就像人的肉体与思想一样,二者均是构成一个完整之人不可分割的部分,将二者对立起来加以讨论,根本没有实际意义。

由于程序利益与实体利益均是程序主体整体利益的组成部分,因此,虽然说程序利益主要涉及程序问题,但我们在配置程序利益时,亦不能忽视实体利益和当事人的整体利益。比如,提交证据是当事人的一项重要诉讼权利,是一项程序利益,但是此项权利对于当事人来说,并不仅仅具有程序意义,还涉及系争实体利益的认定和当事人最终的整体利益。如果我们仅仅是考虑程序利益,那就应当允许当事人充分地提交证据,但如果出于诉讼程序和当事人整体利益的考虑,则应当作出一定的限制,如时间上的限制,因为程序利益的巨大支出,必然会影响最终的整体利益。

---

〔1〕 参见杨建顺、刘连泰:《试论程序法与实体法的辩证关系——评“法即程序”之谬》,载《行政法学研究》1998 年第 1 期。

〔2〕 参见董保华:《社会保障的法学观》,北京大学出版社 2005 年版,第 57 页。

第二节　公共利益的配置

法治社会的核心问题是权力与权利的配置，法治社会的民事诉讼作为一个独立、自治的系统，就其应然状态而言，理应有 3 种权力（利）要素作用于其间——处分权、审判权与检察权。〔1〕无论我们将民事诉讼的目的归结为何种类别，但有一点不可否认，那就是利用国家公权解决民事纠纷始终是民事诉讼制度运行的基础与载体。所以说，虽然民事诉讼法作为公法，其重要功能之一是通过有效的公共治理来维持公共秩序，但如果过于强调公共秩序的意义，甚至将其视为公共权力或公法唯一或主要功能，那么公共权利就很容易走向自由的反面。〔2〕从另一个层面来理解，权力实质上是一种特殊的权利，它源于公民权利又必然和公民权利相冲突，〔3〕权利与权力的背后，实质上均是利益，如果说权利所代表的是私益，那么权力的背后就是公共利益。从某种意义来讲，民事诉讼程序的构造实质上就是私益与公共利益的配置和协调，一方面要实现个人的私益，另一方面又必须维护社会的公共利益，这二者是统一的、相辅相成的，因此，公共利益的配置亦是民事诉讼程序利益配置的核心内容之一。

一、公共利益的程序主义考量

公共利益是政治学、法学、经济学、公共管理学、社会学都关注的一个理论问题，但各个学科却很难对公共利益在概念上形成统一的意见。从实践起源上看，自人类社会出现私人与私人利益以来，公共利益就已存在。因为任何社会组织都或多或少地需要一种联动与协调，以实现更大程度上的生产活动效率，此阶段的公共利益和公共意识是一种人类自发性的判断与追求。在人类的封建君主统治和神权统治的时代，无论是在法律上，还是在道德上或

---

〔1〕参见汪汉斌：《论民事诉讼中的“三权”分立与制衡》，载《内蒙古社会科学》（汉文版）2000 年第 3 期。

〔2〕参见袁曙宏：《论建立统一的公法学》，载《中国法学》2003 年第 5 期。

〔3〕参见童之伟：《公民权利、国家权力对立统一关系论纲》，载《中国法学》1995 年第 6 期。

者宗教信仰上,公共利益实际上是一种强权性、等级性、单方性的话语表达与具体实现,个人的自由意志与利益也因此而受到长期的压抑与扼杀。现代意义上的公共利益是在现代人本主义与法治国家出现后才产生的,这种公共利益的构建与实现在本质上是一种社会契约的过程,它以肯定私人的意思自治为前提,以承认私权为起点,在法律的框架内依照法定的程序,在各种不同利益博弈的基础上形成。从公共利益与私人权益关系和谐的一面来说,公共利益不仅可以解释为私人利益的集合,更可以理解为以私人自愿性的权益让与为基础的利益联合。[1] 所以说,公共利益绝不是独立于个人利益的特殊利益。共同体是个虚构体,由那些被认可为成员的个人组成,共同体的利益就是组成共同体的若干成员的利益的总和,不理解什么是个人利益,谈共同利益便毫无意义。[2]

民事诉讼程序的目的之一就是规范当事人的程序利益,如前所述,如果程序利益之实现仅仅涉及一方当事人,那么相关当事人完全可以不受任何约束地自由行使此利益。但是,民事诉讼程序是一个三角诉讼结构,其参与主体除当事人之外,还有作为国家代表的法院,创制民事诉讼程序的初因之一就是排除个人程序利益的自由放任状态,以国家公权力形式规制程序利益,从某种意义来讲,民事诉讼程序本身就是一种公共利益的体现。

公共利益的存在意味着在分配和行使个人权利时,绝不可以超越外部界限,侵入公共范围。外部界限的意思是,赋予个人权利以实质性的范围本身就是增进公共利益的一个基本条件。[3] 因而,从另外一个角度来讲,诉讼程序中公共利益的存在,亦限制了当事人追求程序利益的自由。正是由于公共利益为私益的运行划定了界限,所以公共利益在民事诉讼中的范围直接影响私益的运行范围。但在现实社会生活中,要从实体的角度辨明一项利益是否具有公共性,是否应当作为公共性问题来对待,往往是非常复杂、困难的任

〔1〕 参见杨寅:《公共利益的程序主义考量》,载《法学》2004 年第 10 期。

〔2〕 参见[英]边沁:《道德与立法原理导论》,时殷弘译,商务印书馆 2000 年版,第 58 页。

〔3〕 参见[美]E. 博登海默:《法理学——法律哲学与法律方法》,邓正来译,中国政法大学出版社 1999 年版,第 298 页、第 316 页。

务。实体上的相对性要通过程序机制来弥补,这应当作为一项社会治理的基础性方略来看待,公共利益的正当性问题也必须从程序的角度加以约束才能实现。

无论如何界定公共利益,只要公共利益的主张会引起对私人实体利益的限制与克减,就必须存在一定的程序系统来保证这种限制与克减的正当性与合法性:[1]第一,公共利益必须有明确合法的利益代表。在民事诉讼程序中,作为裁判者的法院,除具有中立的判断身份外,还是公共利益的代表人。由于法律原则与具体制度本身均含有维护公共利益的成分,所以法院的裁判行为总是与公共利益联系在一起。第二,法院所代表的公共利益要在其法定权限内,在内容上要具有必要性与正当性。法院虽然作为国家的审判机关,但其同样没有超越法律权限的特权,其行为本身也并不总是代表公益。在任何情况下,越权行为在法律上的正当性都值得怀疑。第三,法院的职权要由立法作出规定。法院的行为代表的是公共利益,而这种代表的正当性需要全体民众的认可,所以法院的各种职权应当由法律作出规定,而不能由法院自己决定,以免法院从中谋取特殊的利益,影响诉讼程序的权威和正义色彩。第四,法院的公共利益代表角色具有义务性。在追求程序利益的过程中,公民把整个个人谋求利益的事务转让给国家,但对于国家来说,这种转让产生了义务,因此,如果公民之间有争端,国家就有义务对权利进行裁决。[2] 在这里,法院作为国家代表的角色出现在诉讼程序中,这种角色对法院来说具有义务性,代表国家行使相关权力属于法院不可拒绝的职责,否则就属于失职。

二、法院的自利性与公共性

现代公共选择理论认为,公共机构未必就是公共利益的天然代表者,其同样有追求自身利益极大化的冲动,与普通人相比,作为公共机构组成人员

---

〔1〕 参见杨寅:《公共利益的程序主义考量》,载《法学》2004 年第 10 期。

〔2〕 参见[德]威廉·冯·洪堡:《论国家的作用》,林荣远、冯兴元译,中国社会科学出版社 1998 年版,第 137 页。

的政治家及相关的工作人员并不具有更多的利他意识，他们有一系列的偏好，在作出决定时总是寻求最大可能的收益和最低的成本。这种追求个人或团体效应最大化的自利性表现在官员为社会提供某种服务的时候，通常是在理性支配下追求自身收益的最大化。公共选择理论认为，政治家的效用函数中包括的变量有权力、地位、名声、威望等，虽然增进公共利益也可能是他们的目标函数中的一个变量，但是这个变量不是他们的目标函数中的首要变量或权重最大的变量。随着自身利益的主体意识的激增，公共机构及其成员在追求自身利益最大化的过程中，很可能会使政府自身利益发生偏离和错位。因此，政治行为主体在追求自身目标时，未必总是符合公共利益或社会目标，而这种个人利益目标与公共利益目标的背离往往成为权力运行畸变的内在原因。正是基于此，公共选择学派的布坎南认为，对于政治家和政府官员，如果要适当地设计出相应的法律、制度规则，来制约赋予他们的权力和他们在这些权力范围内的行为，就必须把政治家和官员看作是用他们的权力最大限度地追求他们自己利益的人。[1] 现代公共权力的利益性及私人性特征，决定了权力在占有分配利益的过程中，必然包含权力主体的私人利益的追求。

在诉讼程序中，法院工作人员具有公务人员与公民双重身份，这决定了作为审判权主体的法院及法官不可能因为其进入了公共权力领域，就改变了其作为权力主体的自然属性和社会属性，也不可能改变其行为的价值趋向和心理趋向。法院及法官作为权力主体也与普通社会主体一样融合着优点与缺点，在一定意义上讲，权力的公共性是权力的应然特征，权力的私人性则是权利的实然特征。[2] 此外，法院自利性亦是社会中利益差别、利益分化甚至利益冲突还普遍存在的结果，法院不仅同其他部门存在利益差别，在法院内部不同部门之间、不同审级法院之间、不同地域法院之间、法官与法官之间也存在利益差别。利益是行为的动力，德国思想家马克斯·韦伯也曾指出，获利的欲望，对营利、金钱的追求一直存在于所有的人身上，可以说，尘世中的

---

〔1〕 参见刘伟：《行政权力运行畸变的原因探析与矫正对策——一种基于公共选择理论视角的考量》，载《理论与改革》2005 年第 4 期。

〔2〕 参见董长春：《权力的私人性及其法律控制》，载《社会科学论坛》2005 年第 9 期。

一切国家、一切时代的所有的人，无论其实现这种欲望的客观可能性如何，全都具有这种欲望。[1] 因而，法院的自利性有其存在的必然性，也具有一定的合理性，我们不能一概予以否定。从是否着眼于增进公共福利的目标出发，可以将法院的自利性分为合理的自利性和不合理的自利性。对法院来说，其合理的自利性是指在诉讼过程中，对社会资源的必要占有和使用。它表现为法院为保证自身运作所需的必要成本，包括经费、执行公务所需的物资和职权、行政人员的薪酬福利等。这部分利益追求是否合理，要根据其承担的职能、完成工作的绩效以及当时的社会经济发展水平来衡量。不合理的自利性，则是指法院及其工作人员通过或者不通过公共利益的名义，以追求自身利益为目的，通过某种方式实现对社会资源的占有和使用。[2]

应当说，自利性是公共机构的一种难以消除的属性，合理范围内的自利性是法院发挥审判职能的一个重要基础和前提，但是，法院对于私利的追求在没有规制或规制较少的情况下，必然使自利性利用利益的占有和分配机会来不断获取个体利益。此外，权力主体归属的私人性，使权力扩张运动在两个方向上也必然体现私人性的特点：其一，为实现更大的资源利益的占有，不断努力去占有更大的权力；其二，为了获取更多的交换利益，不断地将手中的权力变成可以无数次使用的交换资本。这两个方向的运动必然使公共权力偏离公共性的轨道，使权力成为个人的仆役。[3] 因此，在现实生活中，法院的自利性极易超出必要的限度而走向不合理，如现实中的地方保护主义、争抢管辖权等不当现象，实质上均与法院不合理的自利行为有关。

承认法院的自利属性，一方面，要求我们更加现实地看待法院的公共属性，避免超现实地盲目夸大法院的公共性；另一方面，在适当的情况下，要尽量满足法院合理的自利要求。但在任何情况下，均不能否认公共属性为法院的根本属性，法院作为审判机关所赖以存在的前提和基础亦是其公共属性。

---

〔1〕 参见[德]马克斯·韦伯：《新教伦理与资本主义精神》，于晓、陈维纲译，生活·读书·新知三联书店 1987 年版，第 7 页。

〔2〕 参见裴峰、楚德江：《政府自利性及其纠偏机制建设》，载《长白学刊》2004 年第 2 期。

〔3〕 参见董长春：《权力的私人性及其法律控制》，载《社会科学论坛》2005 年第 9 期。

合理的自利性设定是为了实现公益目标,在自利性与公益性的矛盾体中,公益性应当始终居于主导性地位,而自利性应当处于辅助地位,为公益性服务。[1]

三、配置原则

(一)非优先性

公共利益配置的非优先性,主要是针对公共利益与当事人私益之间的配置关系来说的。在公共利益与个人私益关系的处理上,西塞罗所称的"公益优于私益"理念延续到今天,成为现代各国包括宪法在内的所有法律制度的一项基本原则。也就是说,任何人在享有并行使自己的自由和权利时,不得损害公共利益。[2] 但是,在此处使用"优先"一词并不妥当,笔者认为,正当的利益应当处于平等的地位,公共利益并不因为其公共性而必然优越。在诉讼领域,之所以私人利益服从于公共利益,原因在于公共利益是以法律原则或制度的形式出现的,它为个人利益的运行划定了范围,个人利益只有在规定的范围之内运行方为正当,而超出此范围的利益运行,则因违反法律的相关规定失去其正当性。公共利益得以维护,并不是因为公共利益优先于私人利益,而是因为私人利益失去了正当性,从而在正当性的公共利益面前处于劣势,显得公共利益在私益面前具有了优先性。抽象意义上的社会公共利益和个人利益法律效力相同,二者均源于主体共同参与评价的正当性。公共利益同样是参与形成法律等各项社会制度的人共同评价为正当的结果,所以其主体必然是社会中不特定的绝大多数人,在一般情况下也会包括正当利益发生冲突的具体个人。

所以说,对民事诉讼程序利益的判断不能简单地套用传统的国家利益、集体利益和个人利益的概念,并以个人服从集体、集体服从国家来要求利益

---

〔1〕 参见王秀哲:《政府自利性与公开政府行为》,载《长春工业大学学报》(社会科学版)2004 年第 2 期。

〔2〕 参见刘平:《公共利益与私人利益之平衡路径》,载《河南政法管理干部学院学报》2005 年第 5 期。

选择。虽然从狭义上可以作出国家和社会利益、原告利益和被告利益的划分,但同时也应看到,当事人的个体利益在本质上也是一种社会利益,是一种以个体利益形式表现的社会普遍利益,是国家所承认的正当利益,对这种利益的损害同样意味着对国家意志的违反。国家保护当事人的合法权益,绝不限于某一特定的个人,而是针对已进入或将进入民事诉讼过程的任何人,即一般公民包括国家工作人员,其实质意义在于保护每一个公民不受公共权力的不当侵害。[1]

如果单纯地比较具体个人利益和公共利益,公共利益比具体个人利益的主体范围要广泛得多。由于两者法律效力的来源相同,因此也不存在何者应优先的问题。但是,当两个或多个个人正当利益相互冲突而只能择其一保护时,公共利益是决定何者优先的重要“筹码”,即必然要保护最有利于公共利益的那方。理由在于,促进公共利益也是那些个人权利没有得到保护的主体所愿意看到的,因而从根本上符合各方主体的利益追求;制度本身是协调利益分配的一种手段,在不同主体间权利无法共容的情况下,各方主体都能理解择其一保护的无奈,只不过需要一个充分理由;被迫退出冲突的权利一般能够得到财产利益的补救,这从一个侧面反映出其权利依然得到了尊重。因此,这是对个人、对社会都有效率也是符合正义的制度。这里的公共利益便是制度化了的利益,即已被社会制度承认并固定下来的利益。制度化了的利益意味着绝大多数个人的认同,故而其基础仍是个人正当利益。[2]

此外,虽然从宏观、抽象的角度来看,民事诉讼程序的设立与运行自身就体现了社会公共利益的实现,但从具体、微观层面来看,民事诉讼程序通过具体的利益调整来实现其公益目的。在一个具体的诉讼程序中,利益的表现形态通常可划分为当事人的个人利益、法院的个人利益及诉讼程序所涉及的具体的公共利益。在通常情况下,诉讼程序在实现具体的个人利益的同时,公共利益也得以实现。也就是说,无论从宏观还是从微观角度来看,个人利益

---

〔1〕 参见汪建成:《论刑事诉讼中的利益观》,载《中国法学》2000 年第 2 期。

〔2〕 参见彭诚信:《从利益到权利——以正义为中介与内核》,载《法制与社会发展》2004 年第 5 期。

与公共利益在诉讼程序中均具有同一性。但是，诉讼程序中的公共利益之所以引起人们的注意，原因往往不在于其与个人利益的同一性，而在于二者的冲突性。虽然从理论上来讲，公共利益与个人利益具有相互转化、相互依赖、相互包含的关系，但公共利益毕竟不是个人利益的简单相加，而且在诉讼程序中，我们也不能认为当事人的利益与法院的利益的综合实现就是公共利益的实现，公共利益的相对独立性特征决定了它不可能成为某个或某几个社会成员所独占的利益。“各个个人所追求的不仅仅是自己特殊的、对他们说来是同他们共同利益不相符合的利益（普遍的东西本来就是一种虚幻的共同体的形式），所以他们认为这种共同利益是异己的，是不依赖于他们的，也就是说，这仍旧是一种特殊的独特的普遍利益，或者是他们本身应该在这种分离的界限里活动；另外，这些特殊利益始终在真正的反对共同利益和虚幻的共同利益，这些特殊利益的实际斗争使以国家姿态出现的虚幻的普遍利益对特殊利益进行实际的干预和约束成为必要。”[1]所以，公共利益与个人利益在民事诉讼过程中存在对立与斗争，也就是说，在某些情况下，个人利益的追求可能并不符合公共利益的要求，而公共利益的满足，有时亦会对当事人的个人利益造成损害。

由于在民事诉讼程序中，个人利益与公共利益的冲突与对立在形式上具有一定的特殊性，因为公共利益并不像个人利益那样具有主动性和扩张性，而是由法律和相关规则固定在一定的范围内，如果个人利益不涉及此类范围，公共利益一般不会主动干预个人利益的运行。也就是说，公共利益与个人利益均有各自的运行范围，如果二者均固守于自己的领域，则不可能发生冲突。从范围来看，公共利益由于受到法律的严格限制，其范围是相对固定的，而当事人作为民事主体，根据“法无禁止即自由”的原则，其利益范围则较为广泛、不易确定。这也是为什么在民事诉讼进行过程中，我们常常看到个人对利益的追求，而较少看到公共利益。而一项法律制度也最忌讳以公共利益之名任意干涉个人权利，道理很简单，若着眼于现实生活中一个具体个

---

〔1〕《马克思恩格斯选集》（第1卷），人民出版社1972年版，第39页。

案是合情合理的,但从更广泛的意义来说,当一项具体个人权利在公共利益的名义下被漠视时,社会上其他人的个人权利也可能遭遇相同下场。那么权利制度便会在公共利益的幌子之下不复存在,这当然是绝大多数人或者说所有人不愿看到的结果。[1]

同时,由于代表公共利益的法院,在民事诉讼中亦存在其自身利益,所以说,利益主体之间的冲突,并不意味着就是公共利益与个人利益之间的冲突。法院的私利与当事人的私利具有相同的性质,均属于具体的个人利益。因此,在民事诉讼程序中,对于法院的行为,必须分清属于自利行为还是公益行为,只有公益行为方能成为划定个人利益追求是否合理的一种界限。

(二)法定性

公共利益自身也存在一个正当化的问题,如前所述,公共利益的正当化需要一个形式的外衣,即法律制度化。在民事诉讼中,只有经过法律制度化的公共利益才是真正的公共利益,才能成为划定个人利益活动范围的公共利益。没有法律制度化的公共利益,不是真正的公共利益,永远也不能成为约束个人自由的理由。相对于没有制度化的社会公共利益,个人正当利益的神圣不可侵犯和优先保护不能附加任何条件。理由是,当一个评价为正当的具体个人利益不能受到保护时,社会上其他任何个人都可能遭遇同样下场。因此,不能泛化地使用没有明确界定的社会公共利益的概念,否则便可能损害实质意义上的具体个人利益。当泛泛地谈个人而不是具体个人的利益时,这里的个人利益其实便是社会公共利益,因为抽象的个人可以是社会上的任何人。[2] 在民事诉讼程序中,个人的程序利益被限定在公共利益所划定的范围内,而这种范围划定来自法律的明确规定,只要个人追求利益的行为不违背法律的明确规定,个人利益就不存在不正当的问题。当然,有时法律对公共利益的界定使用了较为模糊的词语,这实际上是将界定公共利益的权力赋予法院。但无论怎么说,正当的个人利益不应当与社会整体利益相冲突和

---

〔1〕 参见彭诚信:《从利益到权利——以正义为中介与内核》,载《法制与社会发展》2004 年第 5 期。

〔2〕 同上。

对立。

诺齐克曾措辞激烈地强调了个人利益相对于社会整体利益的绝对性，他认为，“每个人都拥有一种基于正义的不可侵犯性，这种不可侵犯性即使以社会整体利益之名也不能逾越。因此，正义否认为了一些人分享更大利益而剥夺另一些人的自由是正当的，不承认许多人享受的较大利益能绰绰有余地补偿强加于少数人的牺牲。所以，在一个正义的社会里，平等的公民自由是确定不移的，由正义所保障的权利决不受制于政治的交易或社会利益的权衡”。“边际约束表达了他人的不可侵犯性。但为什么一个人不可为了更大的社会利益而侵犯他人呢？有时我们每个人为了更大的利益或避免更大的痛苦而选择承受某些痛苦或牺牲。例如，我们去看牙医以避免以后更坏的疼痛；我们去作某些讨厌的工作以获取它的成果；一些人节食以改善他们的健康或体形；一些人存钱以养老。在每一个例子中，某种代价(cost)的付出都是为了更大的整体利益。为什么不能同样坚持，某些人为了普遍的社会利益而就必须承受使他人获取更大利益的代价呢？换句话问，为什么不能为了社会整体或大多数人的利益而牺牲某个人或少数人的利益呢？因为并不存在为其自身利益而愿承担某种牺牲的善良的社会实体，只有具体的个人，只存在各有自己的生命的不同个人。为了他人的利益而使用这些人中的一个，利用他去为别人牟利，无须更多。为了别人的利益而对他做某件事的情况就得以发生。有关整体社会利益的谈论就会把这件事掩盖。以这种方式使用一个人就没有充分地尊重和考虑这样一个事实：他是一个独立的个体，他的一切就是他拥有的唯一生命。他没有从他的牺牲中得到一种超额的利益，并且没有人有权把牺牲强加给他。国家或政府更不能要求他在这方面的忠诚(就像其他个人不能这样要求一样)，而必须小心谨慎地在公民中间保持中立。”[1]

所以说，虽然我们强调公共利益对个人程序利益的规范与约束，但这种公共利益应当制度化与法律化，而且抽象的公共利益概念只约束抽象的个人

---

〔1〕 转引自彭诚信：《从利益到权利——以正义为中介与内核》，载《法制与社会发展》2004 年第 5 期。

利益,在具体的案件中,无论是个人利益还是公共利益,均应当具体化,否则公共利益就不能成为约束个人利益的理由。只有把侵犯尊严和不平等看成非常重大的不正义,而且永远不允许用我们关于社会利益的观点来对之进行正当性证明,从长远来看,社会利益才能够发展。[1]

(三)自由裁量权的严格限制

在法律文化比较发达的英美法系国家,通常认为,法官拥有很大的、无可争议且不可辩驳的绝对自由裁量权。这种自由裁量就是所谓“狭义”的自由裁量,指英美法系的法官可以造法,即新创设一个处理案件的规则所进行的自由裁量。易言之,狭义的自由裁量特指英美法系背景之下的法官造法。[2]这种法官的自由裁量权,主要适用于所谓的法律漏洞现象。在理论上讲,只有法律评价存在之处,法律才对判决具有约束力。但是,任何法律都有漏洞,因为在变化迅捷的社会中不断出现亟待解决的新的法律问题,而其中许多都是法律没有规定的。法无规定的法律问题大量存在,而“禁止拒绝裁判”原则又决定了法院有义务对属于其管辖范围的待决法律案件作出判决。[3] 在英美法系所特有的“法官造法”意义上的自由裁量权外,还存在另外一种意义上的自由裁量权,那就是指在处理案件时,对实际生活中无处不在的、可选择的裁量空间内作出最终判定的自由裁量。也就是说,在特定的空间范围内作出裁判的自由裁量。[4]

但是必须看到,无论是所谓的法律漏洞还是裁量空间,其对象主要是实体利益方面,在诉讼程序中,此领域属于当事人系争的、需要法院作出判断的对象,因而,法院的自由裁量权主要体现为在裁判权内部自由行使的权力,是其裁判权的一部分。但在程序层面,法院具备何种程序权力及当事人具备何种程序权利,实质上是公益与私益在程序上的一种分工,通过这种分工为公

---

[1] Ranald Dworkin, *Taking Rights Seriously*, Duckworth, 2000, p. 199.

[2] 参见张军:《法官的自由裁量权与司法正义》,载《法律科学》(西北政法大学学报)2015 年第 4 期。

[3] 参见[德]伯恩·魏德士:《法理学》,丁小春、吴越译,法律出版社 2003 年版,第 358 页。

[4] 参见张军:《法官的自由裁量权与司法正义》,载《法律科学》(西北政法大学学报)2015 年第 4 期。

益及私益分别划定活动领域，无论是法院还是当事人，均应固守自己的领域，不能擅自进入对方领地，否则就意味着公益对私益的侵略，反之亦然。因此，当出现法律漏洞时，即意味着法律对此领域没有规定或是没有明确的规定，在这种情况下，漏洞领域属于争端领域，而争端的双方是法院与当事人，故而，作为争端一方的法院不能行使所谓自由裁量权来判定该领域归属何方，否则就违背了“任何人不得做自己的法官”的基本原则。此外，公益在诉讼程序的活动领域是由国家层面的法律规定的，法院在诉讼程序中的职权行为，只是在履行法律义务，在此意义上，它只有履职的义务，而没有解决职务领域问题的权力，否则便是超职权行为。从另一个角度来说，当出现漏洞或空白领域时，根据公权力应当恪守的“法无明文规定即禁止”的原则，该领域应当不属于公权力的范围，这与前述的公益的法定性要求是一致的。反过来讲，私益适用“法无明文规定即自由”的原则，既然法律没有明确规定此领域为公益领域，那么自然属于当事人私益领地。由此，当涉及法院的程序职权出现漏洞或空白时，法院不能行使自由裁量权，否则在违法的同时，亦是对当事人私权的侵害。

第三节　私人利益的配置

由于当事人的程序利益具有自由化特点，所以在民事程序中，当事人程序利益的配置从总体来说不同于法院的公共利益的配置。也就是说，只要没有被法律划定为公共利益的范围，皆为当事人私的程序利益的范围。从这个意义来讲，只要划定了公共利益，亦划定了当事人的程序利益。因而，当事人程序利益的配置是相对于公共利益配置的一种逆向配置，只要是不属于法定的公共利益的范围，就必定属于当事人追求程序利益的范围。但是，如前所述，由于法院基于公共利益的自由裁量权的存在，当事人在某些方面的程序利益存在被公共利益侵入的可能，所以，为了保障当事人对某些重要程序利益的主导性，法律应当对当事人的此类程序利益作出明确的法律规定。当然，何种程序利益属于当事人的重要程序利益，并不是一成不变的，而是随着社会的发展而有所不同，比如，在不重视个人主体地位的时代，就很难认为当事人的辩论权具有多大作用。

一、诉的利益

诉的利益是一个经典的诉讼术语,大陆法系国家的民事诉讼理论认为,诉讼的发生必须源于原告存在司法救济的需要,这种需要往往被称作“诉的利益”。英美法系民事诉讼法没有所谓的诉的利益的法理,而代之以诉讼资格理论。其根源为:权利和义务是保障和保护一定利益的方式,一个人是否享有诉权,取决于其是否具有向他人要求给予救济或补偿的、可执行的权利。我国学者大多从民事案件的可诉性角度来理解和诠释诉的利益。多数学者认为,确定案件是否具有可诉性,即哪个范围内的权益能够通过法院运用民事诉讼程序给予保护,是诉的利益理论的研究对象。因此,在我国民事诉讼法学中,诉的利益被等同于纠纷的可诉性。许多学者认为,可以通过民事诉讼渠道解决的纠纷,就具有诉的利益;反之,就不具有诉的利益。[1]

就诉的利益理论来看,存在以下两个问题需要阐明。

(一)诉的利益的本质

对于诉的利益的本质,存在国家利益说、当事人利益说、国家与原被告利益说三种观点。国家利益说认为,民事诉讼是国家掌管的一种制度,所以某种纠纷是否可以运用这一制度来解决,必须考虑编制这类司法制度运转的国家利益,因此将诉的利益视为运作民事诉讼制度时发现的国家利益;当事人利益说认为,民事诉讼设置的目的在于权利保护,是否有诉的利益,应当基于当事人的利益状态,并根据诉讼法作出客观的价值判断予以确定;国家与原被告利益说,实际上是国家利益说与当事人利益说的协调,认为诉的利益既体现了国家的利益,又体现了当事人的利益。[2] 总体上看,虽然诉的利益要求当事人提起诉讼时应当符合国家法律的规定,但是这并不能改变诉的利益是当事人利益的属性。原因在于:第一,民事诉讼程序本身就是体现国家意

---

〔1〕 参见王福华:《两大法系中诉之利益理论的程序价值》,载《法律科学》(西北政法大学学报)2000 年第 5 期。

〔2〕 参见江伟、邵明、陈刚:《民事诉权研究》,法律出版社 2002 年版,第 223 页。

志的一种纠纷解决机制,如果说诉的利益体现了国家的规制,那么当事人的哪一种程序利益能摆脱国家利益的规制?即便是脱离诉讼的领域,进入纯粹的民事私法领域,我们也不能找到任何一项能脱离国家利益规制的私人利益。如果以受到国家利益规制为由认定诉的利益具有国家利益的特性,那么我们找不到任何一项利益不具有国家利益的特性。第二,诉的利益是利用司法制度的利益,既然法律设置了民事诉讼程序来取代私人救济,那么就应当将利用司法制度的利益看作当事人固有利益中不可分割的一部分,否则将使当事人的相关民事权益失去保护的屏障。[1] 所以说,诉的利益是当事人天然具有的利益内容,并不是来自国家的授予。诉的利益需要符合国家法律要求的条件,只是体现了国家利益对私人利益的规制与约束,并不能改变诉的利益的私属性。

将诉的利益界定为当事人的私益,对于国家来说,只要这种私益的运行不违背公共利益的内容,那么就应当予以积极的保护。因此,将诉的利益界定为私的利益,可以避免国家在起诉环节过多干预当事人权益,如此保持起诉的低门槛,使当事人的民事利益纷争能得到国家司法制度全面救济,不至于出现存在利益纷争而无法求助司法的情形。

(二)诉的利益的程序性与实体性

正如一般民事现象,诉的利益同样面对程序定位和实体定位的争议,同样存在程序说、实体说和实体与程序交错说 3 种观念。

从实体法的角度来观察诉的利益,我们不能否认诉的利益涉及了实体内容。从当事人的角度观之,诉的利益是民事诉讼当事人利用民事诉讼程序请求法院予以司法保护的正当的实体民事权益;从民事审判权的角度观之,则指法院对当事人所提起的诉讼请求作出判决的必要性和实效性。法院受理民事案件必须衡量当事人提起的诉讼有无解决的必要,以及纠纷可否通过民

---

〔1〕 诉的利益的私人属性定位与符合国家的法律规定之间并不存在冲突,比如,一事不再理原则,并不是直接否认当事人诉的利益存在,而是因为当事人之间的争议从法律的角度来说已经解决或已不存在。也就是说,当事人实际上提起了一个在法律上被认为不存在争议的案件。没有争议,就没有必要救济,这实际上与诉的利益不存在直接的关系。

事审判权予以解决。[1] 就当事人的起诉理由而言，我们不能否认当事人追求实体利益目的，诉的利益是由于原告主张的实体利益现实地陷入危险和不安时才得以产生，诉的利益与救济法在诉讼功能上是统一的，对法院来说，即据此决定对于当事人诉求是否给予救济。[2] 但是，如果我们仔细考察诉的利益中的实体内涵，就会发现其具有不稳定性，因为是否具有实体利益内容只有等到程序终结之时方为明确，最终的审理结果可能表示当事人并不存在实体的诉的利益，这就与案件受理时的判断产生冲突，同时也意味着不具有实体内容的诉的利益，同样不影响法院受理案件。也就是说，诉的利益的实体内容并不能作为受理案件的依据。其实，诉的利益本身就是指当事人利用司法制度的利益，从这个角度来讲，是否具有真正的实体利益，对于是否具有诉的利益影响不大。而且对于那些法律上尚存疑问的利益，要求诉讼的利益必须具有实体内容，无疑阻断了这些利益的救济之路。所以，笔者认为，诉的利益实质上是一种程序利益，特别是对于那些尚未被实体法所确认的正当利益来说，程序上的诉的利益是当事人对此类利益寻求救济的利益依据。

有学者认为，诉的利益是合法的利益，而不是非法的利益，只有在法律上被认为是正当的实体权利才会成为诉的利益，不正当的实体利益就不应该得到法律的保护。[3] 对于这种观点，笔者不敢苟同。因为实体法所规定的当事人的利益只是法定的利益，而不是民事主体全部正当利益的内容，只要能满足主体的需要而又不违背法律规定的利益，均是正当的利益。当这些利益受到侵害时，当事人理应得到民事诉讼程序的救济，否则这些利益就不能称为利益。如果非法定的利益不能称为利益，那么民事主体的利益范围就被局限于法律规定的限度之内，这显然不符合“法无明文禁止即权利”的现代法治原则。而事实上，法律亦不可能包罗万象地对民事主体的利益范围作出明确规定，法律规定的利益内容只是法律认为较为重要的利益内容而已，我们

---

〔1〕 参见王福华：《两大法系中诉之利益理论的程序价值》，载《法律科学》（西北政法大学学报）2000 年第 5 期。

〔2〕 参见江伟、邵明、陈刚：《民事诉权研究》，法律出版社 2002 年版，第 223 页。

〔3〕 参见王福华：《两大法系中诉之利益理论的程序价值》，载《法律科学》（西北政法大学学报）2000 年第 5 期。

不能因为法律没有明确规定就否认一些利益的正当性。

二、诉讼成本

无论审判能够多么完美地实现正义,如果付出的代价过于昂贵,人们往往只能放弃由审判实现正义的希望。这里,或许可以说正义的实现是国家的使命,所以无论成本多大也在所不惜,但是作为实际问题,审判的成本不可避免地被计算和衡量,更何况社会管理者还面临其他具有紧迫性和优先权的社会任务。然而到目前为止,在关于司法政策的讨论过程中,却很少正面考虑成本问题,这确实是很令人遗憾的,在这些讨论中,总是把审判应有的作用先与查明事实真相或程序正义等联系起来,最后才在分离、从属的位置上顺便涉及审判所需的成本。面对现代社会中权利救济大众化的要求的趋势,缺少成本意识的司法制度更容易产生功能不全的问题。[1] 因此,虽然理论上对诉讼成本的讨论并不占学术研究的主流,但是任何人都不能否认,诉讼成本对于诉讼制度及当事人存在巨大的影响。总体而言,诉讼成本主要包含以下问题。

(一)成本与收益的辩证关系

诉讼成本对于当事人和法院来说,均是一种程序利益的支出,相对于最终的利益实体而言,其均表现为一种负的利益,诉讼成本支出越多,对于最终的利益实现来说,都是一种量上的减少。因此,从最直接的意义来讲,在不影响程序其他功能的情况下,诉讼成本支出越少,程序越是简捷;诉讼效率越高,就越符合当事人的利益需求,就越能体现程序的公共特性。但是,正义的生产总是需要一定的投入,诉讼成本的支出必须符合其生产正义的基本要求,否则诉讼程序的正义生产就必然受到影响。之所以有必要考虑诉讼的成本,主要是因为国民才是享受司法所提供服务的最大受益者,同时也是由国民负担诉讼的成本,站在国民的角度来探求资源、程序和正义生产的平衡才能形成真正的成本政策。司法在终极意义上的真正主体是国民而不是法律

---

〔1〕 参见[日]棚濑孝雄:《纠纷的解决与审判制度》,王亚新译,中国政法大学出版社 2004 年版,第 268 页。

家，由法律家所掌握的司法实践往往缺乏在受益和成本负担之间寻求平衡的结构性动机，而且从实务的观点出发，法律家总是倾向于把具体案件中的正义实现置于宏观上正义总量增大这一政策之上，还容易夸大现行制度的合理性。[1] 所以，从社会整体的意义上来看，成本与收益的关系存在一个超越个案的视角，那就是整体的司法投入与社会总正义生产量之间的关系。比如，为了解决“执行难”，除司法投入外，国家还会动员其他社会力量的参与，这些成本可能在个案中无法得以体现，但它实际上属于司法投入的成本。

如果把“成本—程序—收益”的基本构架看作一个生产流程，那么成本就是原料，程序就是生产车间，对正义的收益就是最终的产品。通常来说，在程序这个生产车间保持不变的情况下，成本与收益应当呈现正比例的关系，即成本的增减同时意味着收益的增减。在我国目前的某些司法改革中，在不改变诉讼程序基本规定的情况下，试图提高效率、减少投入、增加正义的生产量，这很显然与成本、程序和收益三者关系的基本规律相违背。当然，如果在程序方面做出一定的改动，这类似于生产车间或是生产工艺的改动，提高司法的生产效率和技术水平，那么就可以在成本降低的同时提高收益，如科学合理的小额速裁程序就可以实现这一点。

在成本与收益的关系中，存在这样一种观点，那就是无论在任何情况下，正义的生产总量不能减少，否则就意味着司法的倒退，因此，正义不能减少只能增加。在诉讼程序不可改变的情况下，必须加大司法的投入，以获取更多的正义生产量；在诉讼程序可变的情况下，变动的结果则必须保证正义的增加。但是，成本投入是否合算，并不是由正义的生产量所决定的，而是由二者之间的比率决定的。比如，投入 100 单位的成本，可以收获 100 单位的正义，但如果投入 200 单位的成本，正义的总量只增加到 110 单位时，那么，新的 100 单位的投入显然并不合算，甚至可以算是亏损。如果通过改变程序，正义总量虽然略有减少，但成本却获得了大幅度降低，或者是在稍微追加投入

---

〔1〕 参见［日］棚濑孝雄：《纠纷的解决与审判制度》，王亚新译，中国政法大学出版社 2004 年版，第 268 页。

时，获得比现在多得多的正义，[1]这意味着成本投入更加合算的同时，亦表明程序的改变是成功的、具有积极意义的。

（二）成本构成

诉讼成本指的是诉讼活动过程中的各种支出，包括人力成本、时间成本、资源耗费、精神投入等各个方面。就主体而言，包括国家成本、社会成本、法院成本、当事人的成本以及其他主体的成本。国家成本和社会成本主要是指国家和社会为保持民事诉讼程序的运行所支出的具体个案之外的成本，如多元调解机制的投入等，它们虽然与个案并无直接关联，但它们对于保证个案的程序运行有时起着重大作用，甚至还会影响当事人或法院的具体利益。如法院所推行的多元调解机制，对案件能否进入法院审判具有重大影响，此外，多元调解机制对案件的分流作用，则直接影响了法院对案件的具体投入。在法院资源不变的情况下，多元调解分流的案件增多，则意味着法院受理案件的相对减少，个案所对应的法院资源相应增加，法院在案件压力减少的情况下，案件的办理效率就可能会相应提高，当事人投入的时间成本则相应减少。所以，诉讼的成本不仅是法院办理案件的成本，亦包括了整个社会为司法所投入的成本。通常而言，国家、社会与法院的成本属于公益投入，并非私益范畴，但由于这些公益投入最终源于全体纳税人，而且在每一个具体案件中，都可能是由当事人来承担的，因此，把这些诉讼成本在私益这一部分略作探讨。

在我国的诉讼费用制度中，只关注了经济方面的成本，如我国《民事诉讼法》中有关诉讼费，就只规定了法院的案件受理费及其他费用，而我国《诉讼费用交纳办法》则在案件受理费之外，增加申请费以及证人、鉴定人、翻译人员、理算人员在人民法院指定日期出庭发生的交通费、住宿费、生活费和误工补贴。这种成本规定显然大大缩小了成本的范围，根本就没有考虑经济费用之外的其他投入，如时间成本、精神成本等。这也直接导致了我国的诉讼成本投入在法律层面与实践层面出现了严重脱节，法律所规定的以诉讼费用为

---

〔1〕 参见［日］棚濑孝雄：《纠纷的解决与审判制度》，王亚新译，中国政法大学出版社2004年版，第268页。

表现形式的成本无法涵盖所有的诉讼成本，诉讼成本在诉讼制度层面的功能根本无从发挥。实际上，除法律所规定的诉讼费用外，我国的诉讼成本支出还应当包括法院的人力成本、资源投入等，就当事人层面而言，则包括为了诉讼所支出的所有成本，具体而言包括经济投入、时间成本、精神成本等。特别是在当事人层面，对诉讼的付出可谓是全方位的，但是法律只是承认了经济投入，虚化了当事人其他方面的投入，这显然并不适当。

由于我国实行的是诉讼费预交制度，即由程序的启动者先行交费，后根据一定的原则再判定最终的承担者，案件受理费对于原告来说，仅仅是先行交付，对其影响亦仅在于垫付资金的压力。因此，案件受理费的程序意义并非局限于原告，而是整体的当事人的程序利益支出。也就是说，除法院层面的公益支出外，当事人在诉讼程序中投入的多寡，表明了国家对于当事人利用诉讼程序的一种态度。如果诉讼费用较低，实际上是将该费用向全民分摊，由全民辅助个案当事人进行诉讼，具有降低司法门槛、方便民众接近正义的意义；如果诉讼费用较高，则意味着通过提高个案的门槛来抑制民众利用诉讼程序解决纠纷。如前所述，由于我国法定的诉讼费用只占当事人全部诉讼成本的一部分，当事人在考量诉讼成本时，诉讼费用并非重点，因此，诉讼费用的程序价值在我国体现得并不明显。

（三）成本负担

通过对当事人负担的诉讼成本进行调整来影响人们利用审判购买正义的行动，以达到正义的生产与社会投入的总资源之间实现最佳配置的目的，是成本政策的基本出发点。总体而言，究竟由何方承担诉讼成本，存在两种转嫁模式：一是把法院的审判成本转嫁给当事人，变成诉讼费用，或者把当事人的诉讼成本转嫁给法院，变成诉讼成本，这称为第一次转嫁；二是在经过第一次转嫁后，再把当事人负担的成本在一定条件下向第三者或对方当事人转嫁，这称为第二次转嫁。[1] 第一次转嫁是公益与私益之间的流动，而第二次

[1] 参见［日］棚濑孝雄：《纠纷的解决与审判制度》，王亚新译，中国政法大学出版社2004年版，第284页。

转嫁则是私益之间的流动。

第一次转嫁涉及的是公益与私益，属于不同性质的利益形态，二者之间能否相互流动，历来存在争议。有观点认为，法院系国家成立的纠纷解决机构，其办公场所、经费、人员成本等均由国家保障，为民众提供司法服务系其职责所在，审判中所支出的公益成本理应由法院或国家承担，不应再向当事人收取费用。另有观点认为，诉讼费用是保障国家司法有效运作的前提和基础，司法运作需要大量金钱，国家不可能对民事纠纷这种私权纠纷的司法解决提供“免费的午餐”。因为如果国家免收诉讼费用，实际上就是让全社会承担了少数人纠纷解决的费用。[1] 实际上，对于任何提供公共服务的机构来说，它只能给全民提供人人皆可利用的机会，但均不能要求人人皆现实地加以利用，比如，男性就永远不可能使用专门针对女性的公共服务。如果以“全社会不能承担少数人的服务费用”这个理由来论证由当事人承担诉讼费用的合理性，那么社会上就不可能存在不收费的公共机构。当然，这种情况符合我国目前的国情，比如，义务教育也要收费，有的警察办案也要收费。但是，“税”毕竟不同于“费”。从理论来讲，“税”是对整个社会征收的，因而不能考虑谁获得了公益事业的利益。相反，“费”只向特定的获益者征收，并依据其个人接受服务的数量确定费用。[2] 我国一些私的权利，包括财产权，基本上已经缴纳了相关的税，国家不应当在税之外另行收取费用。实际上，之所以考虑审判的成本，主要是因为国民才是享受司法所提供服务的最大受益者，同时也是由国民负担审判的成本，[3] 成本如果过高，整个公共利益的实现均会受到影响，每一个国民的利益也会受到影响，但这与收不收取诉讼费用并没有必然联系。从法院的角度来看，诉讼费用的收取，实际上也是公共利益增加的一种表现，如何在立法的层面协调法院与当事人之间的关系，实际上也反映了公益与私益的关系问题。与常见的法院审判费用承担问题相

---

〔1〕 参见张卫平：《民事诉讼法》，法律出版社 2004 年版，第 253 页。

〔2〕 参见［美］史蒂芬·霍尔姆斯、凯斯·R. 桑斯坦：《权利的成本——为什么自由依赖于税》，毕竟悦译，北京大学出版社 2004 年版，第 7 页。

〔3〕 参见［日］棚濑孝雄：《纠纷的解决与审判制度》，王亚新译，中国政法大学出版社 2004 年版，第 271 页。

比,还存在一种私益转向公益的成本流动,即当事人的成本转由国家承担,比如,法院收集证据,实际上就是由法院承担了本应由当事人承担的诉讼成本。当然,这些本应为私益的成本最终转化为国家的公益支出,背后往往需要一定的正当理由加以支撑,通常而言,这种正当性主要体现在社会整体利益的增加,如法院调查证据可以有助于事实的查明,从而保障程序的正义。

成本第二次转嫁的典型即"败诉者负担",这个制度的一般合理性在于真正拥有权利的人不负担成本,从而可以产生动员权利人更积极地主张自己权利的效果。一方面,存在必须通过权利在成本为零的前提下得到实现来维持法秩序的理念;另一方面,针对侵害他人权利还以应诉的方式来抵抗救济要求的人,则给予负担双重诉讼成本的制裁,以达到抑制权利侵害或不经诉讼也能恢复权利的目的。[1] 但是,有一点必须明确,败诉者负担中的败诉者主要是在实体争议中的落败者,此原理并未在程序层面确定由不当使用者承担程序成本。实际上,在相当多的情况下,系争的实体利益究竟归属何方,并不十分明确,原、被告可能都有充分的理由坚信自己主张的正确性,至于通过诉讼能达到什么结果,双方当事人都没有把握的情况亦非少见,甚至有些疑难案件法院自身也很难决定最终结果。在这种情况下,就可能出现有人尽管坚信自己有理由却因害怕承担败诉成本,从而回避诉讼的现象,或者对方当事人也会因为同样的恐惧而不敢提出应该提出的抗辩,简单地屈从于某些不当要求。于是,本来适合于中立第三者进行裁定的争讼性较强的案件,反而因审判结果难以预测而出现回避诉讼的倾向,这样的情况很难说败诉者负担政策取得了成功。当然,区分不当的应诉和正当的争讼并分别采取不同措施,也有理论的余地,但存在把争议本身看作违法的可能,从而有抑制权利主张的危险。在我们的社会中,通过保障任何人都有接受正当程序审判的权利,把在法律框架内自由地主张自己的权利和保卫自己的利益视为极重要的社会价值。因此,即使只在事实的层次上,不带任何违法的含义来使用"不当

---

〔1〕 参见[日]棚濑孝雄:《纠纷的解决与审判制度》,王亚新译,中国政法大学出版社 2004 年版,第 290 页。

的应诉”这个概念,也应该小心谨慎。实际上,败诉者负担的制度合理性只限于影响当事人的行为动机,而不能对当事者的争执从道义上或法律上加以谴责。[1] 因此,不能简单地将败诉者与实体争议的失败者等同起来,由败诉者负担成本的视角应当从实体转向程序,让那些不当使用程序者而非实体落败者承担诉讼成本,这才应当是败诉者负担原理应有的合理内涵。比如,延误开庭而造成的重复开庭费用,伪造证据造成的成本支出,以及由此带来的诉讼迟延等额外成本支出,皆由此程序的不当使用者承担。

三、配置原则

对于当事人的整体利益来说,程序利益的支出总是意味着一种负的利益,所以程序的简便与高效自然是配置当事人程序利益的一个重要原则。除这个原则外,由于民事诉讼程序的利益结构存在两种性质不同的利益关系——当事人之间存在的私的程序利益关系,以及当事人与法院之间存在的私益和公益的关系,所以法律在配置当事人的程序利益时,应当根据不同性质的利益关系采用不同的原则。

(一)对等原则

民事诉讼中的当事人作为利益对立的双方,其主体地位应当平等,而这种平等主要体现为双方当事人在民事诉讼中的权利与利益的平等,只有这样才能保持双方当事人的对立平衡,法院才可能以中立的身份主持诉讼活动,否则诉讼程序就成为当事人一方(或是当事人一方与法院联合起来)向另一方进攻的程序。比如,原告有起诉的权利,被告相对应的就有答辩的权利;原告有提出证据证明其主张的权利,被告就有提出相反证据予以反驳的权利;如果法律规定原告不出庭就按撤诉处理,那么被告不出庭就应当规定按认可原告的诉讼请求处理。

(二)有助于证明事实的原则

虽然不能说通过民事诉讼程序查明的事实就是真实的事实,但由于法院

---

[1] 参见[日]棚濑孝雄:《纠纷的解决与审判制度》,王亚新译,中国政法大学出版社2004年版,第292页。

的判决必须以一定的事实为基础,而这种事实就来自诉讼程序的进行,而且在很大程度上依赖双方当事人的证据。因此,法律在配置双方当事人的程序利益之时,应当有助于促进双方提供证据,以促进诉讼程序的顺利进行。此外,由于当事人是争议事实的亲历者,在理论上讲,他们对于事实的证明最为有力,但是有的当事人可能出于各种目的,并不积极地向法庭提供证据,因而,如果在配置程序利益时,不作出有利于当事人提供证据的规定,那么势必会造成某些证据流失在法庭外。通常来说,与案件有关的证据越多,就越能使诉讼程序证明的事实接近于客观事实,为了使程序结果事实尽量接近客观事实,在程序利益的配置上,就应当体现鼓励提交证据的原则。

(三)规定民事诉讼权利与界定公共利益相结合的原则

只有较重要的当事人的程序利益,法律才可能作出明确的规定,使其上升为一方当事人的一种程序权利或对方当事人的程序义务,但除程序权利外,当事人还享有众多的程序利益,由于这些利益内容遵循"法无明文禁止即权利"原则,所以对于当事人的利益,我们不能以积极的立法方式加以规定,只能通过法律的禁止性规定来划定当事人的程序利益的"禁区",这实际上就是规定公共利益的范围。因此,对于当事人的程序利益,立法只能通过规定重要的程序利益和划定公共利益的范围两种方法来界定当事人的程序利益范围。

(四)以立法时间作为界定利益基准时间的原则

当事人程序利益的配置,除反映当事人之间的利益关系外,还涉及与公共利益的关系问题,因而,程序利益的配置实质上就是一种利益判断和利益选择的问题。这种对当事人程序利益的判断和利益选择只能在立法时进行,而不是在司法过程中进行。立法者完全可以根据自己的利益判断和利益选择自由地制定各种具体的法律条款,但是法律一旦制定以后,严格执行法律的规定,便是唯一的和最高的利益,此时不再存在利益的判断和利益选择问题。因为如果再允许进行利益选择,结果只能是破坏法律的规定,在根本上与民事诉讼的最终利益(国家利益,或者说法律的准确实施)格格不入。如果说在民事司法过程中存在利益判断和利益选择,那只能是要求司法者在适用具体的法律条文时揣摩立法者是如何进行利益判断和利益选择的，以使自己正确理解法律规定的意愿和精神实质，以便更为准确地执行法律。[1]

第四节　公益诉讼中的公益与私益

在公益诉讼中，实体利益层面的原告公益与被告私益的利益关系模式，反映到程序层面，则在某种程度上打破了传统原、被告两造之间的对立平衡。此外，法院作为公共机构的公益色彩与系争的实体公益具有立场上的一致性，因而，法院出于保障公益及平衡原、被告关系的目的，积极依职权而为某些诉讼行为，本属正常。但是，公益诉讼毕竟属于诉讼范畴，其在诉讼层面必须保持诉讼结构的平衡，不能因为一方的公益性而打破这种平衡，致使公益诉讼超出诉讼范畴，而成为行政执法的替补，在行政缺位之际代行行政功能。同时，还必须看到，法院在诉讼程序中的公益性，源于其作为国家机构的性质和地位，其功能在于保持诉讼程序的公共性，代表的是程序争议外的一般公益。在公益诉讼中，诉争公益属于双方当事人的系争对象，在此公益面前，法院的程序定位是裁判者，而非此种公益的监护人、代表者，因此，虽然同披公益外衣，但二者在程序中的地位并不相同，也不能混同。此外，在公益诉讼中，虽然系争利益属于公益，但原告作为其担当者，其身份仍然是争议的一方主体，这种身份定位并不因为其代表的利益为公益而有所改变，这与国家机关参与民事诉讼同样属于私的民法主体是同一个道理。因此，公益诉讼虽然在程序结构上有一定的特殊性，但并不因为原告背后的实体公益而改变诉讼程序上私益对抗、法院中立的基本结构。

对于如何界定公益诉讼，存在两种不同的视角：第一种视角是从纯粹的实体利益层面入手，认为只要是为了维护实体的公共利益所提起的民事诉讼，均是公益诉讼；第二种视角则认为，只有与公益没有直接利害关系的民事主体，为维护公共利益提起的民事诉讼才是公益诉讼。[2] 第一种视角虽然

---

〔1〕 参见汪建成：《论刑事诉讼中的利益观》，载《中国法学》2000年第2期。

〔2〕 全国人大常委会法制工作委员会民法室：《中华人民共和国民事诉讼法——条文说明、立法理由及相关规定》，北京大学出版社2012年版，第81页。

承认存在公益诉讼与非公益诉讼两种不同的诉讼形态,但并没有在程序形态上将公益诉讼作为一种有别于普通诉讼的独立程序。第二种视角则从公益诉讼与普通诉讼的程序差别入手,对在实体利益层面涉及公益的诉讼进行了分类,将公益诉讼与普通诉讼在诉讼形态上区别开来。就公益诉讼所涉及的系争实体利益应当为公益,两种视角在此并无差别。二者的差别主要在于程序层面,即前者不强调程序的特殊性,后者则强调程序的特殊性,为便于区别,笔者将前者称为实体公益诉讼,后者则称为程序公益诉讼。

实体公益诉讼之所以被称为公益诉讼,其原因在于诉讼所涉及的实体利益具有公益性,并不关注具体的诉讼形态以及何者为诉讼当事人的问题,其实体意义大于程序意义。因而,程序公益诉讼涉及的众多问题并不具有诉讼法上的特殊性,在当事人方面,既可以表现为个体诉讼,亦可以表现为共同诉讼及群体诉讼,但无论哪一种形式,均没有脱离普通诉讼的当事人范畴。虽然作为系争对象的公益与一般的民事私益存在重大差别,但这种差别主要表现在实体法的层面,在诉讼法上的表现并不明显,尚不足以支撑实体公益诉讼脱离普通诉讼而成为一种独立的诉讼形态。因而,实体公益诉讼称为一种诉讼,主要目的在于体现其实体利益特色,在这一点上,实体公益诉讼概念的存在意义,与合同诉讼、侵权诉讼、房屋诉讼等基本相同。程序公益诉讼则不然,它的关注重点在于诉讼形态方面,主要是指诉讼的当事人为法律规定的担当人,在突破普通诉讼的当事人适格性要求的同时,亦给程序带来了有别于普通诉讼的新规则,从而使程序公益诉讼与普通诉讼在诉讼形态上区分开来。

我国《民事诉讼法》第 55 条第 1 款规定,对污染环境、侵害众多消费者合法权益等损害社会公共利益的行为,法律规定的机关和有关组织可以向人民法院提起诉讼。此规定中的公益诉讼,实际上是一种法定诉讼担当人形态的诉讼,因为,虽然立法将诉讼目的限定为保护社会公共利益,但在诉讼当事人方面,并未考虑公益在实体法上的相关主体,而是强行将维护公益的诉讼实施权赋予特定的机关和组织,这种为不属于自己所持有利益而进行诉讼的当事人,就是一种法定的诉讼担当人。所以,从立法的角度来讲,我国《民事诉讼法》只承认一种形态的公益诉讼，那就是担当人式的公益诉讼，与公益有关的其他普通诉讼，均非我国立法上的公益诉讼。基于此，如无特殊说明，后文中“公益诉讼”的表述均是指程序公益诉讼。

一、两造失衡的现实性

纠纷通常以双方利益主张对立的形态出现，纠纷解决程序也采用与之相应的构造，在这种构造下，让起诉者（原告）与被诉者（被告）一直以对立的形态参与到整个诉讼中，在对等地赋予双方可充分主张利益之地位与机会的基础上，法院对其作出判决。[1] 因此，作为民事诉讼程序中的两造，原告与被告在实体利益关系上处于对立状态，在程序主体地位上则具有对等关系。实际上，原告、被告只是称谓上的不同，并无优劣之分，二者的确定与区分只是一种假定，是根据谁先起诉加以确定的，与实体权利的真正享有尚不能画等号，原、被告双方都可能最后胜诉。因此，法院对双方当事人应当一视同仁，不应存有偏见或区别对待。[2] 但是，与通常诉讼不同，公益诉讼中的原告，在实体层面并非公益的利益主体，因此，原、被告之间在实体层面不存在直接的利益对立关系，这种先天性的实体利益结构失衡，使在公益诉讼的程序构成上，具有了不同于通常诉讼的一些表现。

（一）实体利益层面的对立缺位

理论上对公益概念长期无法形成定论，争议一直未曾停息，[3]公益的内涵与外延亦呈现复杂性、混乱性以及不确定性。[4] 正如哈耶克所言，这个概念“直到今天仍是最难给出定义的”概念，美国著名行政伦理学家库伯也坦率地承认，“要想给出一个能在理论界或实际工作者中公认的社会公共利益

---

〔1〕 参见［日］新堂幸司：《新民事诉讼法》，林剑锋译，法律出版社 2008 年版，第 88 页。

〔2〕 参见汤维建主编：《民事诉讼法学》，北京大学出版社 2008 年版，第 141 页。

〔3〕 参见朱晓飞：《公益诉讼语境下的“公益”涵义解析》，载《环球法律评论》2008 年第 3 期。

〔4〕 参见许尚豪：《公益诉讼的当事人研究——从“公”益、“共”益及“第三种利益”说开来》，载《兰州学刊》2015 年第 3 期。

定义是不可能的”。[1] 虽然公益的内涵存在争议，但涉及公益的理论中，有一点并无争议且非常明确，那就是关于公益的主体。通常而言，公益的主体并非实体法上的一般主体，而是抽象意义上的社会、不特定人等主体，普通的社会组织、自然人等民事主体不是公益主体。具体到公益诉讼中，作为公益代表人的原告，其对诉求公益只具有程序主体地位，不具备实体主体地位。即便那些将公益界定为众多私益集合体的观点亦均承认，公益诉讼中的原告虽然可能是此种公益概念中所包含的某一私益的主体，但就公益的整体层面而言，并非为原告所拥有。因此，公益诉讼中的原告之所以能成为诉讼程序主体，是根据法律的直接规定以诉讼担当人的身份实现的，并没有遵循从纠纷的实体主体到诉讼的程序主体这一诉讼当事人惯常的身份转化路径。

在公益诉讼中，被告之所以被起诉，原因在于其行为损害了公益，但这种公益性是从受损害利益的视角而言的。也就是说，在实体法上，被告侵权行为的指向对象为公益。但在诉讼程序层面，诉求的指向恰恰与实体法上的侵权指向相反，诉求由原告指向被告，原告要求被告承担一定的责任来弥补公益损害。被告为承担责任而支出的利益，是被告个体所拥有的私益（除非被告同时为公益代表人）。因此，在公益诉讼中，系争利益就具有了公益与私益的双面性特征。对被告来说，无论是在实体法的层面还是在程序法层面，其均是私益主体，为私益而战。在纠纷当事人转化为诉讼当事人的路径上，公益诉讼的被告与其他诉讼程序形态中的被告并无实质差别，均遵循了从纠纷的实体主体到诉讼的程序主体的惯常路径。

在通常诉讼中，系争利益在归属状态上存在非此即彼的排斥关系，双方当事人在实体上的利益对立，是他们在诉讼中对立的基础。但在公益诉讼中，由于原告并非诉求利益的实体主体，因此原、被告双方并不具备相应的实体利益对立关系，甚至可以说，原告的主体缺位使原、被告之间根本不存在实体法律关系。如此一来，就形成了纠纷实体主体缺位、程序两造非纠纷两造

[1] 参见白彦、杨兵：《我国民事公益诉讼的经济分析——基于理性的视角》，载《北京大学学报》（哲学社会科学版）2013 年第 6 期。

的特殊现象。原告作为纯粹的程序主体而非实体利益主体，由于缺乏实体利益支撑，其在程序中的主体地位，不如被告的基础稳定。因此，从表面来看，原告是公益的诉讼担当人，但公益毕竟不是原告个人的利益，原告能否像维护个体私益那样维护公益，从而与被告进行合理的对抗，就成为公益诉讼中程序两造状态的关键所在。

（二）程序利益的非对等关系

在公益诉讼中，代表公益的原告与代表私益的被告属于诉讼上的两造关系，二者从程序外观上形成了公益与私益在程序上对立，这与通常诉讼程序层面的公益归法院掌控、私益由双方所有的格局有所不同，公益与私益之间的关系能否像普通诉讼那样保持对立平衡状态，则成为公益诉讼所必须直面的重大课题。

1. 原告的公益优势

当事人在实体法律中的地位对其在诉讼中的地位并无决定性的影响，同理，在国家机关参与的民事诉讼中，亦不会因为国家机关的公益性而改变双方当事人的地位。实际上，当事人在民事诉讼程序中具有平等的地位，是出于诉讼程序主体结构平衡性及程序公正性的要求，双方当事人唯有处于平等的地位，方能形成平等对抗的程序结构，在体现程序公平性的同时，法院亦可保持中立裁判地位。

但是，在公益诉讼中，原告不是为了个体私益，而是为了公益，被告却仍然固守在个体私益层面，双方在诉讼程序层面的利益对立就从通常诉讼的私益对私益，在形式上演变成了公益对私益。虽然从理论来讲，无论是公益还是私益，在法律保护方面一律平等。但在社会观念上，西塞罗所称的“公益优于私益”理念一直延续到今天，成为现代各国包括宪法在内的所有法律制度的一项基本原则。[1] 因此，理论上原、被告之间应当平等，但在公众心理上总是自觉不自觉地倾向公益，表现在具体规则的设计上，则会作出有利于公

〔1〕 参见刘平：《公共利益与私人利益之平衡路径》，载《河南政法管理干部学院学报》2005 年第 5 期。

益的制度安排。而且,作为公共机构的法院,本身就有维护公益的天然职责,与原告具有立场上的一致性,从某种意义来讲,亲近原告就成了法院不可回避的选择。所以说,虽然实体公益并不必然上升为程序公益,但作为公益代表的原告,相比私益主体的被告,仍然具有现实的天然优势,二者事实上处于某种不平等的状态。

2. 他利与自利:公益、私益之间的动力失衡

根据亚当·斯密的理论,人都具有理性经济人的属性。在亚当·斯密看来,人是按照利益最大化的原则行事,追求自身利益是人们经济行为的根本动机。[1] 但在公益诉讼领域,原告虽为公益代表人,但并非公益所有者,因此,无论案件最终的裁判结果如何,均不影响其个体私益(当然可能影响名望等精神利益),而且很多法律亦限制原告从公益诉讼中获取个体私益。因此,原告参与公益诉讼缺乏现实的、与己相关的利益考量,而且,如果公益与其个体私益(如名望等)出现冲突,理性经济人的自利天性可能会使其为了一己私益而采取损害公益的诉讼行为。所以说,公益诉讼中的原告与被告,在行为动机上存在他利与自利的区别,从而造成了原告的行为驱动力往往不如被告,表现在诉讼程序上,被告往往为了自己的私益而竭尽全力,而原告则通常只是完成一种法律赋予的工作任务而已。正是因为原告缺乏私益激励,故而,法律对于其是否尽心尽责地维护公益持保留态度,通常在赋予原告以公益诉讼程序主体地位的同时,亦给予法院一定的公益监管权,而这种监管权客观上造成了法院与原告立场一致的外在印象,在一定程度上影响了法院的中立形象。但实际上,法院的这种监管权来自其作为公共机构的职责定位,其目的在于保证诉讼程序的公正进行。不仅在公益诉讼中,在一些普通诉讼的场合,法院亦有义务监督相关主体依法尽责,比如,对于律师,法官同样可监督以保障其不得损害当事人的合法利益。

---

〔1〕 参见谢云山、陈晓丹:《“理性经济人理论”述评——对“理性经济人”的质疑》,载《兰州学刊》2004年第2期。

3. 特殊的主体形成程序

虽然理论及立法对当事人的资格有诸多的限制，但通常而言，在立案阶段不会对当事人的资格进行过多审查，特别是在立案登记制下，当事人的确定往往依赖原告的起诉。也就是说，通过原告的诉状即可以确定何者为原告、何者为被告，即起诉的人为原告、被诉的人为被告。但在公益诉讼中，由于利益主体并非实体法上的一般利益主体，何者能代表公益进行起诉，往往由法律确定一个资格标准，然后法院对原告适格性进行审查。在原告资格规定比较宽泛的国家，除审查原告是否为法律所规定的适格主体外，通常亦会对被告是否适当进行程序上的审查，包括当事人与公益之间的关系、诉讼能力等。比如，美国就要求适格原告必须是其合法利益受到不利影响的人，须表明自身受到具体、实在、迫切且有别于一般公众的个人性的“事实损害”，该损害与被控违法行为具有可追溯的因果关系，以及损害能够为支持性判决所补救等。此外，法院在司法实践中发展起来的关于案件受理的一些惯例性规则，又称“谨慎性原告资格”（prudential standing），如“利益区间”（zone of interest）、“成熟”（ripeness）、“诉由消失”（moot）等，也对起诉起到制约作用。〔1〕

对于被告的确定，传统诉讼并无特殊要求。只要原告起诉行为符合形式要件，被告的确定似乎是顺理成章之事，即便原告因为选择错误被告而败诉，受到影响的也仅仅局限于原告的私益。在公益诉讼中，进行诉讼的成本高昂，法院需要消耗的司法资源巨大，加之适格原告为保护公益而提起诉讼，如果被告选择错误，轻则拖延诉讼流程，重则直接败诉，这不仅使诉讼成本和司法资源面临重大损失，公益也面临持续损害的重大风险。〔2〕 因此，公益诉讼的主体关系并非由原告起诉而自然形成，而是由法律规则叠加司法审查共同形成，原、被告的主体地位及相互关系由此具备了一定的稳定性，通常不会发

〔1〕 参见巩固：《大同小异抑或貌合神离？中美环境公益诉讼比较研究》，载《比较法研究》2017年第2期。

〔2〕 参见颜运秋、杨志华：《环境公益诉讼两造结构模式研究》，载《江西社会科学》2017年第2期。

生主体错误的现象。但是,法院司法审查的功能仅仅在于正当当事人的形成,这就如同法院在立案阶段要审查当事人是否适格是一个道理,一旦主体资格确定,那么其与其他的程序当事人并无实质性差别。

二、法院的正当性立场

作为诉讼程序的基本主体,原告、被告、法院三方正常的关系模型为等腰三角形结构,原、被告为"底边"上平等的对立两点,法院则为与两点等距的顶点。由于公益诉讼中原、被告之间两造失衡,如果法院仍然居于原来的顶点位置,那么法院与原、被告之间的"两腰"则变得长短不一,程序主体关系即会失去等腰三角形的基本结构。在这种情况下,法院在原、被告之间就无法保持中立裁判者的角色,公益诉讼的诉讼程序性质亦会因之发生根本改变。因此,在不否定公益诉讼的性质仍然属于诉讼程序的基本前提下,法院必须根据原、被告在程序中的位置,主动依职权调整顶点位置,与原、被告的"两腰"始终处于实质上的等距状态,在保持中立的同时,亦捍卫了公益诉讼的诉讼程序性质定位。所以说,在公益诉讼中,法院较多地主动行使职权,其目的不在于辅助一方当事人或特意保护公益,而在于将实质上失去平衡的程序利益结构予以框正,使程序主体关系始终保持两造对立、法院中立的合理状态。

(一)公益诉讼的3种性质模式

在基本原理和模式上,民事公益诉讼是否仍然处于民事私益诉讼的范畴中,存在3种不同的立法实践,亦可把它们称为公益诉讼的3种性质模式。

1.形式诉讼模式

形式诉讼模式将公益诉讼视为应对环境污染、大规模侵权等损害公益行为的一种社会治理手段,在推进公益诉讼的过程中,法院的积极职权偏向应对危机的实用主义立场和行政权运作思路。此种模式尽管在表面上模仿了民事诉讼程序,但其内核却是行政执法程序:公益组织扮演"举报人"的角色,将案件提交司法机关,司法机关负责推进整个程序,"纠问"被告,并依托行政资源全程指导和参与公益修复工作。[1] 比如,印度在环境公益诉讼方面就采取了此种模式。印度最高法院认为,只要能得到公正的结果,就是适当的程序。因此,印度的实践在诸多方面完全背离了司法的要求,如起诉可以采用不符合诉之构成要件的令状。印度最高法院认为,当一位公民或某个社会组织为了公益进行诉讼的时候,其可以只向法院写一封信就代表诉讼,因为苛求一个为了公共利益而诉讼的人,自己承担高昂费用并花费时间精力去准备正式诉状是不合理的。因循同样的思路,原告任意追加诉讼请求甚至也是允许的,法院亦经常主动追加诉讼请求。[2]

可以说,此种模式之所以称为形式诉讼模式,就在于它只具备了诉讼程序的外在形式,如需要当事人起诉、法院审判等,但就实质内容而言,已与诉讼程序的基本性质与原理相去甚远。就法院的职权角色而言,事实上已经超越司法职能的限制,承担了立法或者行政执法者的角色,[3]公益诉讼在某种程度上异化为行政执法的一种补充与变体。应当说,此种模式通过强调法院的职权能动性,依托司法机构建立起了对公益进行保护的新机制,有一定的积极意义;同时,此种模式也因为模糊了司法、行政、立法之间的权力界限,使法院的角色与现代法治及诉讼理念格格不入。因而,此模式并非公益诉讼的理想模式,为多数国家所不采。

2. 通常诉讼模式

通常诉讼模式以通常诉讼程序审理涉及公益损害的案件,而不另设特殊的公益诉讼程序。因此,涉及公益的案件与其他类型的案件相比,如合同案件、侵权案件等,只存在案件类型的差别,而在诉讼程序的具体内容上完全一致。许多国家在立法上确定独立的公益诉讼形态前,对于涉及公益的案件,通常都是采取这种模式,我国亦是如此。

---

〔1〕 参见王明远:《论我国环境公益诉讼的发展方向:基于行政权与司法权关系理论的分析》,载《中国法学》2016 年第 1 期。

〔2〕 参见颜运秋、杨志华:《环境公益诉讼两造结构模式研究》,载《江西社会科学》2017 年第 2 期。

〔3〕 参见孙海涛、赵国栋:《印度环境公益诉讼制度评析及启示》,载《河海大学学报》(哲学社会科学版)2016 年第 2 期。

但民事诉讼程序毕竟是解决私益纠纷的程序，无论是在诉讼理念还是程序结构等方面，均与公益案件的审理要求存在较大差别。因而，有些国家并不承认通常诉讼程序对公益案件的适用性，比如，德国对环境团体提起公益诉讼就持谨慎立场，只有环境行政公益诉讼，没有环境民事公益诉讼。其原因，一方面，在于德国将环境法划入公法范畴；另一方面，则是德国拥有发达的环境私益诉讼，通过私益诉讼实现了保护环境公益的目的。[1] 同样，美国亦对民事诉讼程序在公益案件的适用方面持相对保守的态度，按照美国主流司法理论，司法权的功能在于救济个人权益，与私益无关而指向全体公民之共同利益的事务属于不具有“可司法审判性”（justiciability）的“政治事务”，应由经民选产生、向选民负责的政治分支通过以民主原则支配的政治过程来处理，而不宜由未经选举产生的、不对选民负责的、往往带有精英阶层偏见的法官个人来决定。因此，美国公民诉讼并非如我国学界认为的那样由与案件无利害关系者提起，或是围绕纯粹公益的保护展开，事实正相反，其只能由那些表明其个人利益受到被控违法行为的“特殊”伤害的人提起，证明自我利益而非公共利益受损，或者反过来说，证明受害的不是公共利益而是个人特殊利益，才是原告获得诉讼资格的关键。这也意味着，维护个人利益（而非公共利益）才是诉讼的直接目的以及法院裁判的直接着眼点。[2]

3. 能动职权模式

形式诉讼模式虽可能对公益的保护有一定的积极作用，但是它造成了司法与行政的角色混乱，法院在公益保护方面有沦为隐性行政机关的风险，并不符合现代法治的基本要求。而通常诉讼模式则没有考虑公益的特殊性，僵化地固守私益模式下的通常程序，不利于对公益的保护。因此，多数国家都采取了折中的能动职权模式：一方面，将公益诉讼的程序性质界定为诉讼程序，避免法院在公益诉讼中因过于强势失去司法特性；另一方面，在不影响诉

---

〔1〕 参见颜运秋、杨志华：《环境公益诉讼两造结构模式研究》，载《江西社会科学》2017 年第 2 期。

〔2〕 参见巩固：《大同小异抑或貌合神离？中美环境公益诉讼比较研究》，载《比较法研究》2017 年第 2 期。

讼程序基本性质及法院中立裁判者角色的前提下,法院通过有限度的积极行为,理性能动地发挥职权作用,动态地平衡双方当事人两造结构,使形式上失衡的两造关系实现实质上的平衡。

能动职权模式仍然将公益诉讼的性质严格限定为诉讼程序,在这一点上,它与通常诉讼模式完全一致,二者的差别在于:通常诉讼模式并不强调公益案件的特殊性,而是强调通常诉讼对于公益案件的适用性;能动职权模式则强调公益案件具有不同于其他类型案件的特殊性,法院应当通过能动的职权行为满足公益案件特殊的程序需求。当然,如果在通常诉讼中,一国的法院职权本来就十分强大,那么即便在公益诉讼中强调法院的职权能动性,这种职权能动性亦可能无法做到更强大、更能动,因为,职权不能无限强大,总有一个限度,这个限度就是不能强大到否定公益诉讼的诉讼程序性质定位的地步,使公益诉讼程序成为非讼程序或行政程序。因此,在适用强职权主义或职权主义诉讼模式的国家,公益诉讼即便在理论上采用所谓的能动职权模式,但在具体规定上,亦很难突破通常程序所规定的职权强度。从这一点来讲,公益诉讼中的法院职权特色是否明显,往往取决于通常诉讼中的法院职权是否强大,如果通常诉讼中法院的职权已足够强大,那么公益诉讼与通常诉讼相比,职权色彩就不明显;反之,职权色彩就比较明显。

(二)职权与中立的关系

对权利与权力进行划分首先意味着权利的领域变成权力的边界,意味着国家权力不得任意侵入公民权利的领地,权利乃国家权力止步之处;反之亦然。[1] 在诉讼程序中,法院的职权属于权力范畴,它的边界就是当事人的权利,法院职权必须尊重当事人的权利,不得随意进入权利范围。但有观点认为,从维护社会公共利益的角度出发,在涉及公益的案件中,当事人在诉讼程序的各环节不充分享有诉讼权利,而是处于权利被排除或受限制的状态。法院不必局限于当事人提出的诉讼标的和诉讼请求,而是可以发挥职权作用,超出或替换当事人确定的诉讼标的或诉讼请求作出裁判。简单来讲,民事公

---

〔1〕 参见邓名奋:《论权力制约的三种机制》,载《国家行政学院学报》2005 年增刊。

益诉讼中适用职权干预主义，实质上就是要采用缓和的处分权主义。[1] 这种观点实际上模糊了权力与权利的界限，在导致法院职权不当扩张的同时，亦使法院有丧失中立性的危险，因为权力介入后的权利行使，实质上已非单纯的权利，而是有了权力的某些内涵，法院依职权为一方当事人的权利进行背书，就意味着法院站在了此方当事人一边，法院自然就失去了中立性。同时，法院介入当事人的权利行使，亦会带来诉讼程序上的不公平。假如在原告提出诉讼请求后，法院依职权进行变更，那变更之后的请求是法院的请求还是当事人的请求：如果是法院的请求，被告可否辩驳；如果可以辩驳，岂不是与法院形成了对立关系？所有这一切，对被告来说，均难有公平可言。

实际上，诉讼权利可分为两类：一是有实体权利内容的诉讼权利，如诉讼请求的变更权、诉讼请求的放弃权等；二是不含实体权利内容的纯粹的诉讼权利，如证据调查权、辩论权等。对于前者，因涉及当事人的实体利益，法院职权不得介入，否则就会形成前述的不公平结果，影响法院的中立性。对于后者，有观点认为，法院可依职权主动介入，如法院对证据的职权调查权，就是法院对当事人证据调查权利的介入。但此种理解并不准确，因为法院对证据的调查是法院的职权行为，它虽然在客观结果上可能有利于一方当事人，但法院的主观目的并非辅助一方当事人，而是通过职权行为更好地实现程序公正，在这一过程中，法院行使的是自己的职权，并非当事人的证据调查权利，亦没有介入当事人的权利行使。比如，当事人调查 A 证据时，法院认为应当调查 B 证据，此时，法院依职权禁止当事人对 A 证据的调查，属于法院依职权对当事人调查权利的介入与干预；如果法院不是依职权禁止当事人对 A 证据的调查，而是依职权对 B 证据进行调查，那么这完全在法院职权范围内，与当事人的诉讼权利行使并不冲突。

因此，只要法律规则固守权力与权利的界限，法院在规定的范围内行使职权，并不意味着对当事人权利的干预，即便客观上可能会产生对一方当事

---

〔1〕 参见石春雷：《职权主义非讼法理在民事公益诉讼中的适用》，载《中南大学学报》（社会科学版）2017 年第 2 期。

人有利或不利的后果,那这种后果亦是法律允许甚至希望达到的,不能以此认为法院通过职权限制或帮助了一方当事人,进而否定法院的中立性。

(三)形式中立与实质中立

对于法院中立存在两种理解,即形式中立与实质中立。所谓形式中立,就是要求法院同等对待当事人,在双方之间保持中立、不偏不倚的态度。如果说双方当事人在诉讼程序中处于相对平衡的地位,那么法院在二者之间保持形式中立,并不影响诉讼程序的公正性。但是,如果当事人在诉讼程序中的地位处于失衡状态,如取证能力、尽责程度等差距过大,那就意味着二者无法平等对抗,根本不可能同等地影响法官的心证。在这种情况下,法院如仍在程序形式上保持中立,无疑意味着放纵强势一方对弱势一方的欺压。所以说,决策者的中立及其裁决的实体正确性是两个互不相干的变量,一个宣告了正确结果的决策者很可能不平等地对待了当事人,而一个平等对待所有当事人的决策者又可能宣布一个错误的结果。[1] 因此,一旦当事人之间的地位在程序中发生严重失衡,法院就必须依职权将失衡的两造关系予以框正,给予弱势一方以程序扶助,保证程序的实质性公正。这就要求法院在形式中立的基础上,亦应当追求实质中立。法院的实质中立,是对形式中立的"否定"与"扬弃",它与形式中立兼容,并对形式中立进行了修正,[2]而这种修正目的在于程序的实质性公正。

三、法院在公益诉讼中的能动中立

在公益诉讼中,法院应当采取积极的职权行为,调整当事人之间的不平衡关系,使自己在双方当事人之间能动性地实现实质中立。但是,公益诉讼毕竟仍然属于诉讼程序范畴,法院职权的目的在于实质中立,而非从根本上改变诉讼程序的主体结构关系,更不是将公益诉讼改造成行政或类行政程序。因此,法院的职权及其行使,必须保持在公权力应有的限度内,不得进入

---

〔1〕 参见[美]米尔伊安·R.达玛什卡:《司法和国家权力的多种面孔》,郑戈译,中国政法大学出版社2000年版,第203页。

〔2〕 参见陈如超:《中国法官刑事审判时的中立类型学》,载《法制与社会发展》2011年第3期。

当事人的私益领域,以免违背诉讼程序两造对立、法院中立的基本法理。

(一)能动中立的基本要求

在公益诉讼中,法院的能动中立包含两层含义:一是能动,要求法院积极行使职权,将当事人的不平衡状态调整至程序平衡状态;二是中立,此处的中立指的是实质中立,要求法院通过能动的职权行为,实现法院在两造之间的实质中立。

1. 尊重当事人的程序主体地位

作为一种为保护公益而由私人启动实施的特殊制度,公益诉讼不可避免地兼具公、私不同属性,涉及公共利益与私人利益、监管者与原告以及司法和行政等诸多关系,[1]但是,公益诉讼毕竟在性质上属于诉讼程序,原、被告作为程序主体,理应具备与其地位相应的权利及义务。法院作为中立的裁判者,其职权行使必须保持一定的限度,一方面不得侵入当事人的权利领地,另一方面不能将诉讼程序异化为打击被告的行政性工具。这就要求法院必须充分尊重当事人特别是原告的程序主体地位,将职权严格限定在公权力应有的限度内,给予原、被告应有程序主体权利,既不能介入当事人的权利行使,更不能替代当事人而为一定权利事项。虽然民事诉讼程序具有一定的公法属性,但就其审理的系争利益而言,原、被告才是利益的程序主体,即便原告并非公益的实体主体,但法律既然赋予了其诉讼主体资格且为法院所认可,那么就必须承认其是合格的程序主体,具有完全的程序权利,否则就意味着法律规定的失当。此外,在诉讼程序主体结构上,法院的中立裁判者的角色与原、被告的主体地位是相辅相成的,如果没有了系争状态下对立的原、被告,法院亦失去了存在的必要。因此,法院对原、被告主体地位的尊重,亦是对自己中立地位的尊重,是对诉讼程序基本原理及基本程序结构的尊重。

2. 严格区分诉求公益与一般公益

由于公益具有社会性、公共性,因此在民事诉讼程序中,凡是涉及公益领

---

〔1〕 参见巩固:《大同小异抑或貌合神离?中美环境公益诉讼比较研究》,载《比较法研究》2017年第2期。

域的部分,法院均可依职权主动审查。比如,最高人民法院《关于适用〈中华人民共和国民事诉讼法〉的解释》第 92 条第 2 款规定:"对于涉及身份关系、国家利益、社会公共利益等应当由人民法院依职权调查的事实,不适用前款自认的规定。"该司法解释第 323 条规定:"第二审人民法院应当围绕当事人的上诉请求进行审理。当事人没有提出请求的,不予审理,但一审判决违反法律禁止性规定,或者损害国家利益、社会公共利益、他人合法权益的除外。"

在公益诉讼中,存在两种意义的公益:一是作为诉求对象的公益,二是一般意义上的公益。该司法解释中规定的公益均是通常观念上的一般公益。法院作为公共机构,具有依职权维护一般公益的职责,在这一点上,公益诉讼与其他诉讼并无实质性区别。但诉求公益与一般公益不同,它在公益诉讼中,既是法院的审理对象,又是当事人的系争利益,因此,法院在公益诉讼程序中,不宜再作为诉求公益的监管者。否则易造成法院与原告在诉求公益维护方面身份功能重叠。在此种情况下,法院既是中立裁判者,又是原告一方的同行人,角色混乱的同时亦使诉讼程序变成了原告与法院共同对付被告的二对一结构,完全失去了诉讼程序的应有之义。此外,如前所述,在公益诉讼中,法律已经指定了公益的程序代表人,法院此时再以公益监管者的角色出现,不仅易造成法院与原告在行使主体权利时发生冲突,而且也与立法指定公益代表的初衷相悖。因此,在公益诉讼中,诉求公益作为审理及系争对象,已属原告的程序权利内容,不应当再具备一般公益的程序地位,作为中立的裁判者,法院实无必要依职权对其进行特殊保护。

(二)我国立法及司法解释的完善

在我国目前的立法及司法解释中,有将诉讼程序视为保护公益的一种行政执法手段的倾向,部分规则使法院职权偏离了公权力应有的限度,影响了法院的中立性,公益诉讼程序替补行政功能色彩明显,有失去诉讼本性的危险。当然,之所以出现此种情况,还有一种原因,那就是法律规定过于粗疏,法院为了公益诉讼程序的顺利进行,不得不放弃中立的身份,辅助一方完成相关的诉讼程序,甚至协助、替代一方实施权利。

在我国立法及司法解释中,关于公益诉讼的规定主要有:《民事诉讼法》、《环境保护法》、最高人民法院《关于适用〈中华人民共和国民事诉讼法〉的解释》、《关于审理环境民事公益诉讼案件适用法律若干问题的解释》、《关于审理消费民事公益诉讼案件适用法律若干问题的解释》,以及最高人民法院的相关通知、规定等。由于内容繁杂且存在重复之处,本书对于这些规定不再面面俱到地进行分析,而是仅仅围绕《民事诉讼法》、《环境保护法》、最高人民法院《关于适用〈中华人民共和国民事诉讼法〉的解释》及《关于审理环境民事公益诉讼案件适用法律若干问题的解释》,以环境公益诉讼为例进行分析。

1. 资格原告的诉权与法院对适格原告的选择权

对于环境公益诉讼的原告,我国《环境保护法》第 58 条第 1 款在资格方面只规定了"登记级别"(依法在设区的市级以上人民政府民政部门登记)、"年限"(专门从事环境保护公益活动连续 5 年以上)和"守法情况"(无违法记录)三个方面的形式性要求,对原告与案件之间的实质关系以及能力等均未有任何要求。立法者似乎认为,只要环保组织满足这些形式要件,其公益起诉就当然有效,法院不得拒绝,故该条第 2 款规定,"符合前款规定的社会组织向人民法院提起诉讼,人民法院应当依法受理"。[1] 这些规定均是从抽象层面对原告资格的限定,对于原告的程序适格问题,只有最高人民法院《关于审理环境民事公益诉讼案件适用法律若干问题的解释》第 4 条第 2 款略有涉及——"社会组织提起的诉讼所涉及的社会公共利益,应与其宗旨和业务范围具有关联性",似乎通过要求原告宗旨与诉讼内容之间的联系而具有了实质审查意味——没有关联性的起诉应不被受理。[2] 从表面来看,这种规定是以关联性的要求为资格原告提出了程序适格的标准,但它在实践中的作用,仅仅表现为禁止跨行业起诉而已,对于同行业内部不同主体的起诉程序适格限定几乎不起作用。

可以说,我国关于资格原告的规定,为公益诉讼设定了大致的原告范围,

---

〔1〕 参见巩固:《大同小异抑或貌合神离?中美环境公益诉讼比较研究》,载《比较法研究》2017 年第 2 期。

〔2〕 同上。

但应当看到，这个范围相当大。就全国而言，符合环境公益诉讼起诉资格的主体将近千家，那随之而来问题就是，这么多的主体在具体程序上都是适格的原告吗；如果都起诉，都列为原告吗；如果存在多主体诉权积极冲突的情况，法院应当如何处理？总不至于适用代表人诉讼予以解决。最高人民法院《关于适用〈中华人民共和国民事诉讼法〉的解释》第287条规定："人民法院受理公益诉讼案件后，依法可以提起诉讼的其他机关和有关组织，可以在开庭前向人民法院申请参加诉讼。人民法院准许参加诉讼的，列为共同原告。""准许"两个字，似乎赋予了法院审查权，但在资格原告中，法院没有规定以什么标准进行审查。而且原告起诉只要符合法律规定的条件，法院似乎没有权利否定原告的诉权。可能是基于这个原因，最高人民法院《关于审理环境民事公益诉讼案件适用法律若干问题的解释》在用语上，就将"准许"改成了"应当"，该解释第10条第2款规定："有权提起诉讼的其他机关和社会组织在公告之日起三十日内申请参加诉讼，经审查符合法定条件的，人民法院应当将其列为共同原告……"很显然，对于原告诉权的积极冲突，法律并没有提供可供参与的依据，当出现多个或众多原告起诉的情况时，只能由法院依职权选定，如此一来，在客观上就可能造成法院的职权选择权与资格原告诉权之间的冲突。

从法理来讲，法院无权对合乎起诉条件的资格原告进行选择，而且不应当进行选择。一方面，法院会因为出于证明自己选择的合理性，而有让原告胜诉的倾向，进而影响法院的中立性；另一方面，法院所选原告一旦败诉，法院是否因其选择错误而对公益承担责任？如果需要承担责任，显然与法院的裁判者角色不符合；如果不需要承担责任，只有权利而无责任，亦不符合权责相当的原则。因此，对于资格原告的起诉，立法及司法解释应当增加程序适格的内容，比如，禁止败诉过多的资格原告的起诉，禁止同一原告同一时间提起多起公益诉讼等；同时，应当确定原告的数量及顺序规则，如数量以3家为限，顺序则以先后为准等。如此，法院不再行使对原告的选择权，从程序起点上就保持中立，不再介入当事人的诉权领域。

2. 诉讼请求的确定权

从严格意义来讲,如何确定诉讼请求是原告的权利,但在公益诉讼中,原告诉讼请求不是其个体私益,而是公益,故而,就原告是否具有诉讼请求的独立确定权,存在两种不同的观点:一种观点认为,确定诉讼请求是原告固有的权利,他人无权干涉;另一种观点认为,公益诉讼原告并非公益主体,因而原告对诉讼请求并不具有独立的确定权,作为公共机构的法院,应对诉讼请求的确定予以监管。笔者认为,虽然公益诉讼的诉讼请求具有公益属性,在实体层面原告确无独立的支配权,但法律既然赋予了原告起诉及程序主体的资格,那从法律层面来说,就意味着法律认可了原告具有对公益进行保护的能力、水平及责任心。而且,我国划定的原告,或是国家机关如检察院,或是有公权背景的专业社会组织等,在公益保护方面,法院与之相比并无特别的优势,所以法院没有必要介入诉讼请求。此外,如果法院与原告共同确定诉讼请求,或法院单独确定诉讼请求,那么法院除与原告有共谋之嫌外,法院如何审理自己所确定请求,亦是一个难题。如果请求不成立,说明法院法律素养及业务水平不高;如果所诉请求都必须成立,那么审理程序就纯属多余,对被告显属不公。

当然,法院不介入诉讼请求的确定,并不意味着法院就完全放任原告自主地确定诉讼请求。如果法院认为诉讼请求确定不当,可以通过释明权的行使,提醒原告变更诉讼请求。最高人民法院《关于审理环境公益诉讼案件适用法律若干问题的解释》第 9 条规定:“人民法院认为原告提出的诉讼请求不足以保护社会公共利益的,可以向其释明变更或者增加停止侵害、恢复原状等诉讼请求。”有观点认为,此项规定倒是体现了为保护公益而干预的思想,但把这一任务交由居间裁判的法院来承担是否妥当,不无疑问。[1] 笔者认为,释明权的行使只是法院的一种解释说明,虽然多数情况下当事人会依据法院的释明变更请求,但最终的决定权仍在当事人手中,法院并无决定权。

---

〔1〕 参见巩固:《大同小异抑或貌合神离?中美环境公益诉讼比较研究》,载《比较法研究》2017 年第 2 期。

因此,对诉讼请求的释明,并不意味着法院对当事人权利的干预,不影响法院的中立地位。其实,在通常诉讼中,法院有时亦会通过行使释明权来提醒当事人变更诉讼请求,如最高人民法院《关于民事诉讼证据的若干规定》第35条第1款规定:“诉讼过程中,当事人主张的法律关系的性质或者民事行为的效力与人民法院根据案件事实作出的认定不一致的……人民法院应当告知当事人可以变更诉讼请求。”

此外,有观点认为,在民事公益案件审理过程中,对当事人(被告)实体权益处分权限制的另一突出表现就是反诉权的排除。[1] 最高人民法院《关于审理环境民事公益诉讼案件适用法律若干问题的解释》第17条就明确规定法院不受理被告以反诉方式提出诉讼请求。实际上,在公益诉讼中之所以排除反诉,并非出于限制被告处分权的考虑,而是因为在公益诉讼中不存在反诉的程序基础:一方面,原告与被告在实体法律关系上并不存在对立的利益关系;另一方面,被告亦无向原告反诉的实质内容。被告提起反诉,除因公益诉讼程序而带来的程序性损害外,并无实体法上的请求内容,在这种情况下,即便法律不禁止反诉,反诉亦会因为不符合法律规定而被否定。

3. 和解与调解

和解与调解不同,和解是当事人程序外的私法行为,而调解则是在法院主持下的司法程序行为。由于我国公益诉讼的相关法律及司法解释只是规定了原告的诉讼主体资格,没有规定原告在诉讼程序外的公益代表资格,因此,原告并不具备诉讼程序外的和解权。最高人民法院《关于适用〈中华人民共和国民事诉讼法〉的解释》及《关于审理环境民事公益诉讼案件适用法律若干问题的解释》中允许和解的规定,显属越权,应予废止。同时,上述两个司法解释均规定了法院对调解协议是否损害社会公共利益进行审查,笔者认为,此处的公益应当是一般公益,而非诉求公益,因为法律明确赋予了原告在程序中的公益代表资格。如何处分系争利益,是程序主体的权利,法院不

---

〔1〕 参见石春雷:《职权主义非讼法理在民事公益诉讼中的适用》,载《中南大学学报》(社会科学版)2017年第2期。

应干预,否则法院就成了一方当事人的辅助者,影响其中立地位。

4. 职权行为的理性规定

虽然法院的职权行使并不必然影响法院的中立,但是,如果法院在公益诉讼中职权行为过多,那么就有替代或是辅助当事人而为诉讼行为的嫌疑,影响法院的中立形象。因此,既然法律赋予了某些主体以原告资格及程序主体地位,就应当认为这些主体具备了进行公益诉讼的能力,在这种情况下,法院实无必要事无巨细地通过行使职权来实现保护诉求公益的目的。

实际上,我国的公益诉讼之所以给人以职权过度的印象,与立法、司法解释对职权有意无意地重复强调有直接关系,如最高人民法院《关于审理环境民事公益诉讼案件适用法律若干问题的解释》第 14 条第 1 款规定:“对于审理环境民事公益诉讼案件需要的证据,人民法院认为必要的,应当调查收集。”很多学者将此视为公益诉讼中法院对证据调查的职权特色之一。实际上,我国《民事诉讼法》第 64 条就有同样的规定,最高人民法院《关于审理环境民事公益诉讼案件适用法律若干问题的解释》只是照搬了我国《民事诉讼法》的规定而已。单就证据这个领域而言,最高人民法院《关于审理环境民事公益诉讼案件适用法律若干问题的解释》中诸如此类的条款还包括第 13 条、第 15 条、第 16 条等,和解、调解等其他方面同样存在相似的情形。如果剔除与上位法实质重复的内容,公益诉讼在程序设计方面,除个别地方存在对当事人权利的不当干预外,职权并无想象般突出。当然,这亦是因为在我国的通常诉讼中,关于法院职权的内容已相当充分,完全可以满足公益诉讼对职权的需求,所以法律及司法解释无作重复规定的必要。

第四章　程序利益的展开过程

人类学家冯·威尔逊指出,“各种规范或者行为的一般规则总是被翻译为现实的行为。这个过程终究是被个人在特定的状况下,为了实现特定的目的而操作的。因此,为了完整地分析复杂的社会过程,应该把研究的焦点放在现实中构成这些过程的个人行动层次上去”。[1] 所以,为了把握纠纷解决过程中的具体情况,首先有必要把焦点对准纠纷过程中的个人,把规定着他们行动的种种因素仔细地剖析出来。例如,他们置身于其中的社会状况,他们的利益所在以及与其他人的关系等。通过审判而进行的纠纷解决也是具有不同利益和社会背景的当事人以及法官之间的相互作用过程,是社会中无数相互作用过程的一种,过程分析必不可少。[2] 现实中使审判制度运作的都是活生生的个人,是具有各自固有利害关系的当事人,在诉讼程序过程中,他们的利益并不是固守配置的原初状态,而要根据现实的情况作出有利于自己的处分。每个程序参与者参与程序的基础就是他们的利益,除利益外,程序参与者在程序进行中将无所作为。诉讼主体在民事诉讼程序中的各种行为,都可以从人和利益中找到答案,都可以从利益的展开和实现的过程中得

〔1〕 J. Van Velsen, “Extened Case Method and Situation Analysis”, in A. L. Epstein, *The Craft of Anthropology*(*Tavistock*), p. 136. 转引自[日]棚濑孝雄:《纠纷的解决与审判制度》,王亚新译,中国政法大学出版社 2004 年版,第 5 页。

〔2〕 参见[日]棚濑孝雄:《纠纷的解决与审判制度》,王亚新译,中国政法大学出版社 2004 年版,第 6 页。

到说明和解释。从某种意义上来讲,如果从利益的角度来说明程序,那么程序运行的过程,就是程序利益从静态的配置走向动态的展开过程。

第一节　程序利益运行的基础:正当程序期望与程序选择

程序利益相对于当事人的整体利益而言,通常表现为负的利益,因而程序利益的展开过程,实质上就是当事人整体利益的支出过程。当事人参与民事诉讼程序主要是为了维护和实现其整体的利益,通常不会是为了单纯的程序利益。在正常情况下,没有理由认为冲突主体愿意用较高的物质耗费换取较低的裁判利益。[1] 因而,作为一个理性的当事人,在程序运行前,往往会对程序存在一个结果预期,并以自身整体利益来衡量此结果,如果符合整体利益的目标,其往往会积极实施某种行为;如果不符合整体利益的目标,那么其就会放弃某种诉讼行为。从这个角度来讲,当事人的程序选择实质上是一种预期利益的选择。程序预期是和程序选择紧密联系在一起的,对程序没有一定的预期结果,当事人不会选择作出特定的诉讼行为;而仅有程序的预期却无法作出选择,那么这种预期就只能是一种被动性的预期,是一种无奈的预期,对当事人来说无疑是一种痛苦。当事人要想主动得到其所预期的程序结果,就需要具有程序选择权,以选择自己认为合适的诉讼行为实现自己的程序预期结果。

一、程序的正当期望

程序的正当期望,是指当事人出于对程序的正当信赖,并基于这种依赖安排自己在诉讼程序中的行为,以期达到自己的目的。有一点必须明确,这里所说的程序的正当期望是当事人根据现行的程序而对自己行为结果的期望,而不是对正当性程序的期望。

---

〔1〕 参见柴发邦主编:《体制改革与完善诉讼制度》,中国人民公安大学出版社 1991 年版,第 79 页。

(一)程序的正当期望的基础是程序的稳定性

民事诉讼程序作为法定的程序,无论自身是否符合正当性的法律原则,但作为法律规定之一,其应当符合法律安定性的要求,具有存续性和持续力。换言之,便是法律无论是什么都必须保持,法律不应太轻易地进行改变,一个临时性的立法无法保证同样可靠的执行,虽然法律存续性要求也可能导致法律理念内在的目的冲突。从实质正义的观点看,一部不完善的法律应尽可能立刻予以改善。然而正义终究也绝不能忍受任何经常变更的立法,因为如此一来可能造成法律适用的不平等,进而导致违背正义。只有当法律以最佳的方式可预见、可预测时,法律和平才可能存在。[1] 由此可见,由于法定程序自身具有稳定性的要求,当事人据此作出自己的选择,无论程序自身正当与否,当事人的这种选择都具有形式上的正当性,因为其是根据法律程序作出的选择。而且这种选择也符合人性要求,正如马洛斯所指出的:“我们社会中的大多数成年者,一般都倾向于安全的、有序的,可预见的、合法的和有组织的世界;这种世界是他所能依赖的,而且在他所倾向的这种世界里,出乎意料的、难以控制的、混乱的以及其他诸如此类危险事情都不会发生。”[2]

从实际操作来看,程序的稳定性还要求诉的要素一旦确定,就不能让当事人在诉讼过程中随意地增加诉讼请求或变更诉讼请求,也不能让法官随意依职权更换或追加当事人包括第三人。程序规范应当尽量确定具体和清晰,不宜过多地存在不确定、抽象和模糊的规定,包括弹性条款。这种做法的目的在于限制法官在适用程序上的自由裁量权,保证诉讼程序按照规定的路线进行运作。程序的确定性(可预见性)使当事人不必担心突如其来的不利程序后果的打击。[3]

总而言之,程序自身的稳定性为当事人预测自己的行为提供了一个稳定的标准,在此基础上,当事人根据自己的实际情况,通过程序选择权的实施,

---

〔1〕 参见[德]阿图尔·考夫曼:《法律哲学》,刘幸义等译,法律出版社 2004 年版,第 276 页。

〔2〕 参见[美]E. 博登海默:《法理学——法律哲学与法律方法》,邓正来译,中国政法大学出版社 2004 年版,第 239 页。

〔3〕 参见陈桂明:《程序理念与程序规则》,中国法制出版社 1999 年版,第 8 页。

对相关利益作出取舍的行为，方有可能达到自己追求的结果，否则，其选择就可能背离行为的初衷。比如，在正常情况下，只要当事人提起上诉，上级法院应当受理。当事人考虑到这种规则而在一审程序中放弃了努力，期待在一审程序结果出来后提起上诉，通过二审程序实现自己的利益。但是如果法院或法律突然决定对此类纠纷案件不再进行审理，那么当事人就无法达到自己预期的程序结果。

（二）司法信任度决定了对程序的期望值

确定的诉讼程序规定只是从法律层面为程序运作提供了固定的线路，但这种线路在现实的司法运作中表现如何，则是决定人们对程序期望值的关键因素。也就是说，当事人是否信任司法，直接决定了人们对于程序的预期结果。

就程序主体而言，对司法的信任实际上可以分为两个方面：一是不包括自己主体努力在内的、相信司法制度会给自己做主的所谓依存性信任；二是认为只要自己作出了主体性的积极努力，司法制度或法院就不会使自己失去所谓主体性的信任。一般来说，随着社会阶层从下往上，尤其到了受教育程度或是社会地位较高的阶层，主体性的信任就会逐渐增大并表现出积极利用审判的态度，但同时对现状进行批判的意识也更明显。与此相对，同样是在社会阶层中居于偏上位置且享有较安定的经济地位的人，则倾向于表现出对现存制度好的评价，同时又保持较高的主体性信任。还有一类是对司法制度一般持有较高的或许模糊的良好评价，但对于通过自己的主体活动从审判制度引出更有利的结果却存在信心不足，这在受教育不高但有较安定职业的市民中较为常见。最后一类是依存性信任和主体性信任都较低，无论对司法制度还是对自己能够发挥的作用都持消极态度，这多见于处于社会底层的人。[1]

从上述分析中我们可以看出，司法信任度的高低其实与司法公正与否并

---

〔1〕 参见［日］棚濑孝雄：《纠纷的解决与审判制度》，王亚新译，中国政法大学出版社2004年版，第232页。

无直接的联系,影响司法信任度的关键性因素在于司法的可预测性。一个可以控制司法运作的主体,一般对司法具有高度的信任度,其诉讼行为往往也能产生与其预期相一致的后果。而对司法信任度较低的人,虽然对自己的行为也存在一定的预期,但其对这种预期是否会出现,并无充足信心。只有对司法运作高度信任的程序主体,方可能根据自己的需要主动行使某种诉讼行为,以达到自己所期望的法律后果。

(三)先例是程序预期的参照

在英美法律体系下,司法先例在当今被认为是法律的正式渊源。[1] 先例的背后是一些基本的司法审判理念,它们是司法推理的一些先决条件;而更后面的是生活习惯、社会制度,那些概念正是在他们中才得以生成。可以说,今天的判决将决定明天的对错,如果法官打算明智地宣告判决,那么就必须有某些原则来指导其从各种争取获得法律认可的意见中作出选择。心灵和其他生活一样,也有一种类型再生产的倾向,每个判决都有一种生殖力,按照自己的面目再生产。用雷德林克的话来说,这就是,每个先例"对未来的同类或类似性质的案件都具有某种指导力量"。[2] 先例判决无论是否为正式的法律渊源,但有一点不容否认,那就是先例判决反映了法院对一定的事实和纠纷的处理态度。在一个正常的司法体制中,对同一问题的处理应当趋于一致。人们不能在一对诉讼人之间以这种方式决定案件,而在另一个类似案件的另一对诉讼人之间,又以相反的方式作出决定。[3] "如果有一组案件所涉及的要点相同,那么各方当事人就会期望有同样的决定。如果依据相互对立的原则交替决定这些案件,那么这就是一种很大的不公。如果在昨天的一个案件中,判决不利于被告的我,那么如果今天我是原告,我就会期待对此案件的判决相同。如果不同,我胸中就会升起一种愤怒和不公的感觉;那将对

---

〔1〕 参见[美]E. 博登海默:《法理学——法律哲学与法律方法》,邓正来译,中国政法大学出版社 2004 年版,第 562 页。

〔2〕 [美]本杰明·卡多佐:《司法过程的性质》,苏力译,商务印书馆 1997 年版,第 9 页。

〔3〕 同上书,第 18 页。

我的实质性权利和道德权利的侵犯。”[1]所以说,即便在非英美法系国家,也不能无视先例的存在。

先例判决为人们提供了某种司法的经验,在程序主体遇到与先例判决内容相同或相类似的情况时,先例判决总是他们作为程序预测的参照。“遵循先例原则将一定的确定性和可预见性引入了私人活动及商业活动的计划之中,它能使人们在进行贸易活动和安排他们的个人事务时具有某种把握,即他们不会卷入诉讼之中。它为他们预测社会的其他成员可能会如何对待他们的方式提供了某种根据(假定这些社会的其他成员是遵守法律的公民),没有这种可预见性的要素,人们便无法确定他们的权利、义务和责任。”[2]“除非法院受先例之约束,否则不是律师的老百姓便不会知道如何行事,而在许多情形下,就是律师也无法知道如何提供咨询。”[3]所以说,在相当多的情况下,程序主体往往会根据先例,对其将要采取的程序行为作出预测,并在该预测结果的基础上对利益得失进行衡量,并最终作出是否采取该诉讼行为的决定。

二、程序选择

当事人作为民事诉讼程序的主体,不仅应有实体法上处分权,也应享有相当之程序法上处分权(程序处分权),一方面,基于实体法上处分权,决定如何处分该系争之实体利益(实体权利);另一方面,则本于其程序处分权,在一定范围内决定如何取舍程序利益,以避免因其程序之利用,进而招致减损、消耗、限制系争实体利益或系争标的外财产权、自由权之结果。民事诉讼法承认处分权主义之目的,并非仅仅为了贯彻保障当事人对系争实体权即财产权之支配权能,亦系为了使当事人有机会借此追求程序利益,与此同时维

---

〔1〕 W. G. Miller, *The Data of Jurisprudence*, p. 335. 转引自[美]本杰明·卡多佐:《司法过程的性质》,苏力译,商务印书馆 1997 年版,第 18 页。

〔2〕 [美]E. 博登海默:《法理学——法律哲学与法律方法》,邓正来译,中国政法大学出版社 2004 年版,第 564 页。

〔3〕 *Essay on Bailment*, 4th ed. (London, 1836), p. 46. 转引自[美]E. 博登海默:《法理学——法律哲学与法律方法》,邓正来译,中国政法大学出版社 2004 年版,第 564 页。

护其财产权、自由权等。民事诉讼制度之创设、扩充及运作，必须兼顾程序关系人之实体利益及程序利益，予以等量齐观，并赋予当事人有平衡追求此二利益之机会。[1] 实际上，只要前面不是只有一条道路可走，人们总是要面临选择，在作出选择时，利益因素往往起到决定性的作用。民事诉讼程序，作为一种处理私法争议的程序，不可能对一切事情均作出规定，不给当事人预留选择的空间。即便是作为公共权力机构的法院，虽然其行为严格受到其职责和权限的限制，但法律也不可能完全排除法院自由意志存在的空间，不可能为每一起可能出现的事项均规定详细明确、不可更改的固定解决方案。从这个意义来讲，无论承认与否，程序主体在民事诉讼程序中，总是存在一定的选择空间，可以根据自己的意志为一定的诉讼行为。当然，在不同的民事诉讼制度中，程序的选择空间也存在不同。但对于当事人来讲，民事诉讼程序毕竟是一个具体的处理民事争议的程序，相关利益最终将归于当事人。因此，对于涉及当事人具体利益的程序事项，应当由当事人作出选择，因为每个人最为清楚自己的利益所在。在此意义上，民事诉讼制度应以追求确定存在于实体利益与程序利益之平衡点上的“真实”（“法”）为首要目标，[2] 并应在无害于公益之一定范围内，赋予人民及程序当事人以广泛的程序选择权，保证其可以根据自己的理解和对相关利益的权衡作出选择，通过为和不为一定的程序行为，来追求自己的整体利益。

（一）程序选择的目的是程序主体自身利益的最大化

有学者认为，程序选择权是一种法经济学的思考，以平衡实体利益和程序利益为手段，以实现双方当事人及法院或者其他纠纷解决机关的成本最小化为目标，以实现司法资源的最小化为最终目的。[3] 如果说从抽象的角度来谈论程序选择权，这种观点有一定的合理性。但是，如果我们把程序选择权放在具体的程序运作过程中，就会发现这种观点与现实并不符合。当事人对某种诉讼行为或程序作出选择，往往是根据其程序预期作出的利益取舍行

---

〔1〕 参见邱联恭：《程序选择权论》，台北，三民书局 2000 年版，第 35 页。

〔2〕 同上。

〔3〕 参见彭世忠：《程序选择权及其法经济学思考》，载《西南政法大学学报》2003 年第 6 期。

为,其根本的出发点在于自身整体利益的最大化,而不是为了平衡实体利益和程序利益,更不是为了节约司法资源。在民事诉讼程序中,每个主体均有其自身的特殊情况,具有各自不同的利益所在,有的当事人是通过程序实现系争实体利益的最大化,那么其就可能不顾一切地选择适用一切可以选择适用的程序,而无论程序利益的支出。从局外人的角度来看,该程序主体的整体利益因为程序利益的过度支出而减少,但是,如果站在该程序主体的立场上,其整体利益可能并不是系争实体利益和程序利益相加之和,此外,可能还存在其他利益内容;既然其利益目标是实现系争实体利益的最大化,只要实现了这个目标,就应当说实现了其整体利益最大化的目标。

在任何情况下,我们都要强调,程序选择权都是程序主体进行选择的权利,我们必须尊重这种权利,具体的选择行为反映了各个主体自身对于利益追求的方向和目标。在现实中,由于各个主体在自身的能力、资源、程序预期等方面存在不同,各个主体作出相关选择的出发点就可能存在不同,选择行为的利益指向也可能不同,不会有整齐划一的统一目标。我们不能以客观的、外在的标准来衡量、限定具体的程序当事人利益所在。何况每一个理性的人最清楚自己的利益所在,既然法律赋予了程序选择权,那么只要不违背法律的规定、不损害公共利益,就应当允许程序主体自由地选择各种可能的程序。

虽然说通过程序利害关系人的程序选择行为,有时能在客观上简化诉讼程序、提高诉讼效率,比如,对某一争议事实双方形成合意,就可以节约司法探知事实的成本。但是,就程序主体而言,其作出选择行为的主要目的还是追求自身的利益。如果在客观上达到节约司法资源、增加公益的效果,也只能说是追求利益行为的附带结果,而不能将这种结果归结于程序选择权的功效。在任何情况下,程序选择权所关注的均是程序主体自由意志的表达,强调的是程序主体对自身利益的自由追求和处分。

(二)程序选择系程序主体的单方行为

有学者认为,程序选择权强调双方当事人的合意选择,以双方当事人的合意选择为解决纠纷的优化方式,如合意选择仲裁程序、合意选择简易程序、和解合意或者调解合意等,因为纠纷的合意解决可以节约司法资源,有利于司法效率的最大化。可以说,程序选择权的合意特质与民法上的契约自由和意思自治有很深的渊源关系和很强的关联性。[1] 很显然,这种观点将选择与合意选择混合在了一起,没有分清二者的区别。程序主体的选择,指的是程序主体在自主意愿基础上所作出的选择,其基础为单方意志的实施;而合意选择,则是程序主体双方意思表达一致的结果。就结构来说,程序选择只存在一个主体的选择行为,而合意选择则存在两个选择行为,系两个主体的两个选择行为合并的结果。所以说,程序选择与程序主体的合意没有必然联系,而且存在合意与否,也不影响程序主体的选择行为的实施。比如,对于调解方案,一方当事人可以行使其选择权,选择接受该调解方案,只要其作出选择,无论最终能否调解结案,均不影响其选择行为的成立;如果对方当事人同样也选择接受该调解方案,那么双方程序选择指向共同的目标,则成立一个合意选择的调解方案;如果对方不选择该调解方案,则只能说明双方的选择没有达成一致。无论在哪一种情形下,程序主体的选择行为均是有效成立的,只不过选择的效果存在不同而已。

(三)程序选择权的基础是程序的主体性原则

赋予程序主体程序选择权系程序主体性原则的必然要求,也是保障人民在诉讼程序中具有主体地位的重要措施之一。宪法在承认人民主体地位的同时,也同时保障人民享有自由权、诉讼权、财产权及生存权。据此,在一定范围内,应肯定人民的法主体性,赋予当事人或程序的利害关系人程序主体权,并将此作为立法者为立法活动、裁判者运用现行法、程序关系人进行诉讼活动时的基本原则。在该原则指导下的民事诉讼程序中,当事人及利害关系人,必不致沦为法院审理活动支配的客体。[2] 程序的主体性原则要求在诉讼程序中,对于涉及程序主体权益、地位之审判,(利害关系人)均应受尊重为程序之主体,享有程序主体权,并被充分赋予攻击防御、陈述事实、提出法

---

〔1〕 参见彭世忠:《程序选择权及其法经济学思考》,载《西南政法大学学报》2003 年第 6 期。
〔2〕 参见李祖军:《利益保障目的论解说》,载《现代法学》2000 年第 2 期。

律意见或辩论等机会，借以影响裁判内容之形成。[1]

程序主体性原则就是要求程序的利害关系人在民事诉讼程序中，能根据自己的意志主动地为或不为一定的诉讼行为，这实际上就是一种选择。而且就权利而言，其本身就具有可处分性，处分本身也体现了程序主体的一种选择。所以说，程序选择权与程序主体地位是紧密联系在一起的，二者相辅相成，因为不具有程序主体地位，利害关系人就不可能享有相关的程序权利，那么其在民事诉讼程序中就只能履行程序义务，由于义务具有强制性，不具有可选择性，也就无所谓程序选择权；反过来说，程序选择权也是利害关系人作为程序主体的必要条件，因为对于各种程序行为，利害关系人如不能选择，这些程序行为对其来说就是一种义务，其就会成为程序支配的对象，而不再是主动的程序主体。当然，从极端的角度来讲，利害关系人对于义务也并不是没有选择权，因为利害关系人同样可以在履行和拒绝履行之间作出选择，在此意义上，无论法律是否作出明确规定，程序选择权都是客观存在的。

第二节　民事诉讼程序中的利益转换

一个典型的民事诉讼程序中，程序主体的利益实体一般可以被分解为三个部分：系争实体利益、程序利益和其他利益。通常来说，程序主体的利益实体由系争实体利益和程序利益组成，二者相加就是最终的利益实体的内容。[2] 但在特殊情况下，在系争实体利益和程序利益外，程序主体还有可能将其他的利益内容引入程序中，比如，涉及名人的民事诉讼，往往会给相关主体带来知名度上的收益，这种利益就既不属于系争实体利益，亦不属于程序利益。民事诉讼运行终结时，程序主体最终得到的利益实体，既不是单纯的系争实体利益，也不是程序利益和其他利益，而是三种利益类型的混合体——有时表现为以实体利益为主，有时表现为以程序利益为主，有时则表现为以其他利益为主。至于现实中以何种利益为主，则要看在民事诉讼程序

---

〔1〕 参见邱联恭：《程序选择权论》，台北，三民书局2000年版，第4页。

〔2〕 当然，这需要法院的正当裁定，所以此处使用“系争实体利益”并不准确，应当是裁决的实体利益，但为了行文方便，笔者借用了“系争实体利益”的表述。

中，程序主体以及程序主体之间对于各种利益的取舍和交换。

一、程序主体的利益导向

在民事诉讼程序中，程序主体的利益导向决定了不同利益类型之间转换的向度。从当事人提起民事诉讼的目的来看，主要是解决实体利益的争端，因而从总的流转趋势来看，以程序利益来换取实体利益是不同利益类型之间进行转换的主要方向。但每一个当事人所追求的利益目标不可能完全一致，即便在诉讼程序开始阶段是一致的，也可能随着民事诉讼程序的展开而发生变化。因而，当事人所追求的利益类型可能就存在不同，有的当事人是为了解决系争的实体利益，有的当事人可能是为了实现程序利益，有的当事人则是为了从民事诉讼程序中获取其他的利益。当事人所追求的利益导向直接影响了利益类型的转换方向。

（一）整体利益的最大化

在一个具体的诉讼程序中，无论当事人作出何种利益选择，一个总的目标永远不会改变，那就是整体利益的最大化，即系争实体利益、程序利益和其他利益综合起来之后的利益最大化。虽然从抽象的角度来说，我们可以将不同的利益进行明晰或是模糊的折算，得出最后的利益的量的大小，并以此来评判程序的效益，但是每一个当事人有每一个当事人的特殊情况，追求的利益亦不同，抽象的效益观念有时并不能代表利益的最大化。比如，名人为了出名而进行的诉讼，其利益导向就是出名这个系争实体利益和程序利益外的利益。因此，在此类民事诉讼中，对于当事人来说，系争实体利益和程序利益的最终流向是其他利益。也就是说，诉讼程序本身就是一个转换中介，将相关的利益转化为当事人所需要的其他利益。

但是，整体利益的最大化也不能脱离效益而空谈，因为整体利益本身就是对各种利益支出和收入的综合衡量。如果在民事诉讼程序中，当事人投入的不同类型的利益量过多，虽然获得了其所要的利益类型，但亦会影响综合效益。在任何情况下，投入和产出都是利益主体必须考虑的因素，得不偿失对于每次的利益转换来说均意味着失败。

(二)利益类型的需求

虽然说当事人所需求的利益类型为利益转换的方向，但是，当事人的利益需求在民事诉讼中的表现多种多样：有形式上的，有行为上的，也有潜在的。“子非鱼，安知鱼之乐。”因此在现实生活中，除利益主体外，他人是很难真正知晓利益主体的真正需求的。比如在名人诉讼中，几乎没有一个名人在民事诉讼程序中公开承认其参与诉讼就是为了追求知名度，但这并不妨碍他们将知名度作为事实上的追求目标。所以对于当事人的真正的利益需求，不能简单地通过其诉讼行为来认定，而应当综合评判。但是，这在现实中存在一个无法解决的难题，那就是我们不可能脱离当事人选择的诉讼行为来认知其利益需求。虽然从理论上可能存在探知当事人真正利益指向的方法，但在现实的民事诉讼程序中，我们只能以当事人所选择的诉讼行为来判断其利益指向。所以说，除当事人外，没有人能决定其利益需求，其他人所能做的只是通过当事人的行为来阐释其内心的真正意图，虽然可能与事实不符，但这已经是达到了所能做到的最大限度。

二、程序的交涉性

虽然从主体的角度来说，利益的转换包括同一主体的不同利益类型的转换，如投入程序利益得到实体利益，也包括不同主体之间的利益转换，但对于就同一主体的利益转换来说，其在很大程度上只是反映了利益主体对于利益类型需求的方向和目标，这种方向和目标能否实现，取决于最终的纠纷解决结果。比如，当事人为了实现一定的实体利益而支出一定的程序利益，但程序利益能否转换为当事人所需要的实体利益则依赖程序结果。也就是说，投入不一定产出，或者说投入不一定能得到需要的产出。所以，单方的利益追求只能反映主体的一定意愿，这种意愿的实现需要与其他主体进行交流、协商，取得其他程序主体的支持，否则，利益追求便无从实现。而实际上，民事诉讼程序本身就是一个程序主体进行交涉的制度空间。所以有人认为，程序的本质特点既不是形式性,也不是实质性,而是过程性和交涉性。[1]

(一)程序主体的交涉实质是利益的交涉

任何典型意义上的程序的成立,都至少应该存在双方当事人和法院三方主体,每一方主体都有自己的特殊利益所在,主体之间在程序中的交涉,实质上都是一种利益的交涉。比如,提起诉讼,对于对方当事人来说,就是在向自己索要一定的利益;对于法院来说,就是在索要国家支持,实质是在索要公共利益。

程序主体之间交涉的过程就是一种利益交换的讨价还价的过程。在程序开始之初,各有各的利益所在,各有各的利益需求,随着程序的进行和展开,当事人和法院之间进行相关的利益交涉,进行利益的合意或强制置换,最终纠纷得以解决。这正如季卫东教授所分析的那样,程序始于高度的不确定状态,但其结果却使程序的参与者难以抵制,形成一种高度确定化的效应,经过程序认定的事实和法律关系,都被一一贴上封条,而起初的预期不确定性也逐渐被消化吸收。[2] 因此,在民事诉讼程序中,应当允许和鼓励人当事人"公说公有理、婆说婆有理",只有在当事人充分参与、积极表达主张的基础上,司法人员才能查明案情、明辨是非、公正裁判,而当事人也正是在交涉过程中形成一种自我表达、自我服从、自我归责的理性化机制。[3]

(二)利益交涉具有多维性

由于各个主体的利益追求不同,需要转换的利益对象的来源也不相同,因此,程序主体想要获得自己所需要的利益类型,就需要与不同的利益主体进行协商、对话。因此,程序主体之间的交涉具有多维性的特征,既可以是当事人之间的交涉,当事人与法院之间的交涉,还可以是其他诉讼参与人之间的交涉等。

(三)交涉以程序利益为中介

在民事诉讼程序中,各个主体的利益均在形式上直接表现为程序利益,

---

〔1〕 参见季卫东:《法治秩序的建构》,中国政法大学出版社 1999 年版,第 21 页。

〔2〕 同上。

〔3〕 参见吴卫军:《论程序的交涉性》,载《西南民族大学学报》(人文社科版)2004 年第 10 期。

因此，主体之间的利益交涉是以程序利益为中介进行的，诉讼行为均受一定的程序利益的支配。比如，主张实体利益要通过起诉来实现，放弃实体利益要通过撤诉来实现。

三、市场交换与公益规制

如果把民事诉讼中的当事人追求利益的行为，放在社会现实中的交易形态中考察，就会发现二者在许多方面存在类似之处。比如，和解的过程就与买卖合同达成的过程基本相同，最初由一方当事人提出自己的条件，构成一个和解的要约，如果对方同意这个要约，就作出承诺，双方达成一致，和解协议即告成立；如果对方不满意要约条件，还可以提出一个新的条件，也就是提出一个反要约，如此反复，最终达成协议。在民事诉讼程序中，由于利益的转换主要是通过主体之间的利益交换来完成的，因此，这个过程实际上就类似于一个市场交换的过程，从这个角度来说，民事诉讼程序也可以被看作各方主体进行交易的一个市场。而实际上，民事诉讼中许多的制度和规则与市场上的交易规则具有类似之处。比如，证据出示，实质上就是给予双方当事人展现实力的机会，你展示你的证据，我也展示我的证据，目的是让对方作出让步或让法院接受自己的主张。从原理来看，这与市场中展示商品质量等行为基本相同，其目的都是在讨价还价之中占据优势。

由于纠纷的解决存在合意和决定两种方式，因此，利益交换也是通过两种不同的方式来完成的：一种是当事人之间就利益交换达成合意，另一种是由法院决定进行强制交易。第一种方式基本上遵照了市场上的利益交易规则，整体的交易模式也与市场交易基本相同。第二种方式有些不同，因为最终的交易是由法院强制完成的，与市场的要求完全不同，但如果我们把此看作国家依照公益目的进行的计划性交易，则可以有助于理解。我们知道，市场与计划是进行资源配置的两种方式，市场配置就是由市场主体自主完成，计划则是根据国家计划调配完成。在现实的市场中，交易基本上是双方当事人的事情，成功与否均属于正常的现象，但是在民事诉讼程序中，无论当事人能否就利益交换达成一致的协议，纠纷均必须得到解决，因此，不存在交易不能完成的情形。如果当事人之间不能通过自主的利益交换解决纠纷,那么国家就必须进行干预,并以国家认为合理的条件强制双方进行交易。在这个意义上,我们可以把合意达成的利益交换称作利益的市场化配置,把决定达成的利益交换称作利益的计划配置。任何一个完备的市场形态,均需要两种类型的资源配置方式,同样,一个完备的民事诉讼程序需要两种类型的利益交换方式。通过法院的决定进行利益交换,也可以被看作国家公益对于当事人自主利益交换的一种规制。实际上,在民事诉讼程序中,公共利益的规制无处不在,即便是当事人之间自主达成的协议,也要符合公益的要求,否则就会因得不到法院的支持而归于无效。

第三节　纠纷解决的两种正义:当事人的正义与法院的正义

冲突的本质在于当事人双方意志的对抗,其基础是当事人双方在利益上的对立。在纠纷发生后,纠纷主体可以选择各种方法加以化解,民事程序法为此提供了系统化的解纷机制。当事人究竟选择何种方式化解其纠纷,受各种因素的制约和影响,其中一个重要的因素便是蕴含于纠纷中的内在冲突的程度。一般而言,纠纷主体在纠纷中的内在冲突越激烈,其所选择的或可接受的解纷机制具有越强的对抗性和强制性,相应地,国家强制力的成分也越明显。诉讼便是国家强制力最为明显的一种解纷方式。然而又要看到,即便在诉讼这种强制性纠纷解决机制中,当事人之间对于纠纷的化解仍然具有不同程度的共同意志,而并不是在任何一个方面和领域都充满对立。正是这种共同意志的存在,使诉讼中的合意解决机制或制度安排成为可能。尤其是当事人的意志在纠纷解决过程中是随时变化的,纠纷的概念是动态的而非静态的,实践中极难见到处在恒定状态的、一成不变的纠纷。因此,当事人的合意及其比例大小会发生变动,程序的正当性是促使这种变动朝着积极方面转变的基本依据。[1] 但就主体意志对于纠纷解决所起的作用来看,在民事诉讼

〔1〕 参见汤维建、许尚豪:《论民事执行程序的契约化》,载《政治与法律》2006 年第 1 期。

程序中,主要有两种类型,即合意与决定。由于民事诉讼中涉及程序利益的纠纷事项并不局限于当事人之间,当事人与法院中的任意两方或三方之间均可能在程序利益上发生冲突,这些冲突的解决方式,同样不能脱离合意与决定的解决模式。也就是说,程序的纷争,要么通过利益纷争双方合意解决,要么通过第三方或一方的决定予以解决。

此外,合意与决定之所以能作为纠纷解决的行为方式,原因在于其背后的正义性因素。也就是说,这两种行为方式均契合了一定的正义理念。对此,英国学者布莱恩・巴里有过论述:行为的正义,被著作家们分为交换的正义和分配的正义,前者被他们说成算术比例,后者又被说成几何比例,因此,他们认为交换的正义是使作为签约对象的东西的价值相等,而分配的正义则是同等的利益分配给具有平等价值的人们。似乎贱买贵卖是不公正的,给予一个东西多于他所应得也是不公正的。所有作为签约对象的东西的价值都是根据签约者的偏好度量的,所以,其公正的价值便是他们乐于给出的价值。应得〔1〕不是来自正义,而只是仁慈的回报。所以对此区别,在某种意义上人们惯常的解释是不对的。正确地说,交换的正义是签约者的正义,分配的正义是仲裁者的正义,也就是确定什么是合乎正义的行为。无论怎样,如果他在履行职责,便可以说是把每一个人的应得分配给每一个人,这是真正的正义分配,这也是自然法。同样,如果一个人受到信任在两个人之间进行裁断,自然法的一个戒条就是他应该在他们之间进行公平的分配。因为如果不这样,人与人之间的纷争便只能通过战争来解决。所以,仲裁人在仲裁过程中有所偏袒、弄虚作假,阻止人们利用仲裁和仲裁人,便是战争的原因。遵守这个法律,把理应属于每个人的东西公正地分配给他,便称为公平,而违反这一法则就是徇私。〔2〕合意实质上就是当事人出于自身利益的考虑,与对方达成的利益交换契约,其所体现的正义即交换的正义,是一种当事人的正义;决

---

〔1〕 这种应得除契约规定的所得以外。在契约中,一部分的表现决定了另一部分的应得,属于交换的正义,不是分配的正义。

〔2〕 参见[英]布莱恩・巴里:《正义诸理论》,孙晓春、曹海军译,吉林人民出版社 2004 年版,第 66 页。

定则是法院根据自己对正义的理解,对争议问题作出的安排,其体现的正义即属于分配的正义,实质是法院的正义。

从另一个侧面来讲,合意与决定反映了不同的处理纠纷的思路,无论什么情况下的合意,其基础均是当事人的意愿,体现的是个体私益的运行;决定则是反映法院的意愿,体现的是公共利益的运行。这两种思路的关系类似于经济学中的市场与计划两种调节方法的关系,合意就是由当事人自己做主进行资源配置,用的是市场调节的方法,应当遵守市场经济的运行原则,互利是基础;决定则是由代表公益的法院进行资源配置,用的是计划调节方法,遵守的是社会公共利益原则,法院的权威是基础。

一、合意：当事人的正义

所谓合意的纠纷解决,指的是双方当事人对以何种方式解决纠纷等主要之点达成合意而使纠纷得到解决的情况。一个典型的例子就是当事人或利害关系人通过自由地讨价还价达成了合意,从而终结纠纷的谈判。在那里,纠纷的参与者都有自己的利害关系,为了最大限度地实现自己的利益而动员一切可以动员的力量。通过这种自由的讨价还价达成合意,通常即妥协的解决,当然,也有不能达成合意的时候,这种时候纠纷或者持续下去,或者自然消灭。如果当事者和利害关系人从各自拥有的手段确认某个妥协点能够得到最佳结果,这样的解决即可获得。[1]

虽然从形式来讲,纠纷的合意解决是建立在当事人自主意愿基础之上的,但在当事人之间从利益追求的对立到这种对立被消除的过程中,实质伴随一方当事人或双方当事人的妥协和让步,如果双方均坚持原来的利益立场,则根本不可能达成合意。所以说,合意解决纠纷是当事人以利益为代价换取的,当然,这种换取可能出于各种目的,而且对于作出让步的当事人来说,其作出让步的目的,在很大程度上是认为一时的让步可以换取更大的整

---

〔1〕 参见[日]棚濑孝雄:《纠纷的解决与审判制度》,王亚新译,中国政法大学出版社2004年版,第11页。

体利益。“退一步，海阔天空；让三分，风平浪静”，虽然退了一步、让了一点，但收获了海阔天空和风平浪静，亦不失为一种利益的增加。但无论整体利益如何，仅就争议事项的利益而论，则必然意味着相关当事人在此方面利益的减少，以此利益的让步来换取其想得的结果。合意是双方当事人意思一致的结果，仅有一方当事人的让步，并不能必然达成合意，因为，如果对方当事人不需要这种让步，那么其就不会出让自己的相关利益来换取这种让步，就不能达成意思表示上的一致，一方的让步就变成了单方的行为。比如，在民事诉讼程序中，一方当事人以不提交某种证据为代价，要求对方亦不向法庭提交另外一种证据，如果对方当事人同意作出这种交换，那么就可以达成合意；如果对方当事人不愿意以己方证据的不提交为代价来换取利益，就无法达成合意。所以说，当事人之间就纠纷达成合意的过程，实质上是一种利益交换的过程，以自己一方所拥有的利益资源来向对方换取自己所需要的利益资源，合意的结果就是双方在意思表示一致基础上的利益交换契约，反映的是当事人可以接受的一种主观正义。

（一）合意目的：增加利益

当事人双方通过合意进行利益交换，其目的是希望通过此种纠纷解决方式增进自己的利益，而交换的结果在事实上也能达到这种目的。增加利益即合意的目的所在，也是合意的结果所在。古典经济学派代表人物亚当·斯密在颂扬市场交换制度时，有两个基本的理论信念：第一，在交换中追求各自利益的经济主体可以达到双方利益的共同增进。因为交换使双方付出自己不太稀缺的物品，获得更为稀缺的物品，稀缺程度差异使交换活动产生，并使双方同时获益。第二，全社会范围内的个人利益都通过交换而得到增进，可以自然合成整个社会公共利益的增进结果。亚当·斯密的分析从“经济人”的假设出发，认为进入交换和生产的经济主体都是自利的理性人，通过趋利避害的理性选择，每个人（或经济单位）都小心维护自己的利益边界不被侵害，或成本小于收益状况下的利益增进，那么社会总收益一定增进。如果说存在某种公共利益，亚当·斯密认为，社会总利益的增进就是最大的，也是唯一的公共利益。[1] 此种分析同样适用于合意过程中的利益交换。在合意达成的过程中,纠纷双方均会对自己的利益边界、成本费用、收益等进行仔细界定,作为一个理性的交换参加者,程序主体总会对自己的利益作出正确的衡量,通常会以较小的成本换取较大的收益,每一个人这么做的结果,就是双方利益通过交换共同增进,从而达到社会整体利益增加的效果。因而有人说,无论是私力救济还是公力救济,合作皆为当事人的最优战略选择。[2]

但是,上述分析只是针对理想的交换情况,在相当多的情况下,现实世界并不能达到理想的状态。阿瑟·庇古对此给出了他的分析:第一,不能在任何情况下均把交换看作双方纯粹自愿状况下的行为,这种没有干扰和纯自由竞争的市场交换事实上是不存在的,交换双方在地位上可能不对等,某一方可能会利用某种垄断优势(信息、资本或规模经济等方面)对另一方进行利益侵害。第二,交换双方的私人利益增进也可能以损害第三方乃至整个社会公共利益为代价。也就是说,自由的交换制度存在天然的缺陷,可能会产生一系列非道义的交换行为。诸如借用信息不对称进行的欺诈交易、借助垄断进行的压榨交易等,都是损人利己、损公肥私的行为。[3] 所以说,交换不是在任何情况下均能增加双方当事人的利益和社会整体利益。比如,双方当事人在诉讼程序中恶意串通,通过合意损害他人利益,虽然双方当事人实现了利益交换的目的,但损害了他人利益和社会整体公共利益。再如,实力强大的公司与普通公民进行诉讼时,经常倚仗自身实力,提出不合情理的合意条件并强加给普通公民,逼对方同意,以形成合意。

(二)合意基础:占有可处分的利益资源

在民事诉讼程序中,每一个程序主体均占有一定的程序利益,否则其就不能成为程序主体。通常而言,程序主体在法律规定的范围内可以自由地处置自己的实体利益和程序利益,不受他人的干涉,这就是民事诉讼法处分原则的核心内容,也是合意解决纠纷的基础所在。如果程序主体对自己所拥有

---

〔1〕 参见江波:《交换关系、利益边界与经济伦理》,载《学术研究》1996年第8期。

〔2〕 参见徐昕:《论私力救济》,中国政法大学出版社2005年版,第205页。

〔3〕 参见江波:《交换关系、利益边界与经济伦理》,载《学术研究》1996年第8期。

的权益没有处分权,那么其就不可能拿出有利益内容的东西与其他程序主体进行交换,没有利益的交换自然无法达成合意。但是,并不是所有的程序利益均可以用来交换,只有那些归属于程序主体的私益,方能根据程序主体的意愿成为利益交换的对象,程序主体不能用别人的东西进行利益交换,更不能用公共利益进行交换。比如,没有经过特别授权的诉讼代理人,就不能自主决定放弃上诉;法院不能用给予不利裁决为条件,要求当事人接受合意条件。

通常而言,法院作为公共利益的代表机构,对自己代表的公共利益没有处分权,因而不能通过利益交换的方式解决某些程序纠纷。但是,现实中的法院也是一个拥有自己私利的社会组织,其在民事诉讼程序中有时亦会与当事人发生纠纷,对于此类纠纷的解决同样可以通过合意为之。在特殊的情况下,法院也可以以其所代表的公共利益作为交换的对象来达成与相关当事人的协议,以解决在程序问题上的纷争。但是,法院以公共利益作为交换对象应当以换取更大的公共利益为目的,而不能出于私益的目的,否则就违背法院作为公益代表机关的法定职责。在国外,以公共利益作为交易对象与当事人达成某种协议的情况亦经常发生,比如,刑事诉讼程序中的辩诉交易就是公共利益与当事人个人私益交换的典型。

(三)合意的直接对象:程序利益

利益既包括程序利益,也包括实体利益,同样,当事人的权利既有程序权利,也有实体权利。当事人在民事诉讼程序中的处分权,既包括对程序权利和利益的处分权,也包括对实体权利和利益的处分权。但在诉讼过程中,当事人对这两种权利和利益的处分,常常是交织在一起的;当事人对民事实体权利的处分,一般是通过对诉讼权利的处分来实现的。例如,当事人在诉讼中作出让步,放弃一定的实体权利以便同对方达成调解协议,就是通过对请求调解这一诉讼权利的处分实现的。当然,处分诉讼权利并不一定同时处分实体权利,如原告撤回诉讼并不意味着其放弃自己的民事权利。[1] 所以说,

---

〔1〕 参见江伟主编:《民事诉讼法学原理》,中国人民大学出版社1999年版,第318页。

在当事人合意中,实质交换的利益无论是实体利益还是程序利益,民事诉讼中合意解决纠纷只能通过程序利益的交换来实现,不能直接将实体利益作为交换的对象。就此中缘由,可以从以下两个方面考察:

第一,实体利益具有不确定性。虽然从理论来讲,利益均有一定的主体归属,利益一定是特定主体的利益,脱离了特定的社会主体,就不存在利益之说,而且归结于特定主体的利益在量上也是确定的。但是,之所以产生纠纷,其原因就在于纠纷的双方当事人对于利益的归属问题或利益量的大小产生了争议。也就是说,争议中的利益具有不确定性,属于争议需要解决的对象。从逻辑来讲,当事人不能用与对方存在争议的利益来进行交换,因为其对该利益是否具有处分权还有待通过程序来确定。比如,张三与李四就一房屋发生纠纷,提起诉讼,在双方协商过程中,李四不能以放弃房屋产权为条件来换取张三的撤诉,因为该房屋产权是否属于李四并不明确。当然,这并不意味着双方不能就此达成合意以解决该房屋的产权纠纷,李四完全可以以承认房屋产权归张三所有为条件,与张三达成和解撤诉合意,只是这种合意并非以房屋的产权归属为代价达成,而是以李四对张三诉讼请求的认可为代价达成的。不可否认,在特殊情况下,一方当事人可以实体利益为条件与对方当事人达成合意,但这种实体利益应当不属于争议的利益,而是争议外的实体利益。比如,在上述例子中,如果李四以支付给张三与房屋价值相等的金钱为条件,与张三达成和解撤诉协议,就是以实体利益作为交换对象而对纠纷的合意解决。

第二,实体利益在诉讼程序中通常以程序利益的形式出现。由于实体利益在民事诉讼程序中往往处于争议对象的地位,各方当事人对此利益均不能直接支配,而只能通过程序利益的行使去追求、去主张。因此,实体利益通常以程序利益的形式出现在程序中。比如,有关产权证据的提交行为,就是对实体利益追求的一种行为,在此情况下,我们不能确定提交证据的主体是否真正享有实体利益,但提交证据的程序利益确实是现实存在的。所以说,在具体的诉讼程序中,真正受当事人行为所直接支配的利益,只能是程序利益,虽然在程序利益的背后往往隐藏着实体利益,但是诉讼行为不能直接作用于这种隐藏着的利益,而只能通过程序利益这个中介来影响、支配实体利益。

(四)合意制约:导入规范

虽然说合意解决纠纷的内容完全是根据当事人之间的具体状况而定,基本上不受规范的制约。但是,如果把所有合意的纠纷解决都看作建立在当事者自由合意基础上的一种交涉过程,就会导致这种纠纷解决过程中内在的规范性契机被忽视。在现实的合意过程中,除当事人的自由意愿外,总存在规范性的契机。[1] 在合意过程中,交涉的双方当事人为了促使对方接受自己的方案,总是要援引一定的法律规范或先例判决来说明自己的主张是有理有据的,是具有正当性的。而民事诉讼程序是在公共利益范围下运行的程序,当事人的自由意愿必须符合公共利益的要求,具体来说必须符合法律规范的要求,最起码不能损害公共利益或违背法律的禁止性规定。所以说,在合意的过程中,双方当事人需要导入规范来支持自己所提合意条件的正当性,而合意的结果也需要经过规范的正当性检验,受到规范的强制性制约。

各方当事人为了在纠纷过程中获得有利地位而谋求第三者支持,结果也往往把规范导入交涉过程。因为,为了获得第三者的支持,各方当事人往往有必要就自己主张的正当性对第三者进行说明。当然在很多情况下,第三者对纠纷的结局持有自己固有的利益,这时第三者就有可能不顾当事人主张的正当与否,而支持对实现自己利益最有利的一方。所以,作为一般的假说,第三者的固有利益越小,第三者对于纠纷的结局越具有中立性,获得其支持所需要的当事者主张的正当性就越重要。所谓"舆论审判",就是对特定的纠纷没有直接利害关系的社会一般成员,根据社会规范对当事者双方的主张正当与否作出判断,给其中的一方当事人以支持。如果第三者的支持对特定纠纷的解决具有决定性意义,这种所谓的根据合意的解决也就更近似于根据第三者决定而达成。如果可根据规范来强制解决纠纷的审判制度对当事者来说是具有现实性的选择手段,那么通过交涉而得到的合意内容一般会受到规

---

[1] 参见[日]棚濑孝雄:《纠纷的解决与审判制度》,王亚新译,中国政法大学出版社 2004 年版,第 11 页。

范的制约。为了拒绝对方的不当要求或者为了使对方接受自己的正当要求,暗示要由法院强制解决往往是有效果的。所有这些已经充分显示了在根据合意的纠纷解决中,规范也能够或多或少地制约纠纷解决的内容。[1]

二、决定:法院的正义

所谓根据决定的纠纷解决,指的是第三者就纠纷应当如何解决作出一定的指示并据此终结纠纷的场面。[2] 虽然说纠纷的解决是根据第三者的意志作出的,但此意志不是随意形成的,也不是重新创造了利益分配格局,而是第三者利用自己的权威和判断,将争议的利益还原到其本来面目。裁决程序只不过起到复原的作用,但这种复原只是反映了裁决者的意见,是否能真的还原到利益的客观状态,则缺乏外在的标准进行衡量。所以,决定只是法院意愿的反映,是法院给出的正义,这种正义有时来自科学的事实发现方法,有时来自法院对法律的理解,有时则纯粹来自法院自身的理解。

为了让争议双方和社会公众认为第三者裁决的结果就是事物的本来面目,第三者的裁决往往需要一定的正当性支持。在古代,由于生产力水平低下,人们探知事实的能力不强,法官一般不去也没有能力探知争议事实的真相,人们为了解决纠纷,往往是通过某种力量直接对争议事项作出裁决。古希腊人认为,法官之所以能够就案件作出裁决,并不是因为他们自己的智慧,而是因为有神的帮助,而且裁判的权威性是最为重要的,人们对于合理和正义的理解都会因此屈从于对神的信仰和崇拜。神明裁判在人类的发展过程中曾长期存在,在世界各国的历史上,神明裁判的方法堪称五花八门。古代巴比伦人在审理案件的时候经常采用"水审法",按照《汉谟拉比法典》的有关规定,如果某自由民的妻子被人告发有通奸行为,但是她自己不承认,那么法官就会命令人把该女子扔到河里去。如果那个女子沉到水里去,就证明她有罪;如果她没有沉下去,而是浮在水面上,就证明她无罪。古印度的《摩奴

---

〔1〕 参见[日]棚濑孝雄:《纠纷的解决与审判制度》,王亚新译,中国政法大学出版社2004年版,第13页。

〔2〕 同上书,第14页。

法典》规定,如果法官依证言和物证不能确认案件事实,则可以用“神明裁判”来审查证据和证明案件事实。作为《摩奴法典》之补充的《那罗陀法典》第 102 条明文规定了 8 种“神明裁判”的方法,包括火审法、水审法、秤审法、毒审法、圣水审、圣谷审、热油审和抽签审。另外,在中世纪欧洲的一些国家,诉讼活动中盛行的决斗也带有一定的神明裁判的性质。[1] 神明裁判实质上是把决定委诸偶然的情况或者非人力所能控制的事件,在此过程中,裁判者虽然是争议结果的最终决定者,但其并无多少随意性可言,司法人员的认识活动都不是认定案件事实和作出裁判的主要依据。法官的基本职能并不是查明案件事实并在此基础上适用法律,而只是扮演仲裁仪式主持人的角色。从某种意义上来讲,那时的法庭并不是为了查明案件事实而设立的司法机构,而是请求神灵揭示案件事实的工具,是为了获得“神明旨意”所设置的带有强烈宗教色彩的场所。因此,司法裁决被认为是神的旨意,当事人不是用证据和理由去说服法官接受其诉讼主张,而是祈求神灵来证明其诉讼主张的正当性。[2]

神示裁判有助于提高裁决结果的权威性,并在一定的历史时期发挥了特定的作用,但是其科学性和合理性严重不足,其对争议事实的还原具有偶然性和武断性,常常背离人们的理性预期。不仅当事者感到不满,而且由于该制度将国家意志排除在外,故也不符合国家设立诉讼制度的初衷,这也直接影响决定在民众中的接受程度。因此,在强行实现决定内容时设法缓和当事者的不满,引出对该决定的自发性同意,加强决定的正统性就成为必要。在这里也就出现了抑制随意性、增强规范性的契机,因为正当化的一个重要方法就是证明决定是按照社会的规范体系(价值及规则)作出的。[3] 而为了达到这种目的,最为基础的事项就是要求决定的结果符合争议事实的本来面目,否则就很难说该决定结果具有正当性。虽然在哲学意义上,时间的不可

---

〔1〕 参见何家弘、刘品新:《证据法学》,法律出版社 2004 年版,第 4 页。

〔2〕 同上。

〔3〕 参见[日]棚濑孝雄:《纠纷的解决与审判制度》,王亚新译,中国政法大学出版社 2004 年版,第 15 页。

逆决定了任何事实都无法完全恢复其原始状态；但是，事实过程在特定环境中所留下的痕迹，包括给经历者所形成的印象，依然可以为再现这一过程的主要内容提供凭借。[1] 人们可以通过收集各种事实痕迹，也就是证据，来探究事实的本来面目；但这种事实的探究并不是将事实真实地还原到其本来面目，而是通过程序将现实存在的各种证据进行归并、整理、复原。

（一）决定的结果利益是一种复原利益

最为完美的状态，是程序决定的正当性基础与事实的本来面目达成一致，但诉讼程序对于事实只能进行探究，而无法将其原样恢复。而且在任何情况下，我们均不能接触原本的事实，所能做到的只能是通过各种证据揭示事实的真相。这十分类似于考古中的文物复原：最初展现在考古学家面前的文物，可能只是一堆碎片，考古学家通过自己的知识和技能，将这些碎片整合在一起，恢复到他认为的样子；但不是任何时候均能达到复原的目的，如果碎片不齐，或是某个碎片无法找到合适位置，或是专家的水平有限，那么文物复原也有极限，这也是我们常常看到残缺文物的原因所在；即便是复原完整的文物，也不能说它是原本意义的物体，因为各种碎片需要一定的黏合，复原文物本身就是包含了这些黏合剂的文物，不是本来的文物。法院裁决当事人之间利益纷争的过程，实质上也是收集各种利益碎片并进行复原的过程，其整理出的事实和作出的利益安排，均是一种复原的事实或裁决，存在失真的可能。而且，诉讼程序的现实也决定了无法将冲突事实恢复到其原始面貌，这是因为诉讼中恢复事实的过程主要是通过证据活动来体现的，而证据活动又直接同冲突主体及执法者的证明责任和证明能力相关。因此，证明责任的履行情况和证明能力的强弱直接关系事实恢复的程度。[2] 此外，由于原始状态不可再现，所以何为与原始事实状态相符，亦失去了相比照的样本，我们没有办法拿出原始事实去比照、衡量程序事实。而且，如前所述，利益的复原实质也是法院根据自己的理解进行的复原，带有法院的主观色彩，法院所裁决

---

〔1〕 参见顾培东：《社会冲突与诉讼机制》，法律出版社 2004 年版，第 76 页。

〔2〕 同上书，第 77 页。

的结果利益系法院主观上认为符合正义的一种利益结果,而不是原本的客观利益。

(二)决定的结果利益是一种适法利益

在民事诉讼程序中,法院作出决定的过程实质上就是法律适用的过程。适用法律是法院的职责,是法院根据相关事实对当事人的争议进行法律上的评价。法律规范浩如烟海,法院在作出决定前,必须从大量的规范中挑选出"适合于"当时的问题或纠纷的法律规范并予以适用。寻找"合适"的法律规范的过程受到法律适用者理解的影响。在开始寻找前,法律适用者就已经尝试将纠纷或事实归入特定的法律领域,而且常常归入更精确的分支学科。因此,法律适用开始于将与法律相关的事实行为同全部的规范联系在一起,目光在事实与法律规范之间来回穿梭是法律适用的普遍特征。法律适用由根据规范标准对生活事实所进行的比较性观察和评价组成,对事实和规范进行比较性的归入分成若干步骤和阶段,它影响法律适用的一切具体过程。[1]所以说,法院作出决定的过程是对相关纠纷进行法律评价的过程,决定结果凝结了法院的意志,决定所复原的利益实际上包含了公共利益。也就是说,程序所复原的利益并不是纯粹的私人利益,而是公共利益与私人利益的结合体,笔者将其称为适法利益。

但是有一点必须明确,法官在认定事实的时候不能根据个人感觉。如果对有疑问的事件所经历的过程有疑问或分歧,那么在确定事实检验的结果时,法官就要遵循特定的程序性规则。它们大多体现在法院审判的程序法中,并且随着审判权的不同,以及证明责任分配的不同,而具有不同的意义。[2] 此种情况并不能说明事实认定脱离了法院的意志,运用程序法规则的过程,实际上也是法律所代表的公共利益对相关事实进行评定的过程,事实认定本身并不能脱离公共利益的约束。

(三)决定的正当性源于法院的正当性

除了某些极限状态,法院的决定过程没有从根本上解决正当化的问题,

---

〔1〕 参见[德]伯恩·魏德士:《法理学》,丁小春、吴越译,法律出版社2003年版,第296页。

〔2〕 同上书,第299页。

因为在那里仍然为决定者保留裁量的可能性。[1] 因此,在相当多的情况下,决定反映了法院的自由意志,即便是受法律严格限制的适法过程,也是法官根据自己的理解来适用。所以说,法律的适用并不是一个机械的法律与事实的比对过程,而是一个能动的过程,这一过程体现了法院作为裁判者的独立意志。由于自由裁量脱离了具体法律的正当性支持,因此,作出决定的法院自身的正当性问题就成为关键。如果法院自身行为的正当性受到怀疑,那么其决定结果的正当性自然会受到直接的影响。为了保证决定的正当性,法院应当提高其自身的正当性,这需要一系列的措施加以保障,比如,不在程序中谋得私利、增强决定结果的说理性、提高自身的业务能力等。

有观点认为,严格限制法院自由裁量的空间,以具体的规范来约束法院的行为,可以避免法院在决定过程中的不当行为。但是,法院自由裁量余地的缩小,同时也意味着减少了法院根据具体状况灵活机动地解决纠纷的可能性,这又不符合正当性的要求。此外,如前所述,法律不可能将现实生活中的各种问题进行详尽的规定,不可能完全杜绝法院的自由裁量。所以,要保证法院决定的正当性,只有依靠法院自身的正当性来解决,如果法院自身的正当性不能解决,即便法院完全按照法律规范行事,亦很难取得人们的信任。

三、合意与决定的混合

合意和决定是解决纠纷的两种基本方式,但在具体的民事诉讼程序中,两种方式并不是完全区分开来的,纠纷的解决往往需要两种方式的综合运用。因为民事纠纷常常不是表现为一个独立的争议,而是由几个或多个争议组成,比如,一个合同纠纷会涉及合同条款、合同效力、争议解决方式等多个事实争议和法律争议;对于一个具体的争议,既可能由当事人合意解决,也可能由法院决定解决,全部由合意解决或全部由决定解决纠纷的情况并不常见。由于合意与决定属于性质不同的纠纷解决方式,在通常情况下,二者不

---

〔1〕 参见[日]棚濑孝雄:《纠纷的解决与审判制度》,王亚新译,中国政法大学出版社 2004 年版,第 17 页。

能在一个具体的争议中同时出现。也就是说,一个争议要么通过合意方式解决,要么通过决定方式解决,但法院的调解过程却兼有二者的身影。虽然通常的观点认为,法院的调解不过是法院作为中立第三者对当事人双方进行说合,实质上并没有脱离当事人合意的范围。但是,如果仔细观察实际生活中的调解,也可以很容易地发现那里存在决定性的契机:〔1〕首先,法院提出调解的动议,实际上表明了法院希望以调解结束纠纷的愿望,虽然这不是一个决定,但对于法院提出的建议,当事人不可能没有压力;其次,法院在民事诉讼程序中存在其个体的私利,如果调解对法院或法官具有一定的个人利益时,往往会出现为了达成合意而向当事人施加压力的情况。基于法院的裁判者身份,这种压力往往会促使当事人背离自愿的立场,使合意异化为"强制性的合意"。特别是在法院提出调解方案的情况下,当事人对该方案的拒绝,实际上就是对法院初步决定的拒绝。

合意与决定运作机理存在很大的不同,二者对于纠纷的解决各有千秋。在合意的情况下,当事人可以根据自身的情况衡量相关的利益取舍,与对方进行交易,其本身的关注点并不在于事实的探知,而在于纠纷的解决和各自利益的维护。而决定由于涉及正当性问题,事实探知必不可少。因此,在具体的纠纷解决程序中,如果各个具体的争议解决存在合意与决定混合的情况,在最后的纠纷整体解决时,应当就相关情况分别作出处理,如不将合意事实作为决定的基础等。

总而言之,将现实生活中的纠纷解决过程以合意或决定截然区分,是不可能的,两者总是混合在一起,而且混合的程度多种多样,会受到纠纷当事人、利害关系者以及社会一般成员的利益所在、他们相互间的力量对比关系、与其他纠纷解决过程的关联等因素的影响,〔2〕但最终反映的还是相关程序主体之间的利益关系,因为合意和决定均直接影响各程序主体的切身利益。

---

〔1〕 参见[日]棚濑孝雄:《纠纷的解决与审判制度》,王亚新译,中国政法大学出版社 2004 年版,第 17 页。

〔2〕 同上书,第 14 页。

第五章　个人主体性程序

虽然说没有当事人就没有诉讼程序，但是当事人的存在并不意味着其必然在法律层面获得相应的程序主体地位。我国历史上曾经有过彻底否定当事人是程序主体的时期，当事人被看作司法的客体，并不具备与法院同样的程序主体地位。比如，在相当长的一段时期，我国民事诉讼法学的通说认为，民事法律关系是受民事诉讼法调整的人民法院和一切诉讼参与人之间的以诉讼权利、义务为内容的具体社会关系。基于此，民事诉讼法律关系应当具有两个特点：一是法院总是民事诉讼法律关系的一方主体，而且始终处于主导地位；二是其间关系具有既独立又相互联系的性质。通说的主要依据在于，民事法律关系的形成是以当事人的诉讼权利和法院的审判权为基础的，与发生在平等主体之间的民事法律关系具有不同的性质。法院是诉讼的指挥者和组织者，各诉讼参与人都与法院直接地、单独地发生诉讼法律关系，[1]但当事人之间不能产生诉讼法律关系。这种观点已经通过立法反映在我国当时的民事诉讼法的各项制度中，并且成为约束人民法院、当事人及其他诉讼参与人的重要规范。[2]

后来，经过发展的理论将民事诉讼法律关系区分为审判法律关系与争讼法律关系，承认当事人程序主体地位的同时，亦承认他们之间可以产生争讼

〔1〕 参见江伟、肖建国主编：《民事诉讼法》，中国人民大学出版社 2015 年版，第 20 页。

〔2〕 参见江伟主编：《民事诉讼法学原理》，中国人民大学出版社 1999 年版，第 204 页。

法律关系,这在一定程度突破了以往将民事诉讼视为纯粹由法院行使国家审判权的法院包办式的民事诉讼观念。[1] 但是,无论是在诉讼理念还是具体规则方面,法院与当事人之间的程序地位仍然处于不平等状态,法院还是居于程序的主导地位,当事人的主体地位仍然处于弱势。其背后的根本原因,就在于对当事人程序利益的漠视,未将程序规则与当事人程序利益直接挂钩:或是认为只要审判结果实现了公正,一定程序瑕疵并不损害当事人的利益;或是认为法院虽在程序上介入了当事人固有的程序利益领域,但这是实现实体公正应当付出的代价。实际上,主体的存在及其相互间的关系主要表现为利益关系;如果在程序层面,当事人缺乏程序利益的支撑,那么其主体地位必定是虚化的、不稳定的;因为如果本来就没有程序利益,则意味着法院在程序层面不可能侵害当事人的利益,既然不可能侵害当事人的利益,那么公权力有些出格甚至违法,只是表明了公权力本身的行为瑕疵,与当事人并无直接利害关系。两者对照下,当事人的主体地位自然就显得可有可无了。

如果抛弃传统的管理理念,将诉讼程序看作一种公共服务,那么在诉讼中,当事人作为被服务对象而非管理对象,理应具备主体地位。要做到这一点,首先要清除"司法权神圣观",不能将公益、公权凌驾于私益、私权之上,这对于我国这种具有深厚公权意识的国家尤为重要。其次,私益、私权亦应当尊重公益与公权,法院虽然是公共服务提供者,但不因其服务者的角色而地位低下。实际上,法院与当事人具有平等的主体地位,是二者成为程序主体的关键,任何一方主体地位的瑕疵,都影响另一方的主体地位。在我国传统的民事诉讼观念中,当事人不具备程序主体地位,那么法院就必须行使一些本应由当事人行使的权利,这本身就造成了法院作为审判主体的身份的混乱,影响了其程序主体的定位。在此意义上讲,法院的程序主体地位与当事人的程序主体地位具有一定的相互依存性。

有观点认为,司法的主体性就是要以公民和当事人为中心主体,这可从两个层面把握:第一层面,公民和当事人不是司法之客体或手段,而是主体,

---

〔1〕 参见江伟、肖建国主编:《民事诉讼法》,中国人民大学出版社 2015 年版,第 20 页。

不能将公民和当事人置于被处置、被压迫甚至任由宰割的地位。第二层面，当事人是第一位的主体、中心主体，或者说是最主要的主体。也就是说，仅仅使当事人在司法中摆脱客体地位是不够的，更要使其成为司法主体中的主体、第一位的主体。因此，当事人应成为诉讼活动的主要支配者和实质参与者，整个程序都尊重当事人的意志和尊严，保障其行为自由。同时，司法机关和法官应当贯彻为公民和当事人服务的宗旨，即从第二位主体、服务性主体的定位出发，将工作重心放在为公民和当事人提供司法服务上，以他们服务质量高低作为评价其行为的标准，彰显其公共服务性质。因此，司法机关和法官不仅应支持和促进当事人的意志与行为，最终使公民和当事人的权利得到救济，而且还要使公民和当事人受到体面和尊严的对待。故法官的角色和行为形态不仅要恪守中立性、消极性，更要有亲和性，这样才会使当事人感受到在一个公正、透明的"法的空间"内受到了应有的尊重，这有助于提高裁判的正当性和信任度，避免司法与民众意愿背离。[1] 很显然，相比于传统漠视当事人主体地位的立场，这种主张走向了另外一个极端，试图将法院的主体地位置于当事人主体地位之下。这种片面强调一方主体地位的观点，实质上与漠视当事人主体地位的立场并无二致，在损害法院主体地位的同时，当事人的主体地位同样会遭受反致性的损害。

第一节　无视程序利益的社会现实

我国当事人的主体地位一直不彰，其原因不仅在于国家主义的诉讼观念，更在于社会观念中对程序利益的忽视——既然当事人在诉讼程序中并不拥有独立的利益形态，那么即便不赋予当事人以程序主体地位，亦不影响其利益。在这种情况下，当事人的程序主体地位需求，自然缺乏必要性与可行性。

---

〔1〕 参见左卫民、朱桐辉：《谁为主体　如何正义——对司法之主体性理论的论证》，载《法学》2002 年第 7 期。

一、义利之辨

利益是客观存在的东西,人的行为不可能不受它的影响,从人类进化的角度,凡人皆有趋利避害的本能,这是可以理解的;但是在一个文明的社会里,人不能只追求利益的满足,还要问行为的正当与否。[1] 因此,在追求“利”的过程中,必须讲究“义”,即逐利必须合乎道义。在我国,“义”“利”之间的关系历来是一个重大的伦理问题,古代人将其归结为“义利之辨”。

在中国伦理思想史上,早在春秋时期就提出了“义利之辨”。对此,儒、墨、道、法各有主张。儒家的基本观点是重义轻利,极端的如孟子所说的“何必曰利,亦有仁义而已矣”。墨家提出“义,利也”的命题,主张义利统一。法家认为“人皆自为”,人们不可能“去求利之心,出相爱之道”,但是又主张以赏罚为手段,行“人主之利”“公义”,去“人臣之私义”“私便”。道家则提倡超越“义利之辨”,主张“绝仁弃义”“绝巧弃利”。但是从汉代开始,儒家思想成为我国社会的主导思想,在“义利之辨”中,“义”也就被置于主导性的地位,甚至作为唯一值得追求的东西。[2] 古人论义与利,常常分别由君子与小人的立场出发,义归之于君子,求利则成为小人的标记。这种做法,一方面带有强烈的道德评价意味,另一方面似乎是在暗示,存在两种不同的价值体系——君子的价值体系与小人的价值体系。[3] 在这种主导性思想的影响下,个人私利是没有社会地位的,是君子所不齿的,人们都应当是追求社会大义的。因而,自古以来的思想家在“义利之辨”中提出各自的义利观,其实质是为确立一种行为的价值方针和人格范式。

总而言之,“义利之辨”归根结底体现为一种“义以为上”(《论语·阳货》),即以德性的要求作为人之所以为人的安身立命之本。当道义与利益、德性精神与感性欲求发生冲突时,志士仁人理当超越利益的纠结与感性的欲求而致力于对道义与德性的追求,并在其中得到精神的满足与心灵的自由。

---

〔1〕 参见梁治平:《寻求自然秩序中的和谐》,中国政法大学出版社 2002 年版,第 171 页。
〔2〕 参见朱贻庭、赵修义:《权利观念与义利之辨》,载《毛泽东邓小平理论研究》2004 年第 5 期。
〔3〕 参见梁治平:《寻求自然秩序中的和谐》,中国政法大学出版社 2002 年版,第 181 页。

由此，超越物欲与私利的诱惑，不断提升自己的精神境界，成就以德性精神为依归的理想人格，就成为儒家精神追求的一个重要特色。所谓“不以物喜、不以己悲”，所谓“安贫乐道”“淡泊明志”，所谓“先天下之忧而忧，后天下之乐而乐”，所谓“富贵不能淫，贫贱不能移，威武不能屈”，所谓“人生自古谁无死，留取丹心照汗青”，所谓“上下与天地同流”“仁者与万物为一体”，都是这种精神境界的不同表述方式。在儒家思想中，是做一个孜孜以求利、放于利而行，因而无德性、无操守、肆无忌惮的小人，还是做一个义以为上、行仁践义，因而重德操、求上达、行己有耻的君子，可以说是人的一次重大的生命抉择。不仅在法律层面，就是在整个社会层面，在人们追求利益之时，都不得不面对沉重的道义问题。

正是在这种“义利”观念的背景下，国家设置民事诉讼程序的目的虽然在于解决实体私益争端，但亦不能将保护私益放在重要的位置，而应当高举“义”字大旗，民事诉讼程序这一社会纠纷解决机制就此变成了匡正社会正义的工具。在这种观念的指导下，“义”与“利”在民事诉讼程序中就处于对立的地位，由于当事人天然的私的地位，其在法律层面不可能代表公益（“义”）进行诉讼。至于“义”的代表，除法院外，任何主体均不能具备代表的条件。因此，法院在民事诉讼程序中自然就具有了天然的主导性，因为从理论来讲，只有法院才能以“义”作为行事的目标，不会为了私利去损害民事诉讼程序的“义”的目的性。就当事人而言，由于其行为天然具有的私利性，其民事诉讼行为与设置民事诉讼程序的目的并不相符。

但是，“义”与“利”之辨，并不意味着“义”与“利”的必然对立。个人私利之正当性，本身也是一个“义”的问题。也就是说，每一个独立的行为主体在实现和维护自己利益的过程中，都必须尊重而不能侵犯他人的利益，私利要接受“义”的评价，只有符合“义”的私利才是真正的、受到法律保护的私利，否则就不能算是真正意义上的私利。一个人所获取的利益是否合义、合道德，重要的检验标准就是其是否尊重了别人的利益，是否尊重了公共利益和国家利益。否则，如偷窃行为，即使是出于生存的需要，但由于侵害了其他人的利益或公共利益，那也是违法行为，理应受到法律制裁或道德的谴责。

因此，在民事诉讼程序中，“义”与“利”的统一，至少反映了两个层面的利益关系：一是当事人之间的利益关系；二是当事人与国家利益、社会公共利益之间的关系。当事人之间的利益关系具有对等性，而在国家利益、社会公共利益与当事人利益关系中，虽然有人主张公共利益具有优先性，但这种优先只表明当事人不能侵害国家利益和社会公共利益，处理几方关系的原则，应当把国家利益和社会公共利益放在首位而又充分尊重公民个人利益，不能为了国家利益和社会公共利益就侵犯公民个人的利益。

由于公共利益必须具有法定的形式，所以在民事诉讼程序中，当事人追求个人利益的诉讼行为存在广泛的空间，只要其诉讼行为不违背法律的规定，那么就应当认为该行为具有正当性，就符合义的要求。而实际上，当事人的起诉或应诉，本身就是实现法律的现实性行为，对于这种具体的诉讼行为，也只能以现实的法律适用进行评价，抽象地谈论“义”，既缺乏针对性，也缺乏合理性。而且，每个人具有各自的立场、观点和伦理价值判断标准，以道德性标准评价当事人的行为，说起来容易，操作起来几无普遍可行的方法。由此可见，虽然我国社会存在重义轻利的价值导向，但在法律领域，我们只能以法律的标准来判断当事人的诉讼行为，不能以法院所谓的公益目的来否定当事人的程序利益，更不能将民事诉讼程序回归到古代所谓的“只看一眼，真假立辨”，这既不现实，亦不能保障当事人的利益。

从另外一个层面来讲，在众口一致地颂扬大公的背后，正不乏私欲流行的证据。在义与利的对立中，隐然可见文化中不同层次之间的差异。如果说，贵义贱利的价值偏好是得到社会公认的价值体系的核心，那么讲究实利乃至追求私利的倾向也是客观存在的事实。好利恶害之心，人所共有，不同的是人们的生活态度和行为。[1] 民事诉讼程序对于当事人来说就是一个保护其个体私利的程序，对当事人的行为我们只能从私益的角度来理解，而不能从法院的公益代表角色的角度来理解，否则诉讼程序就失去了存在的必要。

---

〔1〕 参见梁治平：《寻求自然秩序中的和谐》，中国政法大学出版社 2002 年版，第 182 页。

此外,“义”与“利”除作为民事诉讼主体的衡量标准外,也是对民事诉讼程序本身的要求。“义”就是要求民事诉讼程序符合“义”的伦理性要求,这种要求不是针对某一个人的,而是针对普遍的社会价值观念。而“利”则是要求民事诉讼程序能给一定的主体带来好处。也就是说,成为某个主体谋利的工具。在我国传统上,民事诉讼程序主要是为国家服务的,所以其“义”与“利”均要符合国家的需要。在此意义上,民事诉讼程序的“义”也好,“利”也罢,均是实现国家治理社会的工具,只有符合这一要求的民事诉讼程序,才有可能得到国家的认可。在此种社会环境中,莫说程序利益,就是对实体利益的追求也不能脱离“义”的轨道。所以,我国对程序利益的忽视,是社会上的重义轻利观念在诉讼程序层面的自然投射。改革开放、实行市场经济之后,“利”字逐渐凸显,实体利益得到了社会的全面重视,甚至走到了另外一个极端,即单方面地突出“利”,甚至到了完全不顾“义”的程度。[1] 在这种背景下,程序利益作为与实体利益相对应的利益形态,必然会逐步进入社会主流话语的系统中,受到社会和民众关注。

二、程序价值伦理与工具的双重维度反思

实际上,在普遍联系的社会存在中,对于任何事物价值的认识思路,均不能脱离两个层面:一是该事物本身的价值,二是该事物在与其他事物发生联系中的价值。前者可称作内在价值或伦理价值,后者可称作外在价值或工具价值。就民事诉讼程序而言,其价值亦不能脱离这两个层面。作为一种法律规定,诉讼程序规则本身要符合法律所要求的“善”与“公正”,这是从程序规则自身的角度来看待程序所得出的结论。从另一个角度来说,如果站在其他事物的立场上去看民事诉讼对于这些事物有什么作用或好处,则会得出民事诉讼的外在价值,即工具价值。由于作为观察点的外在事物不同,相应地,民事诉讼程序所表现出来的工具价值亦会不同。伦理价值与工具价值是从不同的角度来看待民事诉讼程序所得出的结论,是对同一事物的两种价值认

〔1〕 参见李翔海:《儒家“义利之辨”的基本内涵及其当代意义》,载《学术月刊》2015 年第 8 期。

识，一个是从事物自身来观察该事物，另一个则是从另外一个事物的角度来观察该事物。

由于世界处于普遍的联系中，实际上可以这样说，凡是具有伦理价值的事物一定具有工具价值，反过来，某一事物具有工具价值，亦必定具有伦理价值，却不一定具有“善”的积极的伦理价值。从这个意义上讲，前面所说的我国存在的工具主义的司法现状，亦不是说我国的民事诉讼程序只存在工具价值，而不存在伦理价值。之所以称其为工具主义，是因为民事诉讼程序的工具价值在我国民事诉讼程序中占据了主导性的地位，民事诉讼程序虽有一定的伦理价值表现，但这一价值在整个民事诉讼程序的价值体系中没有得到人们的重视。民事诉讼的伦理价值在相当多的时候与其工具价值具有统一性，即“善”的民事诉讼程序通常亦会作为一个良好的工具来满足人们对民事诉讼程序的需要，但正是因为伦理价值与工具价值的评判基础存在根本的差别，故二者有时亦会发生背离。也就是说，一个自身品性良好的民事诉讼程序并不必然能够成为一个好的实现某种诉讼目的的工具，好心不一定办好事，先进的生产线不一定能够产生先进的产品。

为了对抗程序工具主义的论调，我国很多学者在论及程序价值时，均着重强调程序的独立性价值，即程序自身的伦理价值，这在我国的特殊国情下也有其现实意义。可是过犹不及，如果为了凸显程序的伦理价值而忽视程序的工具价值，亦会出现程序价值认识上的偏差。在我国目前的程序价值理论中，较流行的观点认为，在人类自觉活动中有两个相互联系的因素，即目的和手段。目的是活动主体在观念上事先建立的活动的未来结果，它必须通过人运用手段改造法律的实践活动来实现。有些目的与主体的存在、发展一致，如人格尊严、幸福等，法律满足这种目的和需要所形成的价值，就叫作“目的性价值”；有的价值目标在局部看来是目的，然而对更高的目标来说，它又具有工具性，这种为其他价值的实现和完善服务的价值，就叫作“工具性价值”。目的性价值与工具性价值是相对的，正如目的和手段的区分具有相对性和可转化性一样。相对于人的一定法律价值目标来说，该目标的实现对人的意义属于目的性价值，而为了实现该目标所用的工具、方式等则具有工具性价值；相对于人的更高更远的价值目标来说，该目标又是实现长远目标的条件和手段，其价值又是一种工具性价值。据此，民事诉讼价值可以分为两个基本类型：一是目的性价值，二是工具性价值。[1] 这种将民事诉讼程序的价值分为内在的目的性价值和外在的工具性价值的理论，从分类形式上和我们前述的伦理价值与工具价值存在某些相似之处，但二者的实质内容存在很大的不同：目的性价值和工具性价值，是依据长远目标及现实目标而对价值所作的分类，一个诉讼价值从某一阶段来看可能是目的性价值，而从更长远的目标来看，它又可能是工具性价值。而笔者所说的伦理价值就只是对程序自身所作的评判，看其是否符合人类普遍的价值要求，而工具价值则是站在其他事物的立场上对民事诉讼程序所作的价值评判，二者并不是一个问题的两个侧面，而是不同的两种价值。

由于工具性价值是站在其他事物的立场上看待民事诉讼程序所作的结论，所以当谈到民事诉讼的工具性价值时，笔者无法得出一个普遍适用的结论。比如，当民事诉讼程序作为统治人民的工具时，我们可以说它具有工具性价值，因为它对统治人民有用，但这种民事诉讼程序的积极性伦理价值则要大打折扣。所以工具性价值只能以某些人的利益为转移，而不具有普遍的意义。伦理性价值则不然，因为价值强调一种善的积极的品性，而这种品性在所有人看来都应当具有一个相差不大的标准，所以它具有一种普遍的意义，即所有人在看待伦理价值时均不是从自己的立场出发，而是从普遍的伦理观念出发。当然，在具体的问题上，某些人之间可能因为同一种价值需求发生矛盾，那就需要在他们之间作出平衡。但无论如何，从最终换算成工具性价值的角度来说也好，还是从整个社会来说也好，伦理性价值的意义远远超过工具性价值的意义。当然，如果从对所有人都有利这个角度来说明工具性价值，也是可以接受的，但这种工具性价值已不再是工具价值，而是伦理性价值了。[2] 比如，当民事诉讼程序的各方参与人均能从中发现对自己有用

---

〔1〕 参见章武生等：《司法现代化与民事诉讼制度的建构》，法律出版社2003年版，第72页。

〔2〕 参见锁正杰：《刑事程序的法哲学原理》，中国人民公安大学出版社2002年版，第182页。

的一面时，这种民事诉讼程序肯定具有一种积极的伦理性价值，但是当它仅仅对国家一方或对当事人一方有利的时候，我们就只能说对某一方具有工具性价值，而不能说这具有积极的伦理性价值。

从严格意义来讲，诉讼程序的工具性价值不能作为评判民事诉讼程序的标准。对民事诉讼程序的评判应当从民事诉讼程序自身的特点、规律出发，即从民事诉讼程序的伦理性价值方面来评判。如果我们从工具性的角度来看待民事诉讼程序，那么民事诉讼必然失去其本性，变成某一目的性事物的附属。这个道理实际上通行于世间的每一个事物。但相对于工具性价值来说，民事诉讼的伦理性价值由于自身的抽象性，在司法实践中的表现不如工具性价值那样生动与现实。人们很容易就能感受到民事诉讼程序对于自己有什么好处，但是说起一个程序的公正与否，则体会就不那么明显，即便某一诉讼主体认识到程序的公正，但这种公正是否真的存在，也很难得出客观的结论。所以说，民事诉讼的伦理性价值在相当多的时候只是起到一种标榜作用，特别是当工具性价值占优势的时候，甚至可以说，它只有被换算成工具性价值的时候才会存在，一旦与工具性价值不一致，它就要被抛弃。比如，我国以前对于辩论权的认识，就根本没有将它归类为当事人的程序利益，而是觉得它在发现真实方面还有那么一点作用，因而有存在的必要。否则，辩论权早就因为没有什么用处而被改革掉了，同样，正是因为其对于发现真实的作用不大，所以辩论制度在我国的民事诉讼程序不被人们重视，在司法实践中基本上流于形式。即使将工具性价值与伦理性价值相提并论，或在它们之间找到平衡，工具性价值最终还是会占上风，从而毁掉伦理性价值。因为在多数时候，对于工具性价值的实现标准比伦理性价值的实现标准更不容易把握，那么对于工具性价值，人们就会有一种很大的主观随意性，当这种主观随意性俘获了立法者或司法者的时候，民事诉讼程序的伦理性价值就会变得微不足道。更为明显的是，由于法院作为国家司法机关，不可避免地承担一定的国家责任与义务，如果仅由法院对民事诉讼程序的伦理价值与工具性价值进行平衡，那么伦理性价值肯定会处于弱势地位。所以说，在谈论民事诉讼程序的工具性价值时，必须尊重民事诉讼程序的伦理性价值，否则民事诉讼程序的伦理性价值会在现实的工具主义面前迷失其本性，丧失其存在意义。[1]

在民事诉讼程序的工具性价值与伦理性价值的关系中，最为引人注目的是实体与程序的关系问题，这个问题实际上就是民事诉讼程序发现真实方面的作用问题。通行观点认为，民事诉讼程序最主要的一个功能就是发现真实，从此意义来讲，民事诉讼程序对发现案件真实应当具有积极的工具性价值。但是，是否具有积极性的工具价值，则要看民事诉讼程序最终得出的案件事实与客观事实是否一致。而案件的客观事实存在于何处？民事诉讼程序得出的案件事实究竟与何种事实相对比，才能得出案件事实是否与客观事实相一致的结论？很显然，除民事诉讼程序自身得出的事实外，我们不可能去另外寻求一种"更好"的事实作为评判案件事实的标准。所以说，就民事诉讼程序在发现真实方面的工具性价值，我们只能在民事诉讼程序中而不能从程序外寻求标准。有学者指出，只要判决是依法作出的就是对的，即使人们对结果感到遗憾，也不能说它是错误的。法律的一个重要功能就是在是非难辨时作出判断。[2] 而且从实践来看，即便是那些被公认为正确的方法也不一定能得出正确的结论，而被公认为错误的方法也未必得出错误的结论。比如，古埃及和我国古代均以"地心说"为依据，同样能准确地测算出日食的时间。所以说，虽然我们不能否认民事诉讼程序有外在的工具性价值，但我们不能以工具性价值为角度来研究民事诉讼程序，更不能采取工具主义的态度来看待民事诉讼程序。民事诉讼程序的价值只能从其自身的角度来认识，而不能从民事诉讼程序外部来寻求认识的标准，即便是在公认的事实发现功能方面，我们也不能以实体的客观方面来要求民事诉讼程序。而民事诉讼程序规则作为一项法律规则，其伦理性价值的要求则主要体现在对程序利益分配、交换和安排上，内容则包括当事人之间、当事人与法院之间的利益分配、交换和安排。

---

〔1〕 参见锁正杰：《刑事程序的法哲学原理》，中国人民公安大学出版社2002年版，第185页。

〔2〕 参见［美］劳伦斯·M.弗里德曼：《法治、现代化和司法制度》，载宋冰编：《程序、正义与现代化》，中国政法大学出版社1998年版，第153页。

三、工具主义的司法现状

"好利恶害"应是人的普遍特征，如果否定了它的普遍性，则势必造成绝大多数人的人性被压制甚至被摧残，这便是义务本位的法律。在此，法律只能是一种手段，一种实现个别人无节制欲望的工具。凡是把义务奉为本位的法制，必然是专制主义的法律，它也无法被民众奉为目的并形成对它的信仰。如果肯定"好利恶害"是人的本性，那么立法者就会创设公平地确保所有主体权利的法律，这便是权利本位的法律。在此，人性的本质就是法律的本质。人对自身利益追求的个体性本质决定了如果法律不以权利为本位，那么法律价值的实现便会在主体心理上大打折扣。当然，人对利益有序追求的社会性本质，决定了必须在法律中设定义务，否则，失序的后果类似于在法律上公然摧残人性的后果。权利本位的法律揭示了人性最深沉的利益要求，并且是满足人之好利恶害本性的准则。因此，一方面，主体利益获取的多少来自其对法律运用和遵循的程度；另一方面，主体也将利益获取寄托于公平良好的法律之中，从而既形成法律之事实上的目的性，也形成人心中关于法律的目的性。[1]

在许多的具体案件中，古代法官为了直接实现结果上的公道，牺牲了法律的普遍性，它表明了一种泛道德化的倾向。由于同样的原因，一种高度复杂的专门技术体系始终没有在中国建立起来。[2] 因此，在我国传统上，工具主义的法律观念一直深入人心，特别是在接受苏联立法模式后，不仅法律工具论得到了进一步的强化，而且法律仅仅被理解为统治的工具，民众的主体地位完全被抹杀。随着社会的发展，在实体法上，法律工具论的观点虽然逐渐不被人们提及，但在程序法的观念上，却将法律工具主义转化为了程序工具主义，将程序法简单地等同于实现实体法的形式和手段，认为程序法离开了实体法就失去了存在的价值，认为诉讼程序的意义仅在于实现实体法的价

---

〔1〕 参见谢晖：《权利主导·价值定位·信仰塑造——关于克服"法律工具主义"的理论对策》，载《天津社会科学》1994 年第 6 期。

〔2〕 参见梁治平：《寻求自然秩序中的和谐》，中国政法大学出版社 2002 年版，第 380 页。

值目标,达到客观真实。[1]

对于我国工具主义的司法状况,许多学者均作出了一定的解释,其中最具代表性当属季卫东教授与陈瑞华教授的观点。根据季卫东教授的解释,中国"轻程序"的现象既是一个文化问题,也是一个制度设置问题,中国传统法律程序结构上的缺陷制约了中国的程序建设。这是因为,传统的审判程序是按行政原理设计的,审判的程序性限制是以官僚机构的内部纪律的形式出现的,程序的遵守不是由于当事人能够对违法的过程提出效力瑕疵的异议,而是通过上司对违法官僚的惩戒处分来保障,人民仅仅止于接受其反射的利益。同时,立法忽视程序要件的规定,实务中试图松弛程序的现象较常见。这就造成中国有程式而无程序、有名不副实的法律形式化,而没有正名求实的法律形式主义。[2] 陈瑞华教授则认为,诉讼活动不仅是一种以恢复过去发生的事实真相为目标的认识活动,而且也包含程序道德价值目标的选择和实现,而传统理论和实务一直将诉讼活动视为一种认识活动,这是程序绝对工具论产生的思想基础。[3]

应当说,这两种解释均有其可取之处,但我们从这两种解释中也可以看出一个共同的特点,那就是程序工具论实质上是从程序外来看待程序的,没有看到程序自身的品性和特点。相对于实体规范,程序的确具有其工具性的一面,但是不能忘记,适当的实体规范是经由程序铺设的轨道通过公正、有效的程序形成的,只要我们就实体法的主要学说溯及遥远的过去,我们都可能在其源头发现一些被忘却了的程序环境。[4] 那种将程序看作实体附庸的观点,没有看到程序是以实效性的权威决定看实体的现实状态,程序不是实体的影子,而是可以使实体美化或丑化的独立力量。[5] 因此,除当事人实体利益外,程序自身亦直接隶属于当事人的利益范围,当事人在程序中的各种行

---

〔1〕 参见章武生等:《司法现代化与民事诉讼制度的建构》,法律出版社 2003 年版,第 113 页。

〔2〕 参见季卫东:《程序比较论》,载《比较法研究》1993 年第 1 期。

〔3〕 参见陈瑞华:《刑事审判原理论》,北京大学出版社 1997 年版,第 48 页。

〔4〕 参见[美]埃尔曼:《比较法律文化》,贺卫方、高鸿钧译,生活 · 读书 · 新知三联书店 1990 年版,第 165 页。

〔5〕 参见袁红冰、李新建、陈卫东等:《刑事诉讼法学的新视野》,载《中外法学》1990 年第 6 期。

为,虽然最终的指向可能是最终利益的实现,但就具体的程序而言,其最为关心的还是该程序中各行为中的利益因素。程序工具主义实质上否认了程序利益的独立地位,因为,如果程序主体在程序中没有独立的程序利益,其一切程序行为均是为了程序外的利益,程序本身就只能定位于工具性的地位。

在工具主义司法的观念下,不仅整个民事诉讼程序呈现工具化,而且程序的参与者亦具有了工具化的属性。第一,从理论来讲,诉讼程序的正当运行本身就意味着正义的实现。换言之,程序自身就是其意义和价值的根本所在。但是,如果认为国家设置诉讼程序另有程序外的其他目的,比如,民事诉讼目的的诸学说就包括私权保护、私法秩序维持、纠纷解决、程序保障等多种内容,[1]那么,这些程序外的目的是诉讼程序所要实现的目标,就目的而言,程序就是工具。第二,在当事人的视角下,其进行诉讼本来就是为了维护自身的合法利益,主体性特征较明显,但是如果把司法看作一种工具,当事人的诉讼行为就成为此工具得以发挥效用的"助力器",自然就不能具备独立性与自主性。如果将诉讼程序看作统治的工具,那么当事人的行为只有符合统治之需,才被认为是适当的,否则便会被程序禁止。如果将诉讼程序看作维持社会稳定的工具,那么凡是诱发不稳定的行为,都会被严格限定或禁止。第三,在工具主义司法的观念下,法院亦必将工具化。通常而言,法院虽是国家设立的公共机构,但其成立后,就具有职权的独立性和意志的自主性,并不受外力的干预,此即独立审判原则的内涵。但是,如果法院在其审判职能外,还承担其他社会功能,那么审判职能就必须与其他职能相协调,否则就会造成法院在公共职能方面的失职。比如,常讲到的司法服务大局、司法服务国家战略等,实际上就是把法院作为工具来对待的。实际上,司法的工具化在某种意义上就表现为法院的工具化,因为法院有权力决定最终的裁判结果,只有控制了法院,才意味着控制了程序,才能将程序设定为实现某些特定目的的工具。

总而言之,在工具主义司法语境下,诉讼程序缺乏独立性与自主性,甚至

---

[1] 参见汤维建主编:《民事诉讼法学》,北京大学出版社2014年版,第12页。

在特定的情况下，为了迎合特定的目的性需求，还会呈现灵活性的变动，使程序缺乏稳定性与可预期性。可变、不可预期的程序实质上就意味着既有规则的可有可无，从此意义来讲，工具主义必将同时意味着虚无主义。因此，在诉讼程序整体工具化的背景下，不但无法保证当事人的程序主体地位，甚至连法院都无法保持独立自主的裁判者地位，在此情况下，程序利益就更是沦为空谈。

第二节　程序利益与程序的个人主体性

人类社会是实践基础上不同个体之间和不同人群之间交往而形成的一个有机的复杂整体，需要从多维度、多视角透视才能把握其原貌和本质。唯物史观对人类社会历史的观察和研究的视野是多样的：不仅有客体视野，而且有主体视野；不仅有一般主体视野，而且有个人主体视野。[1] 民事诉讼程序要想真正获得独立地位，应当顺应社会的主体发展规律，从社会意义个体的人的角度来规范程序主体，使之不仅是一个独立的个体存在，更是一个社会的人的存在，拥有独立的属己利益以及与之相关的处分权。

这种处分权主要表现在两个层面：首先从实体法的角度，主体可以通过实施处分权来处分系争的实体利益；其次从程序法的角度，主体具有程序权利的处分权，在一定范围内决定如何取舍程序利益。[2] 实际上，程序运行的基本动力来自程序主体基于个人利益的选择，而在诉讼程序中，实体利益的选择必然表现为程序利益的选择。可以说，个人性的程序利益导向直接决定了程序主体的行为动机及程序方向，没有个人程序利益支撑的程序主体，只能成为运行程序的工具性主体，而不能成为符合人的本性要求的现代社会主体。因而，民事诉讼程序应当以人本理念为维度，将主体与主体的个人程序利益结合起来，以保障程序利益为切入点来实现人的独立程序主体地位，这样才有可能将宪法中抽象的人的主体性转化为诉讼法上具体的人的程序主

〔1〕 参见詹宏伟、赵明强：《唯物史观的个人主体视野与中国社会现代化转型问题》，载《云南民族大学学报》（社会科学版）2013 年第 3 期。

〔2〕 参见邱联恭：《程序选择权论》，台北，三民书局 2000 年版，第 35 页。

体权,人才能真正成为程序主体而非程序支配的客体,进而实现民事诉讼程序的独立性。

一、个人—国家—个人:程序主体的否定之否定发展

个人主体性发展限度是一个历史性概念。马克思曾以个人主体完善状况为尺度,以人的生产能力为线索,把人的发展概括为三个阶段,把人类社会划分为三大形态,即依次经历"人的依赖关系"形态、"以物的依赖性为基础的人的独立性"形态、"建立在个人全面发展和他们共同的社会生产能力成为他们的社会财富这一基础上的自由个性"形态。[1] 人生活在社会中,社会人的特性决定了人的双重性,即个人性及社会性。人的本性具有逐利倾向,如果仅仅从个人的角度来考察利益追求,那么个人的利益追求就只是纯粹的个人行为,究竟以何种程序、何种方式来实现对利益的占有,就只决定于个人自身,而非个人隶属的群体。[2] 群体的价值功能之一是维护群体秩序,进而实现人类群体生活的安定,但由于个体的差异,群体秩序与个人利益之间不可避免地会存在冲突。事实上,人的逐利性体现在感性方面,就是自由性,而就秩序总体而言,则表现为对个人自由的束缚。人们在追逐利益的过程中,总有一种超出规则边界的原始冲动和欲望,而这种冲动和欲望一旦付诸实践,则会对已有秩序造成冲击。因此,在个人与秩序之间,总是存在一个相互对立且统一的主线,维系个人与秩序之间的平衡。当个人利益追求损害到整体秩序时,则会强调秩序之维护从而在一定程度上抑制个人,而当秩序之维护损害个人的自由权利时,则需要抑制秩序从而保障个人主体的自由。人的程序主体的发展过程,实质上就是人的个人主体性与秩序之间的斗争过程,而这一过程亦反映了人类社会从个体社会到国家至上,再到个体主导的历史进程。

各个独立的人经过组合与发展形成了人类社会,无论在何种情形下,均

---

〔1〕 参见《马克思恩格斯全集》(第46卷)(上册),人民出版社1979年版,第104页。

〔2〕 参见[美]R. M. 昂格尔:《现代社会中的法律》,吴玉章、周汉华译,译林出版社2001年版,第24页。

不能否认人是社会的最基本构成单位。在人类社会初期,规则与秩序亦非常宽松。在这个时期,人可以说是社会上存在的绝对单一主体,其对自身的利益拥有完全的支配权,这不仅体现在实体利益方面,亦体现在如何保护及修复实体利益方面,即程序范畴中的程序利益。可以说,个体基本上具有绝对的主体地位,社会是由独立、松散的个体组成的,人是完全自我的人,规则及秩序的约束有限。虽然从个体自由的角度来说,个人有按照自己意愿行事的本性,我行我素既是一种自由的最高境界,也是一种利益的表现形态。但是,如果人人均我行我素,那么此个体的自由就可能侵犯彼个体的自由。如果人人对自由均不加收敛,社会亦无手段控制个人自由,个体之间的冲突就不可避免,社会的安定就会被破坏,依赖群体生活的人类最终将无法生存,每一个生活在其中的个体亦无法生存,每个人的自由最终亦会因个体自由无限制而归于消灭。因此,为了维护社会群体结构的稳定和人类的生存,每个人必须让渡一定的个体利益与自由,并以此为基础建立一定的社会规则来避免冲突或解决冲突,这些规则即社会初期的习惯或惯例。

其实,任何一种具有群体性生活的生物体,均需要通过一定的规则来限定个体利益及自由的个体领域。群体生活的社会之所以设立规则,不是为了取消或限制自由,而是为了扩大和维护自由。通过秩序的建立,最大化地实现每一个生活在其中的主体的自由。在此种意义上,单纯依靠群体规则及秩序对个体施以外部约束及压力,并不能建立起群体所要求的秩序,真正的群体秩序的建立需要从内部而非外部入手,只有通过实现内部平衡建立起来的秩序才是稳定的。随着社会的发展与完善,社会秩序呈现越来越强的"张力",国家及法律的出现更是将社会个体从纯粹的自由状态转化为社会单位,统治者的意志取代了个体意志而成为整个社会的意志,王权至上或国家至上给每个人都打上了"国家标签"。国家利益取代了个体利益成为社会规则的主导因素,个体利益及自由受到极大的限制,人基本上失去了独立的社会主体地位,而沦为社会关系的客体,成为实现某种秩序、意志及规则的作用对象。个体之间的纠纷亦不再是纯粹的个体关系,而具有了国家意义,个人亦成为社会组织体中的一员,人之本性则被湮没在社会性中。

国家的主体性是通过否定社会大众的主体性来实现的，但作为个体的人，始终是社会的基本存在，国家与法的作用主体必须指向具体个人，国家和社会的发展进步必须依赖个体的发展和进步。国家和法律对社会个体自由与权利的压制严重束缚了人的发展性与创造力，社会陷入秩序有余而活力不足的局面。在这种情况下，人类逐渐意识到对个体自由的极端压制有害于人类社会的发展和进步，因而，国家意志及秩序就开始变得柔软起来，在适度的空间里给予个体以一定程度的自由。只要个体不损害国家利益，则国家通常不主动干预个体自由。社会从单一的国家主体性走向了以国家控制为主、个体自由为辅的“国家—个人”共同发挥作用的双主体时代。

在处理纠纷的民事诉讼程序中，国家亦释放出部分供个人主体发挥作用的空间。虽然亦受到国家利益的监管，但在不越过国家划定的边界的情况下，当事人在诉讼程序中具有了处分实体利益及程序利益的自由。利益重新与个体结合起来，诉讼程序及程序主体均具备了一定程度的独立性。个体意识一旦苏醒，必将蓬勃发展。随着国家权力收缩及个人自由的扩张，在“国家—个人”主体格局中，逐渐从国家主导转变为个人主导。人类社会又重新走向一个尊重个体地位与利益的时代，人又重新成为社会的主体，个人主体性成为社会的共识。个体又重新成为自己利益的主体，民事诉讼程序亦随之成为当事人主导的纠纷解决程序，程序利益完全归程序主体所有并由其自由支配。虽然国家亦对诉讼程序负有监管责任，但其目的已从国家程序利益的代表者转变为诉讼秩序的维护者，作为程序的中立裁决者来解决程序主体在诉讼程序中的纠纷。在这种情况下，当事人通过其利益的独立性成为诉讼程序中的独立利益主体，在其个体获取独立的同时，民事诉讼程序本身亦获得了独立性。

从表面形式来看，以个体自由为基础的个人主体性，在历史发展的最初阶段和现代社会具有某种程度的相同，它们都较多地体现了人的自然性。两种社会都是以个人的利益与自由为主导的社会，但是不能忽视二者之间的实质差别：前者是处于纯粹或基本纯粹的自由状态，缺少社会秩序的匡正与规范，处于较低层面，与这种极端的个人主义相伴而来的是对社会群体生活的负面冲击。后者则是在社会总体规则下的个体自由，在尊重个体权利的同时，对社会总体利益的增加亦十分重视，甚至将社会利益划作个体自由的底线，严禁个体自由冲破这个底线，影响社会整体的稳定及价值观念，但在此底线上，个体具有广泛的自由与权利。

由于个人主体总是从自己出发去从事活动，把事物、活动及结果看作为我存在的，这种“为我”关系构成了一种主体的自为性。中华人民共和国成立以后，我国实行计划经济体制，意识形态领域只强调国家与公共利益，否定个人的独立性。受这种国家主义的影响，个人往往不能“为我”，必须以主体需求异化的形式来曲折地展示主体自为性的内在实质。[1] 民事诉讼立法中也呈现非常浓重的国家主体色彩，否认一切个人主体性，即使是法院与法官，亦只承认其国家代表者的主体地位，而漠视法官作为个人的社会存在价值，更无论当事人的个人主体性，甚至不承认当事人之间可以发生诉讼法律关系。随着社会发展，我国从传统的计划经济转变为市场经济，作为处理私益纠纷的民事诉讼程序，应当顺应社会变化，尊重个人的社会主体地位，改变只见程序不见个人，或只有程序主体而忽略个人特性的程序运行机制，真正建立起以人本理念为中心的独立民事诉讼程序。

二、程序利益：程序主体之根

人的主体价值的提升意味着自我需要的满足、实现以及个人对某种资格、利益或主张在观念上的肯定和事实的保障。从传统社会向现代社会转型，个人对利益的诉求日渐凸显。[2] 具有一定利益性是个人之为主体的关键性因素，之所以称为主体，就在于其能够按自己的意志自主地为或不为一定的行为，而行为的取向则是个人的利益需求。

传统的民事诉讼法理论认为，只有与案件具有直接利害关系的人才能成为案件的当事人，与案件无利害关系的人具有当事人属性则是不可思议

---

〔1〕 参见张卓：《个人主体性悖论的历史演绎》，载《社会科学战线》2010年第7期。

〔2〕 参见杨婷：《和谐社会个人主体价值的正当性》，载《理论月刊》2013年第11期。

的,[1]此处的直接利害关系主要是指实体的利益关系。也就是说,社会主体之所以参与到民事诉讼程序中,根本目的在于保护其实体法的利益而非程序上的利益,只追求程序利益而不要实体利益的当事人是不可思议的。只要实体利益得到了充分保障,没有人单独关心程序利益,诉讼程序本身如何开展并无太大的意义。在此理念中,程序参与主体的程序地位、程序利益、程序权利是否具有独立性以及是否与程序主体结合在一起,均可以不考虑。这种传统当事人理论,实质上否定了程序中还存在不同于实体的程序利益以及独立的程序利益主体,因而就需要在诉讼程序开始的阶段寻找到实体利益的归属者,确定何者为真正的实体权利义务关系人,否则,诉讼程序就会因为缺乏适当的程序主体而无法进行。这种观点显然不合实际,[2]亦违背诉讼法理:第一,个体是否拥有系争的实体利益,必须经过法院的审理才能确定,而个体能否起诉或是应诉则取决于其是否应当具有程序法的程序利益。对于前者,显然在诉讼之初无法确定,而后者则可较容易地在起诉之初就作出判断。第二,在消极的确认之诉中,享有实体利益者与原告并不相同,但这不影响原告享有起诉的权利以及程序上的利益。[3] 此外,如果在审判后判定参与审判的当事人均与争议事实无关,难道审判就是在没有当事人的情况下进行的吗?显然不是。

利害关系人的传统当事人理论已不符合社会现实,已不能满足现代社会个体的权利保护要求,必须对其进行法律上的改造。为此目的,民事诉讼理论界提出了两种新的当事人:

(1)权利保护人。考量是否为当事人时,仅从权利保护的角度出发,只要个体以自己的名义参与诉讼,无论是保护自身利益还是他人利益,都是程序当事人。这一变动认可了纯粹的诉讼当事人可以成为民事诉讼当事人,而不必是实体利益上的直接利害关系人。应当看到,这种变动并没有超出实体利害关系人的概念,它只是在一定范围内承认了诉讼担当,但其思路仍然是

---

[1] 参见肖建华:《民事诉讼当事人研究》,中国政法大学出版社 2002 年版,第 20 页。
[2] 参见江伟主编:《民事诉讼法学原理》,中国人民大学出版社 1999 年版,第 376 页。
[3] 参见王福华:《民事诉讼基本结构》,中国检察出版社 2002 年版,第 174 页。

从实体利害关系的角度来界定当事人,并没有将当事人的概念转变为纯粹的程序视角。这种缺乏程序利益支撑的当事人概念,实际上仍属于实体当事人的范畴,只是认定的规则发生了变化而已,并不能保障个体作为程序主体自由发动诉讼程序和实现诉权。[1]

(2)程序当事人或形式当事人。主要考虑是否以自己的名义参加诉讼,并要求保护相关民事权利——如果参与了诉讼,那就是当事人;如果没有参与诉讼,那么就不是当事人。相比于单纯以权利保护人的视角来确定诉讼程序的当事人,以程序为基础所确定的当事人,使程序主体在根本上摆脱了实体利益的束缚。程序主体是诉讼程序存在的基础与运行的关键,如果没有程序主体,诉讼程序亦失去了存在的意义。因此,基于程序利益而非实体利益获取独立性的程序主体,在其自身摆脱实体利益束缚的同时,亦使诉讼程序得以离开实体而获得独立性。虽然有学者主张以纯粹的程序标准来确定当事人,但大多学者不认同程序当事人在诉讼程序中具有不同于实体利益的程序利益。这不能不说是一个悖论。因为利益与主体是相互支撑的,实体当事人的行为动机之基础在于其实体利益,而程序当事人的行为动机之基础应当是程序利益。如果程序当事人的行为还要时时受制于其实体利益,那么其程序行为必然不能脱离实体而独立存在,程序主体及程序独立就是一句空话。而以程序标准确定当事人的做法,本身就意味着只从程序本身来考量一个主体是否为程序主体。这个理论从基础上避开了实体利益,意味着程序及主体的独立,而二者的独立需要独立利益形态的支撑,这种独立的利益形态只能是不同于实体利益的程序利益。

三、法院的个人主体视角

相比于当事人,法院具有较为浓厚的国家色彩,其作为国家代表的身份定位,决定了法院在审判中通常是以组织体的形式出现,而不能以私的个体的形象出现。长期以来,在国家本位主义理念下,我国法院的国家代表身份

---

〔1〕 参见肖建华:《民事诉讼当事人研究》,中国政法大学出版社 2002 年版,第 23 页。

决定了其在诉讼程序中的强势主导地位。一方面,这种主导地位必然导致法院在程序中居于中心地位,其他主体的利益必然处于服从地位,在客观上弱化甚至否定了当事人的主体地位。这实际上是以国家利益否定个人利益、以公法上的国家主体否定私法上的个人主体,社会个体的主体地位随着个人程序利益的消失而无法在民事诉讼程序中得以体现,程序中的个人主体性无法体现。另一方面,主导性地位亦使法院这个组织体的"私的个体利益"及法官自身的个人利益,无法在诉讼程序中得以正当地体现,而必须依附法院所代表的所谓的国家利益。缺失自己特殊利益支撑的法院及法官,其诉讼程序的主体性亦只具有国家性,而没有法院的个体性。这种不真实的身份定位,直接影响了法院的功能发挥。

实际上,法院作为公共机构,虽然代表了国家公共利益,但就程序中的角色而言,法院仍然属于程序参与者。与其他的程序主体相比,法院只是职责与功能有所差别,并不具有天然的超出其他主体的优越地位。从这个意义来讲,法院作为诉讼程序中的裁决者,其背后虽然有国家公共利益的支撑,但其在诉讼程序中的个体地位是独立存在的,有其不同于国家利益的特殊利益。从这个角度来看,法院亦可被看成一个与其他程序参与主体相同的程序个体,只不过其他个体具有私法上的个体的"人"或"法人"的形式。从"公法人"这个"人"的个体角度,亦可以将法院称为"个人主体"。而除去国有利益代表的角色,公共机构的自利性特点则直接将法院摆在了与当事人相同的利益主体的层面,在此角度上,法院亦成为追求私利的特殊的程序个体。

公共机构虽然是出于公益而设立的,但并不能否认其作为独立社会存在的特殊性。也就是说,公共机构具有公共性与个体性的双重属性,在利益方面,亦存在公共利益和归属于自身的私利益。就人的构成而言,公共利益的组成人员虽然在执行职务行为时具有代表公益的外衣,但从人的社会性而言,其并不当然就比普通人更高尚。在涉及个人利益或者小团体利益时,公共机构组成人员社会属性中的个人性就往往会决定其取利行为的方向。当然,作为公共机构,其公共理性决定了其不可能完全依据私益而行,可能会在个体私益与公益之间进行衡量,通过二者之间的平衡来实现利益的最大化。

作为裁判机构的法院,属于现代社会中的公共权力团体,就其机构而言,一方面具有公共性,另一方面亦具有小机构的个体私利性。而作为其组成人员的法官,同样具有双重身份,即公务人员与私法个人。法院及法官的公共性及私利性是法院及法官的两个社会本性,公共性否定不了私利性,私利性亦不应当影响公共性。但是,通常的认识过分强调了法院的公共属性,很少关注甚至漠视了个体私利性。除就法院整体而言的私利性外,不同法院、不同法官之间存在相当大的利益差异,而这种差异并不是由法院的公共性所决定的,因而必然表现为法院或法官的私益。比如,东部沿海法院与西部法院在经费、办公场所、生活环境等方面存在巨大的差异,这种差异实际上就构成了不同个体间的私益的不同。任何一个社会个体都存在追求其利益最大化的天然本性,而且私益直接决定个体的生存与发展,因而,即便是公共机构及公务人员,其追求个体私益亦具有一定的合理性。当然,法院毕竟属于公共机构,虽然私益性是其天然属性,但这种私益应当严格划定在合理的范围内。法院的自利性应当以增加法院作为公共机构的公共性为目标,否则这种自利行为就可能是不合理的。具体来说,法院合理的自利性应当是指法院在行使职权的过程中,为了正常的机构运行而对相关利益的占有,而这种占有是其机构运行所必不可少的物质保障。比如,法官的办案经费、法院的办公场所及设备、法官的培训、法官及法院工作人员的薪酬福利等。法院对这部分利益的占有,实际上并不为其所有,而只是为法院所用,称不上真正意义上的自利性。当然,即使是此种利益之占有,亦需要符合社会发展的水平及民众可接受的程度,不能因为是机构运行所需就任意而为。不合理的自利性,是指与法院的公共职能无关,只是为了法院这一个体或是法院组成人员的私利性而占有的利益,它通常表现为即使法院或法官占有此种利益,亦不影响法院或法官的职能。

应当说,自利性是法院难以消除的一种属性,特别是在目前我国法院的物质保障不足、法官待遇不高、工作任务较重的情况下,法院为了追求利益而存在一定自利性行为,是受社会发展水平所制。比如,在法院的办案经费严重不足的情况下,如不允许法院按程序收取一定办案费用,某些时候会导致法院无法正常开展工作。当然,由于权力具有扩张的天性,对于法院的自利行为必须给予严格的规制,否则法院就会体现出越来越多的私益性而逐渐失去其公共性,法院权力就必然表现出双向的扩张性:首先,为了占有更多的社会利益,法院可能会占有更大的权力。因为权力越大,占有利益的能力就越强,最终体现在诉讼程序中,法院主导诉讼程序的意愿就会越强,主导权力越大,则会直接影响当事人的程序利益及程序主体的独立地位。其次,公共机构对利益的占有是通过权力实现的,其实质就是将权力作为交换资本向社会交换个体可以占有的利益。法院为了获取更多的个体私益,就难免存在将权力进行交换的动力。如果放任权力在此两种向度上的扩张,难免使公共权力偏离公共性的轨道,使权力成为个人的仆役。[1] 从这个角度而言,强调从个人主体性的角度来界定诉讼程序,实质上是以当事人个体利益为界限及保障,为法院的自利行为划定边界,避免法院的自利行为损害法院作为公共机构的法律定位。

四、无实体利益的程序当事人

通常而言,民事诉讼来自民事纠纷,民事纠纷中具有实体利益争端的当事人,可以自然转化为民事诉讼程序的当事人,这反映在我国的立法中,就具体表现为民事诉讼法所规定的:当事人应当与实体纠纷有直接利害关系。比如,甲与乙之间存在侵权纠纷,甲将乙诉至法院请求侵权赔偿,在正常情形下,甲的身份自然转化为诉讼中的原告,乙则成为被告。但是,民事纠纷与诉讼程序毕竟处于不同的法律层次,二者并不具备完全对应性,民事纠纷在向诉讼程序转化的过程中,有时会出现阻碍事由,导致实体当事人无法转化为程序当事人,而纠纷本身就需要能通过诉讼程序加以解决。在这种情况下,就可能在实体当事人外另行寻找其他人作为程序当事人,实体当事人与程序当事人发生分离,此时程序当事人就无实体利益的支撑,即使其在程序中享有完全的程序利益。如果程序当事人无程序利益的支撑,那么其在程序中就

〔1〕 参见董长春:《权力的私人性及其法律控制》,载《政治与法律》2005 年第 5 期。

成了无利益附随的主体,显然并不符合主体与利益不可分割的特性。无实体利益的纯粹的程序当事人的存在,从侧面印证了程序利益的独立性,以及程序当事人并不必然需要实体利益的支撑。

(一)诉讼担当

诉讼担当,是指第三人代替诉讼标的的权利义务主体享有或与之共同享有某诉讼标的的当事人适格,而且该第三人所承受之判决效力及于该权利义务的主体。在这种情形下,作为诉讼标的的权利或法律关系的归属主体并不作为当事人出现在诉讼中,因此不同于代理现象,而被称为第三人的诉讼担当。从成为当事人的角度来看,这是一种担当人就他人的权利义务,作为当事人实施诉讼的情形。[1] 为了使诉讼担当取得正当性,有学者从实体法的角度为担当人作为程序当事人提供了管理权或诉讼实施权等理论依据,也有学者从诉讼法的层面以诉的利益来论证担当人的正当性,但无论是哪一种理论学说,都不能否认担当人与民事纠纷的实体利益并无利害关系,其并非实体当事人,而是纯粹的程序当事人。

目前,典型的法定诉讼担当主要有:公益诉讼人、破产管理人、遗嘱执行人和遗产管理人。公益诉讼人在前文已有论述,此处仅仅简要说明破产管理人、遗嘱执行人和遗产管理人:(1)破产管理人。破产企业虽然是争议的法律关系的一方主体,但破产企业已经失去了社会认可,法律不承认其独立能力,企业已经丧失了对争议法律关系的管理处分权。破产管理人虽然与实体纠纷没有直接利害关系,但能够取代破产企业成为诉讼当事人。破产管理人的诉讼实施权不是由实体纠纷自然演化产生的,而是由诉讼程序赋予的。(2)遗嘱执行人和遗产管理人。遗嘱执行人和遗产管理人都是遗产的临时代管人而不是所有权者,也不是实体纠纷产生的一方当事人。理论上,继承人作为遗产的实际所有人,该由其作为诉讼当事人,但问题是如果继承人作为诉讼当事人,法院作出继承人败诉的判决后,判决必将对继承人固有的财产产生执行力,这对继承人不利。因此,在遗产被分割完前,由遗嘱执行人或

---

[1] 参见[日]新堂幸司:《新民事诉讼法》,法律出版社 2008 年版,第 208 页。

者遗产管理人对遗产行使管理处分权作为必要的过渡。在此期间，如果涉及被继承人而又与遗产相关的诉讼，则由遗产执行人或者遗产管理人行使诉权。遗嘱执行人和遗产管理人的诉权源于法律规定，是为了满足正当当事人的要求而在诉讼程序层面进行的技术上的处理。

（二）群体纠纷的诉讼程序当事人

在理论上，大规模侵权事件中的受害者作为实体纠纷的一方当事人，完全可以顺利地转化为诉讼程序的当事人，但这种大规模侵权行为波及的主体动辄成千上万，如此数量庞大的诉讼案件已经严重超过了诉讼空间所能容纳的限度。如果根据现有的诉讼模式将所有的实体争议主体全部囊括在诉讼程序中，按照普通的诉讼程序进行审理，让成千上万的当事人都出庭参加诉讼，诉讼程序必然异常繁杂，严重影响程序的顺利进行。因此，群体纠纷中的实体当事人向程序当事人的转化，首先面临的问题就是如何减少实体当事人转化为程序当事人的数量。根据基本的逻辑，在将数量庞大的实体当事人转化成诉讼空间可容纳的程序当事人时，主要有三种方式：第一种方式是全部转化，即所有实体当事人均转化为程序当事人，这种转化与普通的实体当事人转化为程序当事人的原理相同，并无特殊之处，也没有解决主体数量庞大的问题。适用这种方式最典型的群体诉讼形态，就是我国的代表人诉讼制度。第二种方式是从实体当事人中选取部分主体转化为程序当事人，其余实体当事人不进入诉讼程序，他们的实体利益由转化为程序当事人的这部分人进行维护，这种方式以日本的选定当事人制度为代表。第三种方式是将全体的实体当事人作为一个实体单位，转化为一个程序主体，由这个程序主体进入诉讼，维护所有实体当事人的利益。美国的集团诉讼以及德国和我国台湾地区的团体诉讼就是这种方式。在上述三种方式中，第二种与第三种方式均会发生实体当事人与程序当事人分离的情形。也就是说，必然会产生类似于诉讼担当情形中的只有程序利益而无实体利益的当事人。

1. 代表人诉讼制度

在代表人诉讼制度中，实体纠纷的所有当事人全部转化为程序当事人。但是让成千上万的实体当事人都参与诉讼程序是不现实的，所以又在程序当事人中选出一定数量的代表人,由代表人代表全体程序当事人参与诉讼活动。代表人具有双重身份:一方面,诉讼代表人本身是实体利益人,是从实体当事人直接转化过来的程序当事人;另一方面,诉讼代表人在诉讼程序中又是其他诉讼当事人的“代理人”,代理权必须得到被代理的当事人的授权。诉讼代表人的产生方式吸收了诉讼代理制度的某些机能,拓展了诉讼空间中的主体容量,避免了众多当事人直接参与诉讼而引发的种种问题。[1]

2. 选定当事人制度

在选定当事人制度中,实体当事人并不全部转化为程序当事人,只有部分实体当事人可以转化为程序当事人,即由具有共同利益的全体当事人从其中选定一部分人作为代表人,进入程序进行诉讼。被选定的当事人获得全体当事人的授权后,就取得了代表全体实体当事人进行诉讼活动的资格,一旦选定了程序当事人,其他实体当事人当然退出诉讼程序,但需要承担判决的实体后果。在选定当事人的制度中,只有被选定的当事人才是合法的程序当事人,享有实施诉讼的资格。对于该诉讼,选定当事人可以实施所有的诉讼行为,而不存在像诉讼委托代理人那样的限制。

3. 团体诉讼

实行团体诉讼国家和地区的法律一般会规定,在一定领域中具有法人资格的某些团体对特定的纠纷具有程序当事人的资格,可以作为原告为大规模侵权中的受害者提起诉讼,这一制度的特点是人数众多的实体当事人一方在诉讼中表现为单一的程序主体。在团体诉讼中,一方面,虽然作为原告的团体是由多数自然人或法人组成的,但诉讼的主体资格仅限于团体,不能及于其成员;另一方面,团体是独立的程序主体,享有诉权,当团体行使诉权时,实体纠纷当事人不能再转化为程序当事人并就争议的法律关系起诉,只有当团体不起诉时,实体纠纷当事人才可以转化为程序当事人提起诉讼。由于团体的诉讼实施权不是来自其成员的授予,而是来自法律的规定,所以团体诉讼在一定程度上可以理解为法定的诉讼担当。

---

〔1〕 参见[日]新堂幸司:《新民事诉讼法》,法律出版社 2008 年版,第 560 页。

4. 集团诉讼

在美国的集团诉讼制度中,通过对实体当事人进行技术性处理,在程序层面建立一个临时的、虚拟的组织,即集团。集团仅是对实体当事人拟制化的结果,仅适用于诉讼程序,所以集团诉讼中的集团不可能像法人那样从拟制走向实体存在。尽管集团不能作为一个民事主体而存在,也不是实体纠纷的当事人,但是由于程序拟制,它在美国诉讼法上被广泛确认,并且被赋予一种独立的程序主体资格。集团作为程序主体,其诉讼权利能力自代表人以集团的名义起诉并被法院认可时而存在,所以从某种程度来说,集团的程序主体资格是司法权赋予的,它只有诉讼权利能力与诉讼行为能力,没有民事权利能力和民事行为能力。虽然集团内部涵盖的实体主体人数众多,但它在程序层面上只表现为集团一个主体,程序亦只认可集团,不认可具体的实体当事人,这一点类似于法人与股东的关系——公司的股东可以有很多,但是作为实体法人而言,只存在公司这一个主体。

第三节 个人主体性程序的基本范式

我们过去的社会历史理论中,长期忽视"人"尤其是"个人"的地位,并由此固化了我们的思维,形成了较为重整体而轻个体的思维定式。随着我国现代化和市场经济的深入发展,个人主体性的作用客观上被凸显出来了。"个人主体论"主张确立个人的主体地位和发挥个人的主体性作用,要求个人应该在与客体和他者的相互关系中摆脱依附性、确立主体地位、形成独立人格、充分发挥主体性。[1] 在主体理论的发展脉络中,由前主体性到个人主体性,经过主体间性,到公共性或共同主体性,总的趋向是形成具有更多更好的公共性的社会。前主体性标志着传统的人的状态已经是一个历史的状态,尽管在现实中仍有它的回声。从整个社会的进步来说,主体性是商品经济、市场经济社会人的主要特征,个人成为独立、自主、自由的主体。在现代社会中,由于主体之间的交往、合作,自然会形成主体间性。如果主体间的关系超出

[1] 参见詹宏伟:《论三种主体及其区分》,载《学术论坛》2011 年第 6 期。

了一人对一人或者少数人之间的关系，就会构成拥有公共性的状态，主体性就会成为一种共同主体性。从主体性到公共性或共同主体性，是主体与活动性质演变的大趋势。[1]

对于我国处于哪个阶段，有学者认为，尽管在很多方面还有一些问题没有完全解决，此范式转换系列的前半部分，即由前主体性到主体性的转换，已在中国市场经济的建设中基本实现了。[2] 对照中国的现实，不难发现这种观点显得过于乐观且不合实际，主体性原则在中国的很多领域尚未完成。特别是在法学领域，由于法学研究的滞后性和保守性，在哲学领域猛烈地批判主体哲学的时候，法学思想史上却刚刚开始张扬法律主体性的各种研究。[3] 尤其是在民事诉讼程序这个被传统划为公法的领域，司法神圣性及国家性仍为主导理念，但实际上，作为市场经济中解决民事纠纷的程序，作为上层建筑应当反映经济基础现实需求。现代社会的经济基础是商品（市场）经济，而商品（市场）经济是个人主体生成和个人主体性得以弘扬的根本原因。同时，个人主体的确立和个人主体性的发挥是现代社会和市场经济运行与发展的必要条件。个人主体与商品（市场）经济之间存在本质的、内在的联系。根据马克思的观点，在市场经济中不存在主奴之间的依附关系，只存在交换者之间的等价交换关系，这种交换关系必然要求交换者之间的主体性自由和平等。这种所谓的“主体性自由与平等”指的是这样一种社会关系，即其中每个人都是以主体的身份与对方发生关系，每个人都处于自主的活动状态。也就是说，在社会关系中其是具有人身权利的自由人。[4] 人在社会生活中如此，在解决纠纷的法律关系中更应如此。因此，只要我们不否定市场经济与市民社会，民事诉讼程序就应当是彰显个人主体性的程序。

---

〔1〕 参见郭湛：《从主体性到公共性——当代中国马克思主义哲学的走向》，载《中国社会科学》2008 年第 4 期。

〔2〕 同上。

〔3〕 参见陈金钊：《法律人思维中的规范隐退》，载《中国法学》2012 年第 1 期。

〔4〕 参见詹宏伟：《论三种主体及其区分》，载《学术论坛》2011 年第 6 期。

一、个人主体性程序的四个要素

个人主体性程序就是要摆脱以往的国家司法主义,将诉讼程序看作私的社会生活在上层建筑的自然投射,因而,它的关键之处就在于排除国家、权威、大局等政治性因素的干扰,在诉讼程序中保留市场经济的特质,其中至为重要的就是个人性、主体性、交往性、利益性四大要素。

(一)个人性

从个人到个人的社会化和个性化,成为有个性的个人,再到个人自由而全面的发展成为自由人、成为联合起来的个人,这是社会历史发展的人学诉求。这里所说的个人,不是他们自己或别人想象中的那种个人,而是现实中的个人。也就是说,这些个人是从事活动的,马克思所说的现实的个人,不同于虚幻的离群索居的和固定不变状态中的人,恰恰相反,个人是处于社会现实条件下不断发展过程中的人。[1] 所以民事诉讼程序中的人,首先,是具体的个人,具备个体自由和独立意志,自主参与民事诉讼活动而不受他人的不当控制与干预。其次,个人是现实生活中的人,而非抽象的人的概念,文本上所谓的原告、被告、法院等,都必须现实化为社会生活中的某一个特定人,这些人有自己独特的家庭、生活、利益、交往等。最后,个人并非仅仅指私的主体,而是指独立地参与程序的人,是独立的程序单位,因此,无论是原告、被告还是法院,其在诉讼程序中都应当是独立的个人,而非服务于其他主体的属下,这一点对于认识法院的"个人性"尤为重要。

在中国,强调程序参与者的个人性,具有特别的意义。如果不在理论上说明和在实践中落实个人主体的作用和地位,无论在理论思维深处还是实践中,那么我们的市场经济根本无法生根,市场机制将无法有效运转。[2] 在民事诉讼程序中,只有每一个参与者都是独立的个体,民事诉讼程序方才具有真实性,否则,如果参与者不具有独立的个人性,而是听从他人的意志,那么

---

〔1〕 参见龙柏林:《个人交往主体性的本质结构》,载《浙江社会科学》2004 年第 5 期。

〔2〕 参见詹宏伟:《论三种主体及其区分》,载《学术论坛》2011 年第 6 期。

民事诉讼程序就不是参与者的程序，而是由程序外界所控制的程序，诉讼程序的运行就必然呈现虚假性和工具性，就无法为市场经济提供适当的纠纷解决机制。

（二）主体性

人的主体性作为人最本质的特性，是人性之精华，它能否得到实现，实现的程度如何，是同社会形态的发展密切相关的，并且具有相对的不可超越性。[1] 强调诉讼程序中人的主体性，就是要改变传统上将人作为程序客体的陈旧观念，人不是物，在社会关系中始终应当作为主体存在，任何将人作为客体的做法，都是对人的物化，都与现代的“人”的观念格格不入。因此，单纯的“主体—客体”或“主体—中介—客体”模式，在处理人与自然、人与物的关系时是行之有效的，但在处理人与人之间的关系时，就遇到了“他人不是客体”的困窘。从理论上解决这个问题的办法，就在于当面对人与人之间的关系时，从“主体—客体”或“主体—中介—客体”的模式向“主体—主体”或“主体—中介—主体”的模式转变。[2]

在民事诉讼程序中，无论是法院与当事人之间的关系，还是当事人与当事人之间的关系，以及其他程序参与者之间的关系，实质都是人与人之间的关系。无论是审判关系，还是争讼关系，都是一种交往关系，都是由人的行为活动而产生的关系。在诉讼程序中，每个人都是从自己的出发点去为诉讼行为，在其面前，程序规则、场地、资料等都具有“为我”性。个人总是并且也不可能不是从自己本身出发的，所以这种“为我”关系便构成了一种主体自为性。[3] 同时，在诉讼程序过程中，每一个程序参与者亦都必然表现出一定能动性与自主性，而这种能动性与自主性是其作为主体的天性，一旦失去了这种天性，其诉讼行为就不再是个人的行为，程序的运行亦会就此发生异变。故而，诉讼关系中的参与人，并不因为参与诉讼程序、存在不同的目的及职能而影响其程序主体地位，恰恰相反，在程序中具备不同的目的及职能，正是不

---

〔1〕 参见龙柏林：《个人主体性探析》，载《理论与改革》2003 年第 4 期。

〔2〕 参见郭湛：《论主体间性或交互主体性》，载《中国人民大学学报》2001 年第 3 期。

〔3〕 参见龙柏林：《个人主体性探析》，载《理论与改革》2003 年第 4 期。

同主体的个体特性在程序中的反映。

当然,从另外一个更深层次的角度而言,“主体—主体”的模式并没有完全否定和取代“主体—客体”模式。一方面,“主体—主体”关系是以“主体—客体”关系为背景的。主体与主体作为复数的主体,与他们共同的客体仍然处于“主体—客体”的关系中,在这个意义上可以说,“主体—主体”关系是更宏观的“主体—客体”关系中的一部分。另一方面,在“主体—主体”关系中,每一主体作为对方的对象性存在,具有一定程度的客体性。无论是从认识论还是从实践论上来讲,他人不完全是客体,但也不完全不是客体。在人与人之间,每个人作为现实的存在既是主体又是客体,具有主客体的二重性。在这个意义上,也可以说“主体—主体”关系中包含更微观的“主体—客体”关系。[1]这种观点实际上是一种“对象化”的逻辑,它遵循“主客二元对立”的原则,把自我确立为主体,与把自我之外的他者规定为“客体”不可分割地关联在一起。“主观理性”原则把主观意识的“自我”实体化为“主体”,强调自我意识的同一性,是保证其他一切存在者存在的最终根据。立足于这种“自我”,一切自我之外的“他者”都与“我”相对立并由“我”所规定,人与人之间的关系成为一种互为对象的关系。这是一种充满控制、征服的“暴力”观点,体现在对他人的关系上,必将把他人“作为客体加以压迫”。个人不仅把社会共同体视为只有工具性价值,也视他人只有工具性价值,由此必然导致社会生活共同体的分裂和“伦理总体性”的瓦解。[2] 如果审判关系中当事人视法院为工具,法院反过来亦视当事人为工具,那么法院与当事人的关系不仅会出现严重的对立及冲突,而且还会失去基本的司法价值共识,司法的公信与权威必将随之丧失。因此,每个人都不应把别人当成实现自己欲望和利益的工具和手段,而应彼此视为成就自身的目的。[3]

(三)交往性

个人性与主体性,都是从人的静态角度而言的,表明的是个人本身所具

---

〔1〕 参见郭湛:《论主体间性或交互主体性》,载《中国人民大学学报》2001 年第 3 期。

〔2〕 参见贺来:《“关系理性”与真实的“共同体”》,载《中国社会科学》2015 年第 6 期。

〔3〕 同上。

有的一种实体存在。但在诉讼程序中，人与人之间并非是隔绝的，并不能固守自己个体的实体存在，而是需要与他人交往，与他人建立起一种关系状态，在这种关系状态中进行主体间的交流表达。可以说，没有主体之间的交往，就不可能建构起诉讼程序，而诉讼程序从某种意义上来讲，就是各主体之间的交往关系的总合。

交往性实际上要求诉讼程序的参与者在保持“自我”的同时，克服其封闭和孤立的实体性，打开“个人”与“他人”之间的通道，从而为形成一种承认个人的自由人格，同时又为生成人与他人之间的“共同感”提供可能性，这在哲学上称为“关系理性”。“关系理性”是一种在超越实体化、单子化个人的社会关系中，去理解“个体”的存在规定、生存意义和根据的理性。它既要求破除人在自我理解问题上的“唯实论”，也要求破除人在自我理解问题上的“唯名论”；既融解和扬弃人的“普遍本质”，也融解和扬弃孤立“自我”的实体化。它要求从“关系”而不是从“实体”出发对人的现实存在进行规定，现实的人不能被解读为“普遍的人的本质”的显现和定在，也并非孤立的“个体”，而是与自我发生关系同时也与他人发生关系的“关系中的个体”。〔1〕 真正的主体只有在主体间的交往关系中，即在主体与主体相互承认和尊重对方的主体身份时才可能存在。在这种情况下，主体首先以自身为目的，必须在一定程度上作为手段而起作用。在主体间的相互关系中，人们是相互需要的，他们既相互是目的又相互是手段，不纯粹是目的或纯粹是手段。所以真正的主体性必须以交互主体性为必要的补充，或者内在地包含交互主体性，即主体与主体相互承认、相互沟通、相互影响。〔2〕

（四）利益性

如前所述，利益是与主体紧密相连的，从某种意义上来讲，没有利益就没有主体，因此，前述三个要素，实际上都是与利益直接相关的，或者说都是利益在各个层面的具体反映。个人性是指每个人都应当固守自己的利益，不能

〔1〕 参见贺来：《“关系理性”与真实的“共同体”》，载《中国社会科学》2015 年第 6 期。
〔2〕 参见郭湛：《论主体间性或交互主体性》，载《中国人民大学学报》2001 年第 3 期。

侵害他人的利益。主体性的基石就在于利益,而程序主体的“根”就是程序利益。前文对此已有论述,此处不再赘述。而在诉讼程序中,主体之间的交往,无论是证据交换,还是相互辩论等,实际上就是一种程序利益的交往。如果把诉讼程序看作一个市场中的交易,那么个人就是通常进入市场中的人,而主体性则要求这个进入市场中的人具备交易的资格与交易的态度,交往性则在两个主体之间建立起会面、接触、交流等双向沟通渠道,利益则是双方需要交易的对象,没有交易的对象,交易自然就无从谈起。从此意义来讲,没有程序利益的支撑,前三个要素就失去了存在的语境,亦没有了在程序层面进行讨论的必要与价值。

二、个人主体性程序的“公”与“定”

民事诉讼程序就是个人主体之间的交往的程序,而程序规则就是引导、限定他们如何进行交往的准则,是主体间行为的“程序宪法”,这就要求诉讼程序必须公开、稳定。如果程序不公开,那么就无法指引人的行为;如果程序不稳定,人们就无所适从,易造成行为的混乱。故而,无论是成文法的大陆法系,还是判例法的英美法系,程序规则通常都是成文的,且主体内容及基本规则均保持相当的刚性与稳定性。

(一)“公”

在任何大型团体中,社会控制的主要工具一定是一般化的规则、标准和原则,而不是个别地对个人所作出的特定指示,唯有通过一般化的行为标准,才能够在没有随时作出进一步指示的情形下,让广大人民能够理解在某些事情发生时,他们应该做些什么。因此,如果一般化的行为标准无法被传播,就不可能有我们现在称为法律的东西存在。法律的内容所涉及的必须主要是(但不一定完全是)一整个阶层或种类的人、行为、事物与情况。而法律之所以能够成功地运作于范围广阔的社会生活中,是因为社会的成员广泛地有能力将特定行为、事物和情况涵摄到法条文字所作的一般化分类当中。[1] 从

---

〔1〕 参见[英]H. L. A. 哈特:《法律的概念》,许家馨、李冠宜译,法律出版社2006年版,第119页。

这个意义上来讲,法律不仅要针对普通人公开,而且应当为普通人所理解,方才可以起到框定人们行为的作用。否则,虽然法律公开了,但人们无法把握认知法律的内容,那么这种公开亦无法指引人们的行为,公开就是成了纯粹的形式。

民事诉讼程序就是规范各主体行为的程序,说得直白一点,就是规范法院应当如何审判、当事人如何诉讼、其他诉讼参与人如何为自己的行为。

首先,"公"之要求要做到的就是让大家知晓民事诉讼程序的相关规则,可以在物理状态上拿到规则的文本,在内容上看到文本的内容。我国在立法上有《民事诉讼法》,但是在《民事诉讼法》以外还有很多司法解释、批复等,不要说普通的民众,就是法官和一些研究民事诉讼法的专家,有几人能完全知道这些内容的存在?而且一些规则前后矛盾,新的规则层出不穷,即便在形式上全部进行了公开,民众亦无法全部看到,更无法完全将其作为诉讼中行为的规则。作为一个诉讼的操作规范,笔者始终认为简便是评价其是否可行的最重要的标准。如果诉讼程序只是规范法官、律师或其他的法律工作者,那么规则复杂一些、内容多一些,无可非议。但是,诉讼程序毕竟是普通民众维护权益的重要途径,让他们知道有哪些法律、何种规则与他们的诉讼有关联,是司法亲民或民众接近正义的最基本路径。

其次,"公"之要求需要规则语言的生活化。法律的规定需要法言法语,但一定要适度,一定要保证民众可以理解法律。目前的民事诉讼程序立法中,一些抽象、概括、外来的概念充斥其中,不仅造成了普通民众理解的困难,而且在法官、学者等所谓的法律职业共同体内还引起了相当多的争论,如证明责任、举证证明责任、多元化解等。如果诉讼程序规则公开了,但是民众看不懂、专家有争议,那么它也就根本无法发挥规范诉讼行为的效用。

最后,"公"要彻底。诉讼内程序规则与诉讼外社会上公开的程序规则应当保持一致。或者说,文本规则与实践规则应当一致。可以说,任何一个诉讼程序的当事人,都是从社会层面进入诉讼领域,其对于程序规则的认知,基本来自社会公开的文本或知识。如果进入诉讼程序后,规则出现了变化,那么公开规则事实上就成了一种虚置无用的规则,不仅会造成当事人程序内外行为及判断的混乱,而且在客观上造成了司法与立法的对立,严重影响司法的公信力与权威性。在我国目前,司法领域存在以“工作规矩”为代表的诸多行政性办公规范,如请示、签发、立案的负面清单等,在司法内部客观上造成了“工作规矩”与程序规则并存,甚至“工作规矩”重于程序规则的局面,而这些“工作规矩”多数又处于内部掌握的状态,不对社会进行公开,民众无法知晓,更不可能以此来指导或调整自己的诉讼行为。

(二)“定”

一个完全不具稳定性的法律制度,只能是一系列应对性质的措施,它会缺乏逻辑上的自洽和连续性。这样,人们在为将来安排交易或制订计划的时候,就会无从确定昨天的法律是否会成为明天的法律。“法律作为一种行为指南,如果不为人知而且也无法为人所知,那么就会成为一纸空话。”[1] 由于时常变动和变化的状况会导致法律的变动,所以这些状况与真正含义上的法律是不相符合的。[2] 当然,规则的稳定性并不意味着一成不变,法律还必须服从时代进步所提出的正当要求。一项法律制度,如果跟不上时代的需要或要求,而是死死抱住上个时代的只具有短暂意义的观念不放,那么显然是不可取的。我们必须在运动与静止、保守与创新、僵化与变化无常这些彼此矛盾的力量之间谋求某种和谐。[3] 实际上,民事诉讼规则作为一种解决纠纷的规则,主要内容是操作性规范,表现为方式、方法。程序启动时,程序主体的程序利益才具有现实性,并不产生信赖利益,因此,对稳定性的要求与实体法规则略有不同,并不强调“法不溯及既往原则”,而是采用“程序从新”原则。实际上,对于程序法来说,通常并不产生“旧”的问题,旧案已经审结,新案件适用新程序,正是此时法处理此时案,根本无从谈起“溯及既往”的问题。从此视角来讲,程序法的稳定性似乎并不重要,但是作为指导人们诉讼的程序规则,如果变动过于频繁,会使程序事项失去连续性和可预测性,从而

---

〔1〕 Benjamin N. Cardozo, The Growth of the Law (New Haven, 1924), p. 3. 转引自[美]E. 博登海默:《法理学——法律哲学与法律方法》,邓正来译,中国政法大学出版社 2004 年版,第 339 页。

〔2〕 参见[美]E. 博登海默:《法理学——法律哲学与法律方法》,中国政法大学出版社 2004 年版,第 339 页。

〔3〕 同上书,第 340 页。

引发人们甚至法院行为的混乱。比如,再审立案中“立审合一”与“立审分离”的反复变化,不仅造成了法院机构、人员的大幅度调整,而且也使众多当事人不知如何进行再审程序。特别是在我国司法改革措施频出的背景下,程序规则保持适度的稳定性,有其特别的意义。

除保持程序规则文本的适度稳定外,“定”字还要求程序规则本身的意义具有固定性,主要是指法在应用中进行解释时,应当保持规则的本意。

第一,解释的文本性。法律在适用中需要解释,不同的解释方法可能会产生不同的法律意义。目前,在法律解释论方面有两种代表性的观点,即法律决断论和主体选择论。法律决断论认为,法律思维具有独断性特征,强调根据法律进行思考是法律思维的基本形式,法律人思考问题的出发点和归宿都是法律,这一观点表达了对法律的绝对忠诚。法律决断论强调的是把法律作为推理的前提或思维的根据,运用演绎推理和类比推理方法确定法律的意义,或者把法律直接作为修辞来确定思维的方向,用法律规范和法律语词作为关键词来修饰事实的法律意义。法律在思维中的强势、权威地位是明显的,功能是强大的。主体选择论强调的是法律人根据自己的法律世界观,选择某种因素(如政治政策、社会的本质、政党意志、正义公平、道德伦理等)作为修饰法律的语词,改变法律规范或者创造法律。我们可以把此称为司法语境中的政治话语、正义修辞或社会学的校正等。从法学研究的角度来看,这两种观点都有道理,站在哪一个方面都能感到理性十足、理由充分。但是人们常常忽视的基本立论——法治是人类的理性选择,没有根据法律思考的决断论就不可能有法治。[1] 笔者认为,法律的表现形式就是它的文本,立法者希望达到的具有决定性意义的调整目的必须首先在规范文义中寻找,[2]任何法外的解释都是对法律规则的软化或更新,都是对法律文本的背离。民事诉讼程序是一种行为指引程序,原告、被告、法院应当作出什么行为,只能在文本中找寻答案。出于其他目的解释,一方面可能会造成解释的多元,另一

---

〔1〕 参见陈金钊:《法律人思维中的规范隐退》,载《中国法学》2012 年第 1 期。

〔2〕 参见[德]伯恩·魏德士:《法理学》,丁小春、吴越译,法律出版社 2003 年版,第 323 页。

方面亦会引起程序主体的争议,使程序规则变得不清晰、失去其可操作性。

第二,法官造法的禁止性。法律解释的独断性,假定了事实的法律意义在被解释出来以前,是存在于法律文本中的,法官解释只能解释出法律的意义,而不能是法官个人的意思。法律解释独断性的这一含义和演绎推理多少有些相似,即作为司法推理大前提的法律,已经包含了推理所得出的结论。[1] 从根本上来讲,司法机关并不是专为造法之目的而设立的机构。司法机关的主要职能是根据某一存在的法律解决争议,这与立法显著不同,立法机关所通过的绝大部分法规,都具有指向未来的效力,即都适用于该法规颁布后而发生的情形与争议。公平与正义的一个基本要求是,构成一个法律纠纷的有关事实应当根据这些事实产生时现行有效的法律来裁定,而不应当根据事后制定的法律,因为在导致此纠纷的交易或事件发生时,该法律必然不为当事人所知。[2] 因此,即便是出现所谓的法律漏洞时,法官造法的正当性亦受到质疑。同时,诉讼程序领域有其特殊性,这种特殊性就表现为程序规则是约束法官与当事人的共同性规则。在规则体系里,法官同样为受约束的主体,必须按照规则行事,这一点与实体争议中法官系置身事外的主体地位显著不同。所以,对于程序规则,法官只有服从而无更改的权利,既不能随意解释,也不能以补充漏洞之名行造法之实。

对个体来说,法律不是个体自己能决定甚或影响的东西,而是一种外在事实,即一种其不得不考虑的现实,在为行为提供机会的同时,也对其进行限制。[3] 诉讼程序中的各个主体,均系程序内的主体,因而,程序规则既为他们的行为提供指引,同时对他们的行为进行了限制,程序规则的“公”与“定”为这种指引与限制提供了清晰的标准,是程序主体行为规范性及程序稳定性的必要保障。

---

〔1〕 参见陈金钊:《法律人思维中的规范隐退》,载《中国法学》2012 年第 1 期。

〔2〕 参见[美]E. 博登海默:《法理学——法律哲学与法律方法》,邓正来译,中国政法大学出版社 2004 年版,第 340 页。

〔3〕 参见[比]马克·范·胡克:《法律沟通之维》,孙国东译,法律出版社 2008 年版,第 25 页。

三、法院向个人主体的转变

个人主体性程序的关键在于各程序主体之间的地位平等、自我独立、交往自由，但法院作为国家及公益在程序中的代表，其地位特殊，直接影响各主体的程序地位。可以说，各主体之所以在程序中会出现不平等及不独立的情形，多数情况下是由于法院的强势地位及主导作用造成的。因此，个人主体性程序建构的关键在于去除法院的神圣化及国家化色彩，将法院转变为普通的个人主体，只要法院在程序中与当事人处于平等的地位，那么就标志着个人主体性程序的基本完成。

虽然通过多年的司法改革，我国的民事诉讼程序无论从观念上还是在具体的运作中，均已经逐渐脱离以法院为程序中心的模式。但由于历史文化传统的影响，以及对现代司法理念理解上的偏差，我们的民事司法改革并没有将当事人的程序利益放在应有的地位进行考虑，当事人与法院的关系亦未出现大家所期望的协调局面。特别是在经过改革初期的喧嚣后，由法院所主导的民事诉讼程序改革已有背离改革初衷、隐性强化法院作用的迹象。比如，由最高人民法院主持制定的《关于民事诉讼证据的若干规定》，其中为了平衡当事人之间的程序利益，避免证据突袭所造成的不当利益支出，规定了举证时限制度。应当说，设定举证时限制度符合民事诉讼制度的规律，有助于民事诉讼程序的顺利进行。但是由于该制度在我国《民事诉讼法》中并没有明确规定，且举证时限本身的特殊性决定了对其规定不能过于严格。如此一来，在司法实践中，举证时限不仅主要由法院规定，而且是否适用该规定也基本处于法院的自由裁量范围内。在配套的司法改革措施没有到位的情况下，该制度在司法实践中逐渐发生了异变。在很多地方，举证时限制度实际上已经成为法院约束当事人的一种证据手段；有时候一审适用，二审又否定；一审不适用，二审却又适用。总体来说，我国法院仍然是民事诉讼程序的主导者。

1. 程序

诉讼是一种渐次展开的程序，诉讼程序作为一种解决民事争议、行使国家裁判权的程序，其须由当事人和法院共同主导：一方面，须由代表国家裁判权的法院根据公益的需要对相关程序加以控制；另一方面，虽然法院是程序的控制者，但从法院在解决民事纠纷中的作用来看，其基本定位应当是消极被动的，其对程序的控制也应当是消极和被动的。如同市场管理者，只维持市场秩序，只要当事人在合法交易范围内，管理者不能干涉如何进行交易、交易什么。这种消极和被动是由法院作为中立的第三者的地位所决定的，裁判者只能是中立的第三者。这种消极性和被动性在诉讼上主要体现为：诉讼的启动权在当事人，当事人没有行使诉权提起诉讼时，法院不能主动开始诉讼程序；当事人没有提出的请求和主张，法院不能主动进行审查和判断。[1] 法院对程序的控制实际上分别对应了诉讼主体关系的两个方面，即在当事人之间的关系中，法院对于程序的作用，以及在法院与当事人之间的关系中，法院对于程序的作用。由于在当事人的利益对立中，作为裁判者的法院只能处于中立地位，所以在面对当事人之间在程序利益事项上的争执时，法院不能表现为积极和主动，否则就会损害其中立的形象；但就当事人与法院之间的关系而言，其实质上是公共利益与私人利益的关系，在这种情况下，法院作为公益的代表者和守护人，已经不是纯粹意义上的中立者，因为这时法院需要用自己所代表的利益来规制当事人的私人利益。当然，这种规制仍然具有被动性和消极性，但这种被动与消极不同于中立人的身份，而是公益监管者的身份。所以说，单纯地讲法院的程序控制权并不妥当，法院实质上并不是在控制程序，而是在出现利益争执时给出解决的方案，在程序运行脱离公益目标之时进行修正。

但是在我国，由于把司法作为政策实施手段，法院在程序中的地位和作用并不完全契合诉讼主体构造之间的关系内涵。在我国，虽然法律规定当事人有在诉讼程序中表达利益诉求的权利，但这种表达是受到一定限制的，在多数情况下需要经过审查方能准许。如当事人的撤诉行为，只有经过法院的审查并作出裁定，才具有法律效力。这种受到法院及公权监控的私益诉求，与其说是当事人的私人行为，倒不如说是借当事人之手所表达的公益行为。

---

〔1〕 参见张卫平：《民事诉讼法》，法律出版社2004年版，第53页。

在我国法院中,对于审判人员素质的一个重要要求就是对于“程序的驾驭能力”,何为驾驭,说白了就是民事诉讼程序的展开能够按照法院的预先设想的轨道进行。虽然现在的司法改革在强化当事人的主体地位,当事人作为私人对程序的控制得到了一定程度的认可,但对私人行动的“矫正”仍可能会发生。比如,有学者就将我国的撤诉审查制形象地描述为:公民个人虽然可以自由地从一道门退出司法竞技场,但国家仍然可以迫使他从另一道门回来。[1] 所以,虽然法院承认当事人的一定自由,但这种自由必须符合法院的意志,否则就会受到纠正。

2. 民事诉讼法的从属地位

如果司法过程的目的是借助偶然发生的案件来实施国家政策,决策正当性便主要取决于它们所获得的正确结果。妥当的程序是那种能够增加获得实体上正确结果之可能性(或者最大化这种可能性)的程序。于是,在这种意义上,程序法像影子一样忠实地追随着相关的实体法,而且,从实体法自身又忠实追随国家政策这个意义上说,程序法具有双重的附属性或双重的派生性:它可以被比喻成影子的影子。[2] 在我国现行的民事诉讼体制中,从立法层面来讲,《民事诉讼法》系民事诉讼程序开展的基础性规则和制度,应当说,它在整个民事诉讼体系中处于主导地位。但是,由于《民事诉讼法》自身规定的不细致,以及我国立法传统上司法解释的广泛存在,民事诉讼程序的规定除《民事诉讼法》外,还存在许多的其他规定。虽然从形式来讲,《民事诉讼法》之外的诉讼程序规则和制度源自《民事诉讼法》的规定,属于对《民事诉讼法》的解释和细化,但就影响的广度和深度而言,这些规则和制度已远远超越《民事诉讼法》,甚至许多地方已超出了法律解释应当遵守的限度。如果从广义的角度来理解《民事诉讼法》,这些规则和制度当然可以归属于《民事诉讼法》的范围内,但由于这些规定大多出自法院之手,其究竟能在多大程度上代表公民利益,则是一个很难说清的话题。

---

〔1〕 参见[美]米尔伊安·R. 达玛什卡:《司法和国家权力的多种面孔》,郑戈译,中国政法大学出版社 2000 年版,第 234 页。

〔2〕 同上书,第 220 页。

由于社会现实的复杂多变,以及民事诉讼程序自身具有的技术性要求,虽然法院致力于设计有助于取得正确结果的程序规则和规则系统,但是,无论法院多么努力,也不可能设计出这样完美程序:只要严格按照程序行事,就一定能够获得满意的所需要的结果。[1] 因此,当程序结果不能达到这种要求时,就需要引入一定的方法来解决这个问题,此时,指令就顺理成章地介入程序中。由于我国不同层级的法院与法官存在实质上的行政隶属关系,而政策的贯彻亦有自上而下的特点。在实践中,为了保障上下一致,主要是下与上的一致,亦需要行政性的指令。

如此一来,民事诉讼程序的进行,除要遵循法律和司法解释外,行政性的规则和指令亦成为案件审理中不可忽视的因素。比如,庭长、院长的审批,各种临时性的通知等,在我国法院已是普遍现象。在与法律与司法解释相冲突的时候,法院首先考虑的往往不是如何遵守法律的规定,而是如何在法律的框架内解释行政指令的正当性。比如,我国最高人民法院为了保护某一类企业,就可以下发通知,规定在一定的期限内,对某一类案件不予受理、已受理的不予审判、已审判的不予执行。法院的行政指令才是真正需要重视的规则,只有在没有法院指令的情况下,法律和司法解释才能正常发挥作用,而在存在行政指令的领域,指令往往具有决定作用。由于法院的指令通常是脱离《民事诉讼法》所规定的程序运行轨迹的,所以说,对于指令的遵守,虽然不一定影响当事人的实体利益,但肯定会影响当事人的程序利益,而且往往是以牺牲双方当事人或一方当事人的程序利益为代价的。

3. 程序改革权的占有

民事诉讼程序改革实质上是对法律已经确定的利益分配格局进行调整。从立法的角度来说,涉及公民的利益分配问题,应当通过立法的途径进行调整。但在我国,由于只是将程序看作实现当事人实体利益和贯彻国家政策的工具,程序本身并不具有利益的内涵,所以程序性的改革只是一种技术性变

---

[1] 参见[美]米尔伊安·R. 达玛什卡:《司法和国家权力的多种面孔》,郑戈译,中国政法大学出版社 2000 年版,第 223 页。

革，是为了寻求更好实现特定目的的方法和途径。从这个意义来讲，程序改革需要专业性的部门通过专业知识来完成。法院作为专门从事裁判的部门，从专业性的角度来看，其无疑是最为合适的改革主导者。而法院也认为它是最为专业的程序专家，正是出于这种原因，我国的民事诉讼程序改革措施几乎是在法院的主导下完成的。但如前所述，民事诉讼程序本身并不全是由技术性的规则构成，其中大量的规则和制度不仅涉及当事人的程序利益，而且也涉及公共利益，法院能否对这些利益进行处分和分配，涉及一个权力的合法性、正当性问题。

我们知道，民事诉讼的主体构造存在两个不同的利益主体关系：一是当事人之间的利益关系；二是当事人与法院之间的利益关系。当事人之间的利益关系主要表现为私人利益的关系，对于此种利益关系，法院除以公益守护者的角色进行监督外，并无个体的私利涉入其中。从抽象的角度来看，法院作为中立者，对原告、被告的程序利益进行分配，并不涉及具体的利益处分问题，而是主要体现如何平衡当事人之间利益的技术问题，所以由法院对此问题作出规定，有一定的合理性。在法院与当事人之间的利益关系中，虽然法院亦作为公益代表者的角色出现，但法院能否对这种利益格局进行安排，则存在疑问。首先，因为法院只是公共利益的代表者，而不是利益主体，其所能代表的利益范围需要法律作出规定，而不能由自己设定，而且能否代表，需要被代表人的认可。由法院对法院与当事人之间的利益格局进行安排，就存在法院自己设定自己所能代表的公共利益的问题。其次，法院在民事诉讼程序中，除公益代表者的角色外，还是一个具有自利性的机构，而且这种自利性有时还会体现在诉讼程序的相关规则中。比如，在我国，诉讼费用的收取就直接关系法院和法官的收入，而诉讼费则是由当事人缴纳，在这种情况下，当事人与法院存在利益上的冲突，如何收取诉讼费就不能由法院自己作出规定。法院与当事人之间的利益关系，主要体现了当事人利益与法院利益或法院所代表的利益关系，虽然从总体来说，二者不应当存在利益的根本对立，但毕竟一方的行为会影响另一方的利益实现，个别情况下亦会存在利益对抗问题。所以说，由法院对调整此类利益关系的诉讼规则作出规定，就存在法院既当运动员又当裁判员之嫌。我国法院之所以这样做,并不意味着不重视当事人的利益保护;相反,从客观来讲,各种改革的出发点无一不是为实现诉讼程序的目的和更好地保护当事人的利益,但由于没有认识到当事人在诉讼程序中存在独立的程序利益,进而认为程序对于当事人来说不过是其实现实体利益的工具。既然程序作为技术性的工具,如何改造这种工具使其能更好地达到实现实体利益的目标?显然,具有专业特性的法院比当事人更具有优势来承担这种任务。

四、相关机制的完善

(一)案件事实性定位

无论从诉讼理论还是从诉讼实务看,事实认定都应是民事诉讼的核心问题。不少法学家和富有经验的法律实务工作者甚至认为,民事诉讼的胜负及当事人诉讼请求的命运更多取决于事实认定,而不单纯以法律理解和适用为转移。当事人为民事诉讼行为、法院为民事审判行为,在很大程度上是围绕事实认定而展开推进的。[1] 而我国的民事诉讼程序,传统上是以实体利益的保护为中心展开的,因此,将案件事实查清既是我国《民事诉讼法》的中心任务,也是法院作出符合实体利益保护目标的前提和基础。我国传统证据法学以辩证唯物主义认识论为理论基础,认为查明案件的客观真实是完全可能的,司法人员只要依法正确收集和审查判断证据,完全有可能对案件事实作出符合客观实际的认识,[2]这就是我国传统上的“客观真实说”。“客观真实说”现在已受到学者们的质疑,质疑者认为,“客观真实说”貌似符合唯物辩证法,实则带有形而上学的印记,并且与民事实体法和民事诉讼法相脱节。[3] 但是,只要我们将民事诉讼程序保障的对象定位于实体利益,就不能否认“客观真实说”的合理性。因为在国家禁止私力救济后,民事诉讼程序就负担起通过审判保护合法民事权益的职责,而法院只有查明诉讼前实际发

---

〔1〕 参见李祖军:《民事诉讼目的论》,法律出版社 2000 年版,第 203 页。

〔2〕 参见陈一云主编:《证据学》,中国人民大学出版社 2000 年版,第 116 页。

〔3〕 参见江伟主编:《证据法学》,法律出版社 1999 年版,第 116 页。

生的案件事实，才能对民事权利义务关系作出正确的判断，才能够保护真正的权利人。查明案件的客观真实虽然具有一定的理想成分，但放弃这一理想，就会动摇民众对司法的信赖、丧失法院的威信，甚至导致整个裁判制度的自我崩溃。[1] 所以，“客观真实说”虽然存在诸多不合理之处，但在优先保护实体利益的民事诉讼理念指导下，真正将其排除在案件事实标准外并不容易，这种观念也同样影响了作为“客观真实”替代标准的“法律真实”观念的树立。

“法律真实说”[2]认为，裁判中认定的事实是法律上视为真实的事实，而这一法律上真实的事实，是法官依照诉讼程序，运用证据规则和高度盖然性的证明标准，主要依据当事人主张的事实、提供的证据和通过对证据的审查判断加以确认的。[3] “法律真实说”并不存在一个外在的评价标准，而是在法律上将程序中得出的事实视为是真实的，相比于“客观真实说”，它没有对程序结果提出程序外的要求，而是以程序认定的标准为事实标准，应当说，它比“客观真实”更具有现实性和可操作性。但是，如果以实体利益保障的要求来衡量“法律真实说”，它显然不符合要求。此外，从用语的选择来看，“法律真实”的提法亦存在不妥当之处，“法律真实”实质并不强调事实的真实性，而是强调程序对相关案件信息的整理、归纳与塑造，而整理、归纳与塑造

---

〔1〕 参见李浩：《论法律中的真实——以民事诉讼为例》，载《法制与社会发展》2004年第3期。

〔2〕 与法律真实说相通的还有“相对真实说”和“外表真实说”。“相对真实说”认为，诉讼证明既是一种认识活动，又是一种诉讼行为，认识本身的相对性和诉讼证明的特殊性决定了裁判中对事实的认定不可能达到与客观存在的案件事实完全一致、绝对真实的程度，事实探知绝对化是民事审判中脱离实际的不正确理念，应予消解。参见卞建林、郭志媛：《论诉讼证明的相对性》，载《中国法学》2001年第2期。“外表真实说”则认为，裁判中认定的事实并非客观事实而应当是外表真实，即法官严格遵守诉讼规则取得证据，并按法定程序审核所作出的合理认定的事实。外表真实包含三层含义：一是取得证据符合诉讼规则；二是审核证据和认定事实须经过并符合法定程序；三是认定事实的思维过程符合人类思维理性。参见张永泉：《以事实为根据之辨析》，载《法学》1999年第3期。这三种关于法院在裁判中应当和所能达到的真实的学说都是作为客观真实说的对立物出现的，具有共同的理论基础，并不存在实质性的区别，因此，笔者在此处提及影响最大的、具有代表性的“法律真实说”。参见李浩：《论法律中的真实——以民事诉讼为例》，载《法制与社会发展》2004年第3期。此外，我国台湾地区学者邱联恭提出了“信赖事实”说，他认为，只要充分尊重了当事人的主体地位和程序选择权，保障当事人的程序利益和程序权利，则法院最后认定的事实，理应得到的信赖。参见邱联恭：《程序选择权论》，台北，三民书局2000年版，第116页。此种说法显然高估了程序的力量，即便是当事人充分参与的程序，法院所认定的事实亦不一定得到当事人的信赖，特别是当案件事实与本来事实不一致的情况之下，对于经历过事情的当事人来说，根本就谈不上信赖之说。

〔3〕 参见李浩：《论法律中的真实——以民事诉讼为例》，载《法制与社会发展》2004年第3期。

对象，既有证据信息，也包括人的主观意志，所以它只是程序运行终结的一种客观结果，根本谈不上真实不真实的问题。如果用“法律真实”的提法，很容易让人联想起事实的真相，“真实”就是真实，难道与“法律”一结合，“真实”就不是真实了吗？我们的法律显然不应当具有这种功能。我们此处所说的理由，绝不是牵强附会的结果，而是司法实践中的现实。所以，笔者认为，既然没有从“真实”的角度来界定“法律真实”，就没有必要使用“真实”这个词汇，将其称为“案件事实”更为合适。

此外，“法律真实”实质上是从纯粹的程序角度来理解案件事实，易使人产生一种“程序得出什么事实就是什么事实”的潜在意念，排除民事诉讼程序对于当事人实体利益的工具性作用，在强化民事诉讼程序独立性的同时，使程序因失去约束而走向武断。虽然实质正义存在不确定性，亦没有一个外在的、可操作性的标准，但并不能因此而否定实质正义的理想性。从这个意义上来讲，用“案件事实”的概念取代“法律真实”的概念，不仅具有文字表述上的意义，它更是体现了一种“正义”的理念，程序所得出的事实并不因其符合了法律的规定，就当然具备了“正义”的品性。程序得出的事实永远都是案件审理中的事实，它只是为本案的裁判提供了一种事实性的基础，这种事实之所以能够作为裁判的基础，并不在于它结果的真实与否，而在于得出它的过程的理性、正当和现实。而理性、正当、现实的过程自身并不排除结果的非正当性，所以案件事实本身具有阶段性、进化性与可推翻性。所以，可以存在一审案件事实、二审案件事实以及再审案件事实，而不会因为这些事实之间的冲突而影响各个程序的正当与稳定。

（二）诉讼模式论

用“民事诉讼模式”一词来概括一国民事诉讼制度的宏观形态，进而用模式分析的方法来揭示各国民事诉讼制度的总体差异，可以说是我国民事诉讼法学界的独创。国外民事诉讼法学界，哪怕是非常注重民诉理论研究的大陆法系国家的民诉法学界，也少有民事诉讼模式一说。[1] 但是，无论人们对

---

〔1〕 参见汪汉斌：《权利与权力的配置：民事诉讼模式的新视角》，载《江苏社会科学》2002年第5期。

民事诉讼模式论的看法如何,有一点是不能否认的,那就是“民事诉讼模式”一词已经成为民事诉讼法学的一个流行的词汇,特别是在司法实务界,这一词语可以说是深入人心。由于民事诉讼模式论直接涉及对我国既存民事诉讼体制的基本认识和定性问题,更进一步牵涉民事审判方式的大方向和总体设计问题,[1]如此一来,民事诉讼模式一度成为民事司法改革的标志性词语。因此,我们在探讨程序利益时,不能回避民事诉讼模式论,必须从程序利益的角度对民事诉讼模式作出评析。

1. 模式论的基本观点

虽然民事诉讼模式论一度成为民事诉讼法学界的显要词语,但由于“模式”一词过于抽象,对于民事诉讼模式究竟是什么,并无统一的观点,主要有以下两种观点:[2](1)体制特征概括说。张卫平教授认为,民事诉讼基本模式是对特定民事诉讼体制所表现出来的基本特征的概括,借以进一步阐明此民事诉讼体制与彼民事诉讼体制的主要异同,分析民事诉讼基本模式与特定民事诉讼体制中各具体诉讼制度的相互关系,分析同类模式民事诉讼体制形成中各外部因素的影响和作用。(2)行为关系说。陈桂明教授认为,民事诉讼模式是指法院审判行为(职权行为)与当事人诉讼行为(诉权行为)之间的关系模式,是对民事诉讼结构的理论概括,反映了法院与当事人在诉讼中的相互关系。

2. 基本要素及关系抽象说

刘荣军教授认为,民事诉讼模式是指支持民事诉讼制度和程序运作所形成的结构中各种基本要素及其关系的抽象形式。进一步来说,民事诉讼模式是对诉讼程序及制度结构的抽象概括,是对民事诉讼结构的构成要素及其各要素之间的关系的抽象概括,是一种形式、一种理论构架。因为模式是载体,围绕模式的民事诉讼制度的要素及关系才是内容。

虽然说单纯地从概念的角度来分析民事诉讼模式,不同的学者存在不同

---

〔1〕 参见张卫平:《诉讼架构与程式》,清华大学出版社 2000 年版,第 2 页。

〔2〕 参见江伟主编:《民事诉讼法原理》,中国人民大学出版社 1999 年版,第 179 页。

的观点,但是在具体的模式界定上学者的分歧并不太大,基本上围绕当事人与法院在民事诉讼程序运行中的地位和作用来界定不同的诉讼模式。较早且完整地提出诉讼基本模式概念的张卫平教授在谈到具体的诉讼模式时,认为当今世界上具有代表性的诉讼体制可以概括为当事人主义和职权主义两大诉讼模式。[1] 几乎所有的学者在论及具体诉讼模式时,均秉承此种看法,即便是主张协同型民事诉讼模式的学者,也基本上延续了这种思维路径,只不过在当事人主义与职权主义两种模式之间选取了折中方案而已。

3. 模式论的形式化

有学者认为,诉讼模式建立在对诉讼结构(或构造)进行分析的基础上,反映了诉讼程序的价值取向与目标定位。[2]这种观点主要是从诉讼模式的建立与发展的背后因素来看待诉讼模式的,其视角已不仅是或主要不是诉讼模式,而是以诉讼模式为切入口来研究民事诉讼的相关问题,其实质上已经脱离了诉讼模式的范围。笔者认为,从具体的诉讼模式定位来看,诉讼模式论的研究基础,主要是对民事诉讼程序系统内部起主要作用的结构性元素及其相互关系的理论抽象与概括,其看到的仅仅是民事诉讼运行的现象问题,具体就是民事主体的作用问题,直白地说,就是在民事诉讼程序中,谁的作用大,谁在起主导作用。比如,学界主流观点就认为,当事人主义诉讼模式与职权主义诉讼模式的划分有两个根据或者说两个标准,这两个标准可以简称为程序标准和实体标准。所谓程序标准,是指在民事诉讼的基本法律关系中,即法官与当事人之间,哪一方对民事诉讼的主程序和子程序的启动、延续和终结具有主导作用。如果主程序和各子程序的启动和持续是由法官或法院来主导的,那么该诉讼体制的模式就是职权主义的;相反,则是当事人主义。另一标准是实体标准,它是划分诉讼体制当事人主义或者职权主义特征的一个十分重要的标准或根据。这一划分依据的主要特点是,法院作出裁决所依据的事实是否是由当事人提出。也就是说,法院作出裁决所依据的事实是否

---

[1] 参见张卫平:《民事诉讼基本模式:转换与选择的根据》,载《现代法学》1996年第6期。
[2] 参见江伟主编:《民事诉讼法原理》,中国人民大学出版社1999年版,第183页。

可以受到当事人主张的限制。如果法院所依据的事实可不受当事人主张的限制，即当事人没有提出事实，法院也可以将这一些事实作为裁决的依据，那么，就表明法院在这个方面具有职权主义。如果法院裁决所依据的事实受制于当事人的主张，法院只能在当事人主张的事实范围内对事实进行斟酌，去伪存真，在此情况下就可以认为该诉讼体制是具有当事人主义特征的。[1]

从以上分析可以看出，处分权主义和辩论主义是当事人主义的核心和基调。[2] 无论是英美法系的民事诉讼体制还是大陆法系的民事诉讼体制，均应当属于当事人主义的范畴，二者并无本质不同。但在我国的司法实务界，一提起当事人主义就基本上将其等同英美法系的对抗制模式，而一提及职权主义则与大陆法系国家的纠问制联系在一起。实际上，对抗制与纠问制是民事诉讼进行和展开的两种不同形式，其区别在于民事诉讼中的关系主线不同。我们知道，在民事诉讼关系中，存在两种基本的利益关系，即当事人之间的关系以及当事人与法院之间的关系。如果以当事人之间的利益关系为主导展开民事诉讼程序，那么法院在此利益关系中只能处于顺应性的地位。这种顺应性就是指法院并不针对当事人之间的争执和主张，自作多情地去"关照"，而是尊重当事人的意志，不作干预。[3] 在此种情况下，当事人在民事诉讼程序中的主导性地位不言而喻。如果民事诉讼程序的展开是以当事人与法院之间的关系为主线，那么在当事人与法院之间存在一个何为主导的问题，在此意义上，方能产生我们所说的诉讼模式论的当事人主义与职权主义问题。而最早提出诉讼模式论的张卫平教授亦是这样认为：在民事诉讼的法律关系群中，最基本的和最主要的诉讼法律关系当数法院或法官与当事人之间的法律关系。这种法律关系构成了整个民事诉讼的基本主线。对特定民事诉讼体制基本特征的揭示就不能离开对法院和当事人这一基本主线的剖析。民事诉讼基本模式不仅是对民事诉讼基本模式的宏观思考，也是对民事

---

〔1〕 参见张卫平：《探究与构想：民事司法改革引论》，人民法院出版社 2003 年版，第 7 页。

〔2〕 参见[日]高木新二郎：《最新美国民事诉讼》，有斐阁 1992 年版，第 5 页。转引自张卫平：《民事诉讼基本模式：转换与选择的根据》，载《现代法学》1996 年第 6 期。

〔3〕 参见江伟主编：《民事诉讼法原理》，中国人民大学出版社 1999 年版，第 189 页。

诉讼法最基本关系的分析和探究。这种分析和探究的实质,是认识和把握特定民事诉讼体制形态中国家权力与当事人权利义务的关系。[1]

但是,民事诉讼程序的利益关系结构,除当事人与法院之间的关系外,还存在当事人之间的利益关系。作为解决民事权益纠纷的诉讼程序,在任何情况下,当事人之间的关系都应当是民事诉讼程序的基本关系,即便不能说是唯一的基本关系,最起码也应当是基本关系之一,其在民事诉讼程序中的地位和作用不应当低于当事人与法院之间的关系。诉讼模式论将法院与当事人之间的关系作为最主要和最基本的法律关系,实质上是秉承了我国原先的以法院为诉讼程序中心的诉讼法律关系理念,在此诉讼理念下,即便是强调当事人作为程序的主导,也只能停留在表面上和形式上,因为这种理论的前提就是法院是程序的主导者。

笔者认为,当事人作为程序的主导,主要体现在当事人之间的利益关系对于程序的主导性,法院不主动介入当事人之间的利益争执。也就是说,民事诉讼程序应当以当事人之间的利益关系为主线进行,法院只是作为一种公共利益的监督者或是争议纠纷的解决者出现在程序中,出现在当事人之间的利益关系中,只有在当事人之间的关系格局中,法院方能成为一个真正意义上的中立者和裁判者。而在当事人与法院之间的关系中,法院作为公益的代表者,当事人作为私益的所有者,二者是不同性质的利益主体,在此关系中,法院并不必然是中立者的身份,也不必然保持被动,二者实质上并不存在何者作为此类关系的主导者的问题,存在的问题是如何合理划分二者的运行范围。

此外,在我国的司法实务中,由于将诉讼模式论的理解局限于当事人与法院之间的关系范围,而没有考虑当事人之间的利益格局关系,所以,在许多地方,将当事人主义理解为法院的不主动作为,甚至在当事人无法进行程序时,法院亦不主动采取行动,其中最为明显的例子就是涉农案件。我国众多农民并不了解民事诉讼程序。在多数以农民为当事人的案件中,当事人之间

---

〔1〕 参见张卫平:《民事诉讼基本模式:转换与选择的根据》,载《现代法学》1996 年第 6 期。

并不能形成完整的程序利益对立格局,亦没有能力以自己的行为推动程序的进行,如无法提供合适的证据、不能进行辩论等。如果在纯粹的当事人之间的程序利益关系中,法院保持中立和被动,这无可厚非。但是如果在当事人与法院之间的关系中,仍然要求法院保持中立和被动,则无疑否定了法院作为国家公共机构的角色。比如,在当事人申请调查证据时,法院应当以公益需要为标准来决定是否帮助一方当事人调查证据,而不能仅仅考虑当事人之间的利益平衡,更不能以当事人有责任推动程序进行为理由拒绝当事人的请求。基于上述原因,有学者认为,关于民事诉讼模式的议论固然具有积极意义,但是从中国的实践出发,尽快明确当事人与法院在民事诉讼中的权能划分,为两种权能的结合寻找有力的"黏合剂",形成解决民事纠纷的互动机制,更符合中国现实的需要。从这一意义出发,审判方式改革已经为我国民事诉讼制度乃至司法制度的改革寻找到了突破口。[1] 这种观点虽然指出了模式研究的非直接实用性,但以此理由来淡化模式的研究,理由并不充分。[2] 况且在我国的司法实务界,诉讼模式理论中的当事人主义与职权主义观念已经深入人心。

我国诉讼模式论之所以在司法实践中导致了不应当有的司法消极现象,其原因在于没有充分认识到民事诉讼程序中存在两种截然不同的利益关系,没有认识到当事人主义的真正含义,将同为当事人主义立法模式的英美法系对抗制与大陆法系纠问制,片面地分别归入当事人主义与职权主义,而又不知在何时,我国司法界几乎是没有异议地将当事人主义看作我国民事诉讼程序改革的方向。这种概念与内涵上的分歧直接导致了我国司法改革措施偏向英美法系对抗制,使当事人主义逐渐异化为当事人主导的对抗制。由于我国总体的司法建构属于大陆法系范畴,而且我国也有法官在程序中积极发挥作用的传统,因此,我们不能以当事人主义为由而否定法院在诉讼程序中的积极作用。当然,我们亦不否定当事人对于程序的主导性作用,而是认为当

〔1〕 参见江伟主编:《民事诉讼法原理》,中国人民大学出版社1999年版,第200页。
〔2〕 参见张卫平:《民事诉讼基本模式:转换与选择的根据》,载《现代法学》1996年第6期。

事人的主导作用应当主要体现在当事人之间的利益关系这一程序主线中，而非当事人与法院的利益关系主线中，因为在这两条主线中，何者主导民事诉讼程序的进行才是英美法系与大陆法系民事诉讼制度的区别所在。

（三）建构符合良法构造的程序利益格局

后现代法学认为，法律是一场“表演”。对于从事法律事业的我们来说，似乎不好理解。但如果沉静下来，仔细思索，法律又何尝不是如此？法律真的是一场“表演”，程序是“舞台”，法官与当事人是“演员”，而广大的社会民众就是“观众”。公众认为是真的就是真的，否则即使是真的，也会变成假的。[1] 法律的公正性，并不在于法律自身，更不在于法学家和司法从业人员的论证，而在于人们对于法律“表演”的信服与接受。公正虽然没有一个具体的、唯一的标准，但每个人的心中自有一个“公正”观念的存在。对于程序的衡量，除当事人具有实体上的公正对照标准外，广大公众则是拿自己的公正理念来衡量法律程序。美国联邦最高法院大法官杰克逊曾说过：“程序公平性和稳定性是自由不可或缺的要素，只要程序适用公平、不偏不倚，严厉的实体法也可忍受。”[2] 所以说，对于民事诉讼程序的建构，我们应当脱离那种围绕实体进行的理念，而应当把中心与重点放在程序自身方面，使之符合公众心目的公正理念，让人们看得见法律的公正“表演”，而这一切的实现，均有赖于对程序利益的保护。对程序利益的保护，涉及民事诉讼程序的方方面面，甚至可以说民事诉讼程序的每一个规则背后均有程序利益的身影存在。构建以程序利益保护为中心的民事诉讼程序，笔者认为主要应当从立法、司法和法律监督三个方面着手：从立法入手，建立起符合良法构造的程序利益格局；从司法入手，保障程序利益的正当运行；从法律监督入手，使程序结果符合民众心中的正义要求。

对程序利益的保护，首要在于程序利益格局的配置符合“正义”的观念。也就是说，民事诉讼规则应当是“良”法规则，而不能是“恶”法规则。只有对

---

〔1〕 参见陈小文：《程序正义的哲学基础》，载《比较法研究》2003 年第 1 期。

〔2〕 宋冰编：《程序、正义与现代化》，中国政法大学出版社 1998 年版，第 375 页。

良法所确定的利益进行保护,才能称得上正当的程序利益保护。如果民事诉讼规则对程序利益的配置本身就存在问题,那么,对这种不合理的利益配置的保护,则会背离人们心中正义的要求。建构符合良法构造的程序利益格局,需要注意以下几点。

1. 维护人权

从微观的角度来看,法律的优越之处在于它能够较好地维护公民等主体的人权。[1] 作为一种解决民事争议的程序规定,民事诉讼程序本身就体现了对人的利益的关心和对人的社会主体地位的尊重。如果民事诉讼程序本身不能体现对人权的尊重,那么就可能沦为一种侵害公民利益的国家制度,使人们寻求救济的同时,遭受新的利益损失。虽然说民事诉讼程序自身对人权的侵犯并不必然导致人们远离司法,但趋利避害的本性决定了人们在寻求司法救济时,必须衡量司法救济所带来的伤害能否低于所获得的利益。因此,民事诉讼程序就可能异化为阻止人们寻求法律救济的国家制度。比如,在我国古代的审判中,对当事人存在先打板子后问案的程序规定,就是对程序主体人权的不尊重,民众在提起诉讼之前,往往需要鼓起很大的勇气和下定很大的决心。人作为社会的主体,其主体权利和利益不能因为进入民事诉讼程序中而有所改变。我们此处所说的对人权的保护,主要是指对当事人的人权保护,使当事人在民事诉讼程序中照常享有民事主体所应当享有的尊严、自主。虽然相对于当事人,法官在民事诉讼程序中处于强者的地位,但也不能将其排除在程序保护的主体之外,民事诉讼程序亦应当保护法官的尊严和自主。比如,要求法官在案件审理前,必须对当事人作出廉洁承诺,有的法院甚至在给当事人送达举证须知时,同时送达举报法官的指南,等等。这些规定实质上就是对法官人格的不尊重,同时,也是对国家诉讼程序的不尊重,直接影响了法院的形象和司法的权威。

2. 正当的立法机制

由于民事诉讼程序不仅涉及当事人的程序利益,而且涉及法院的权力配

---

〔1〕 参见李龙、周刚志:《良法价值构造论》,载《南都学坛》2003 年第 3 期。

置,所以民事诉讼程序的相关规则应当由国家立法机关通过正当的立法途径制定。当然,并不是所有的民事诉讼规则均涉及利益的安排,亦有一些纯粹的技术性规范,如期日的计算等。因此,民事诉讼立法需要一些技术性专家的参与。因此,为了保证民事诉讼立法规则具有可操作性和符合现实的需要性,专家对于诉讼立法的参与必不可少。但是,专家只能给立法提供技术性的支持,不能代替民意来安排相关利益格局。

我国目前的民事诉讼改革措施,很大一部分是由最高人民法院作出的,这一做法虽然在我国现实的条件之下有一定的合理性,但并不能因此说明最高人民法院所作出的相关程序规则就符合立法正当性的要求。无论如何,法院都是一个司法机构,而不是一个立法机构,特别是法院本身作为民事诉讼程序的主体之一,其在程序中有自己所代表的利益,甚至存在法院的私利,由法院主导程序改革,显然不符合立法正当性的要求。如果说我国现阶段还不能终止法院司法解释形式的程序立法权,那么完全可以在形式上将相关的程序规定以人民代表大会的名义进行发布,取得形式上的正当性。

3. 有助于展现案件事实的程序规定

虽然案件事实无法达到客观真实的程度,或是虽然客观上达到了与真实相一致的程度,但由于缺乏参照物而无法认定案件事实就是客观事实,但这种认识论中的困境并不意味着我们有理由放弃对客观真实的追求。从理论来讲,案件事实越接近于客观真实,那么在此基础上形成的裁判结果就越符合正义的要求。因此,民事诉讼程序的设计应当以促进当事人展示证据、有利于事实的发现为目标。

4. 有助于程序经济

无论是对于当事人来说,还是对于法院来说,程序利益相对于主体的整体利益都是一种负利益,程序中的投入越多,利益的损耗就越大。因此,我国的民事诉讼程序应当尽量简便、经济,从总体上实现当事人利益和社会公益的最大化。但是有一点必须注意,那就是程序的节减必须以不影响程序公正为前提,否则程序节减就失去了其应有的意义。在我国目前的司法改革中,有学者提出,在必要时,可以牺牲程序正义以实现诉讼效率的提高,并将小额诉讼程序视为例证，这其实是对程序节减的一种误解。如果说程序自身因为客观原因无法达到实体正义，是不可避免的自然现象，那么如果我们明知一个程序设计在发现事实方面存在重大缺陷而仍然以种种理由加以维护和运用，则反映了主体正义观念的丧失。“迟来正义是非正义”，但到来的毕竟是正义，早来的非正义从任何角度来说，都不能说是一种正义。

5. 建立良性程序监督机制

在我国目前的民事诉讼程序中，虽然实施的是两审终审制，但由于审判质量参差不齐，以及两审终审制在审级方面存在的先天缺陷，较低级别法院难以取得民众的信任，加之我国民众普遍存在重上轻下心理，在案件终审后，对裁判不服的败诉当事人往往会寻求上级法院救济。当不满终审裁判的当事人在寻求正常上诉的渠道被两审终审制堵塞的时候，当对二审判决的不满率甚至高于对一审判决的不满率时，当事人寻求公正的强烈愿望就会强行打开另一个出口，大量复审案件便纷纷涌向再审程序这个特殊程序，于是再审程序不断地膨胀，审判监督程序被频繁启动，再审程序成为事实上的第三审程序，两审终审制名存实亡。[1] 终审不终，甚至再审也可以再次被提起再审，严重影响了判决的稳定性和司法的权威，对于当事人来说，也意味着程序的极大浪费和利益的严重受损。因此，有学者提出，应当提高再审的条件，限制案件结果的更改，以保持程序的稳定性。民事诉讼程序本身就是为了解决当事人之间的争议，不能将不确定的利益格局固定下来，因此，审判结果的稳定至关重要。但是，审判结果的稳定应建立在审判结果正确的基石上，虽然说案件事实不等同于客观事实，裁决结果也无法达到实质正义的程度，但是对于每一个当事人来说，案件的结果是否与事实相符，其心中自有一个标准。如果案件与事实真相不符，当事人自然会对程序产生信任危机，为了自身利益，选择申诉理所当然。所以说，裁决的稳定不能依赖程序的强行规定，而是要靠程序过程和程序结果的正义性服人。如果程序结果不能服人，但是能让当事人相信这个结果就是现在诉讼程序所能达到的最好的结果，一般来说，

---

〔1〕 参见章武生：《我国民事审级制度之重塑》，载《中国法学》2002 年第 6 期。

当事人亦会服从程序对系争利益的安排。

从原则来讲，所有的判决都是根据一时一地的情境而作出的，也就是说，它们都是暂时的，如果事后证明一项判决在实体上有误，在当事人提出申请的情况之下，我们也没有充足的理由来保持裁决的稳定。[1] 因为民事诉讼程序毕竟是为了解决当事人争议而设置的程序，在当事人面前，民事诉讼程序的工具性价值更为突出，当事人利用程序的目的就是实现其实体利益。既然程序没有达到当事人的这一要求，当事人自然有理由寻求新的救济。虽然从整体上来说，民事诉讼程序的稳定性可能会具有更大的社会价值，但这并不能成为牺牲一个具体的个人利益的借口，程序的稳定不能建立在牺牲当事人利益的基础上。在这个意义上讲，“有错必纠”应当是程序的必然要求，也是当事人程序利益的应有内容之一，特别是在我国裁判质量总体不高的现实国情下，我们更不能否定“有错必纠”的积极意义。因此，为充分保障当事人的利益和维护司法权威，应当建立一种良性的司法监督机制，以及时发现错误、纠正不当判决。

〔1〕 参见[美]米尔伊安·R. 达玛什卡：《司法和国家权力的多种面孔》，郑戈译，中国政法大学出版社2000年版，第266页。

余论:认真对待程序利益

法律的成长总是伴随国家对私力救济的禁止、控制或利用。随着公权力的强化和法律的发展,国家在占据、控制或操纵程序的同时,总是对当事人在程序中的作用投去不信任的目光。公权力越强大,往往越趋向于限制当事人对于程序事项的管理行动。人类冲突甚至被理解为国家和法律人在某些方面逐渐实施垄断的一种财产。[1] 但无论如何,我们均不能否认,私人争执本质上属于私人之事,对于私人间纠纷的国家干预,虽然体现了人类文明的演进和法治的发展,但这种演进与发展并不是简单地以国家之力取代当事人自我救济之力。在任何社会中,不可能也没有必要完全排斥当事人在诉讼程序中的作用。自由地追求利益,对于任何主体来说,这种自由本质上都是一种利益。民事诉讼程序总体上属于一个追求利益的程序,是为了保障当事人原利益而设置的措施,它的存在使民众的原利益获得了一种程序上的保障,给予了利益主体一种维护自己利益的正当途径。从某种意义来讲,利益之所以能够实现,皆依程序利益之保障。因此,应当认真对待程序利益。

认真对待程序利益,就是认真对待整体利益。对于当事人来说,程序利益是一种补救利益,是在第一性利益受到侵害后,当事人为了恢复其利益的原初状态而作出的利益追求,它并不是一种外在于利益实体的利益,而是隐

---

〔1〕 参见徐昕:《论私力救济》,中国政法大学出版社 2005 年版,第 387 页。该书中所引用的观点主要来自国外学者的论述,如 Luke Owen Pike 等。

含于利益中的利益，利益实体就是程序利益和原利益的统一体。没有程序利益，虽然有可能不会影响利益的实现，但必然会影响利益的救济。认真对待程序利益实质上就是认真对待利益的救济。“没有救济的利益就不是真正的利益”，失去了程序利益内涵的利益就不是法律意义上的利益，失去了其在法律上的价值，就成为法律上一个空洞的概念。

认真对待程序利益，就是认真对待当事人的主体地位。现代法治精神要求我们不能把人看作法律的客体，而应将人作为法律的主体，而利益构成了人和社会的真实本质。因此，当事人要想成为民事诉讼程序的主体，必然需要程序利益的支撑，否则，当事人在诉讼程序中只能成为相关诉讼行为的客体。正是因为有了程序利益的支撑，才使当事人为一定的诉讼行为成为可能，才使当事人可以按照自己的意愿进行程序选择。如果程序事项不关涉当事人的程序利益，那么程序就有可能以不牵连当事人的利益为由而自由行事，将当事人排除在程序外。

认真对待程序利益，就是认真对待程序的独立地位。笔者强调程序相对于实体的独立地位，就是强调一种现实的、可操作性的正义观念。由于实体自身的相对性，使实体结果正义具有了相对性的特征，直接影响了正义的价值评判。将程序独立于实体之外，就是要排除实体正义标准的这种不确定性，不再用客观的、不现实的外在标准答案来衡量法院裁决的“正确”与“错误”，而从程序自身的公正性、合理性来评判民事诉讼程序的正义。在相当多的情况下，正义就是对利益关系和利益运行的评价，如果没有独立的程序利益，那么，我们通过什么来评判程序的正义？如果还是用实体利益的分配与运行来考量程序正义，那么程序自身就无法获得独立于实体的地位。

认真对待程序利益，就是认真对待当事人的个体私益。在民事诉讼程序的基本结构中，存在当事人与当事人与法院三方主体。当事人的程序利益运行与法院的程序利益共同构成了民事诉讼的程序利益内容。从本质来讲，当事人的程序利益属于私人利益，而法院的程序利益则属于公共利益，法院与当事人在程序中的关系定位，实质上就是个体私利关系与公共利益关系在程序中的定位。对于二者关系的不同定位，实际反映了人们对于个体私益和公共利益的不同理念和价值评判标准。虽然同是三角形结构，但“两腰”与“底边”的长度对比值，却体现了不同的理念。“底边”的长度体现的是当事人之间的私益对抗在民事诉讼程序中的地位和作用，而“两腰”的长度则体现了当事人私益与法院公益之间的关系的地位和作用。在市场经济的环境中，重视个体自由、尊重公益规制，从总体来看，个体应当居于主导地位，而公共利益只是监督者和守护者。如果我们以市场经济观念看待个体私益与公共利益在程序中的关系，则必然导致重视当事人程序地位的结果。此外，由于我国历史上曾经十分漠视当事人在程序中的利益和地位，为了更好地纠正这种局面，在对待个体私益与公共利益的关系时，应当着重强调对当事人利益的保护，笔者所说的认真对待程序利益，主要是指认真对待当事人的程序利益。

认真对待程序利益，就是认真对待程序正义。程序正义不是一个空洞的概念，而是对程序利益配置和运行进行评价的结果，并在不同的角度和视野下呈现不同的面貌。“求真”与“向善”反映了对于程序正义的两种不同理解思路，但鉴于“求真”缺乏现实的衡量标准，因而，“求真”只能成为诉讼程序的一个理念与目标，而不可能成为具体程序中所能体现的正义。“向善”则是脱离了外在标准的束缚，从程序自身来进行相关的伦理性评价，实质就是对程序利益的价值评判，则可以成为我们评价程序的现实之选。此外，由于不同性质的程序利益的运行规律存在不同，所以对纠纷解决过程的正义评判亦会有不同。一方当事人作为私益主体，通过处分自己的程序利益而与对方当事人达成合意，实质上反映的是市场机制中的交换正义，是当事人的正义；而法院的裁决则是按法院意志作出的利益安排，实质上反映的是法院的正义。因此，通过程序利益来考量程序正义，就要求我们摆脱那种机械的、抽象的、理想的、统一的程序正义观，而从灵活的、具体的、现实的、微观的角度认真审视程序正义。

笔者强调程序利益保护，实质是想通过对程序利益的保护这一途径，更好地实现法律对利益的保护，更好地实现程序正义和社会正义，而且从现实的角度来说，也只有通过程序利益的保护，方能具体实现这些目标。

参考文献

中文著作

1. 江伟主编:《民事诉讼法学原理》,中国人民大学出版社 1999 年版。

2. 江伟、邵明、陈刚:《民事诉权研究》,法律出版社 2002 年版。

3. 汤维建:《美国民事司法制度与民事诉讼程序》,中国法制出版社 2001 年版。

4. 肖建国:《民事诉讼程序价值论》,中国人民大学出版社 2000 年版。

5. 邵明:《现代民事之诉与争讼程序法理——“诉·审·判”关系原理》,中国人民大学出版社 2018 年版。

6. 白绿铉:《美国民事诉讼法》,经济日报出版社 1998 年版。

7. 陈计男:《民事诉讼法论》,台北,三民书局 2006 年版。

8. 陈荣宗、林庆苗:《民事诉讼法》(修订八版),台北,三民书局 2013 年版。

9. 陈瑞华:《程序性制裁理论》(第 3 版),中国法制出版社 2017 年版。

10. 陈刚主编:《比较民事诉讼法》(2000 年卷),中国人民大学出版社 2001 年版。

11. 陈刚:《民事诉讼法制的现代化》,中国检察出版社 2003 年版。

12. 常怡主编:《比较民事诉讼法》,中国政法大学出版社 2002 年版。

13. 蔡彦敏、洪浩:《正当程序法律分析》,中国政法大学出版社 2000 年版。

14. 蔡彦敏:《民事诉讼主体论》,广东人民出版社 2001 年版。

15. 慈继伟:《正义的两面》,三联书店 2001 年版。

16. 邓正来:《规则·秩序·无知:关于哈耶克自由主义的研究》,三联书店 2004 年版。

17. 高全喜:《法律秩序与自由正义——哈耶克的法律与宪政思想》,北京大学出版社 2003 年版。

18. 何家弘、刘品新:《证据法学》(第 5 版),法律出版社 2003 年版。

19. 季卫东:《法治秩序的建构》(增补版),商务印书馆 2014 年版。

20. 李祖军:《民事诉讼目的论》,法律出版社 2000 年版。

21. 李德顺:《价值论:一种主体性的研究》(第 3 版),中国人民大学出版社 2013 年版。

22. 李德顺、马俊峰:《价值论原理》,陕西人民出版社 2002 年版。

23. 刘荣军:《程序保障的理论视角》,法律出版社 2000 年版。

24. 李心鉴:《刑事诉讼构造论》,中国政法大学出版社 1992 年版。

25. 梁治平:《寻求自然秩序中的和谐》,中国政法大学出版社 1997 年版。

26. 吕太郎:《民事诉讼之基本理论》,中国政法大学出版社 2003 年版。

27. [德]马克思、恩格斯:《马克思恩格斯选集》(第 1、2 卷),中共中央马克思恩格斯列宁斯大林编译局编译,人民文学出版社 1995 年版。

28. 邱联恭:《程序制度机能论》,台北,三民书局 1996 年版。

29. 邱联恭:《程序选择权论》,台北,五南图书出版股份有限公司 2000 年版。

30. 沈达明编著:《比较民事诉讼法初论》,中国法制出版社 2002 年版。

31. 苏宏章:《利益论》,辽宁大学出版社 1991 年版。

32. 锁正杰:《刑事程序的法哲学原理》,中国人民公安大学出版社 2002 年版。

33. 谭兵主编:《外国民事诉讼制度研究》,法律出版社 2003 年版。

34. 王伟光:《利益论》,人民出版社 2001 年版。

35. 王亚新:《社会变革中的民事诉讼》(增订版),北京大学出版社 2014

年版。

36. 王亚新：《对抗与判定——日本民事诉讼的基本结构》（第 2 版），清华大学出版社 2010 年版。

37. 王福华：《民事诉讼的基本结构》，中国检察出版社 2002 年版。

38. 徐昕：《论私力救济》，中国政法大学出版社 2005 年版。

39. 徐昕：《英国民事诉讼与民事司法改革》，中国政法大学出版社 2002 年版。

40. 徐亚文：《程序正义论》，山东人民出版社 2004 年版。

41. 肖建华：《民事诉讼当事人研究》，中国政法大学出版社 2002 年版。

42. 谢晖：《法学范畴的矛盾辨思》，山东人民出版社 1999 年版。

43. 杨春福：《权利法哲学研究导论》，南京大学出版社 2000 年版。

44. 杨荣馨主编：《民事诉讼原理》，法律出版社 2003 年版。

45. 杨建华：《大陆民事诉讼法之比较与评析》，台北，三民书局 1991 年版。

46. 杨建华：《民事诉讼法实务问题研究》，台北，三民书局 1994 年版。

47. 叶自强：《民事诉讼制度的变革》，法律出版社 2001 年版。

48. 周枏：《罗马法原论》，商务印书馆 2014 年版。

49. 卓泽渊：《法的价值论》，法律出版社 1999 年版。

50. 张明楷：《法益初论》，中国政法大学出版社 2003 年版。

51. 张文显：《法哲学范畴研究》，中国政法大学出版社 2001 年版。

52. 张卫平：《探究与构想：民事司法改革引论》，人民法院出版社 2003 年版。

53. 张卫平：《民事诉讼法》（第 4 版），法律出版社 2016 年版。

54. 章武生等：《司法现代化与民事诉讼制度的建构》，法律出版社 2000 年版。

55. 江伟主编：《证据法学》，法律出版社 1999 年版。

56. 樊崇义主编：《诉讼原理》（第 2 版），法律出版社 2009 年版。

57. 董保华：《社会保障的法学观》，北京大学出版社 2005 年版。

58. 顾培东:《社会冲突与诉讼机制》(第3版),法律出版社2015年版。

59. 柴发邦:《体制改革与完善诉讼制度》,中国人民大学出版社1991年版。

60. 陈桂明:《程序理念与程序规则》,中国法制出版社1999年版。

61. 陈瑞华:《刑事审判原理论》(第2版),北京大学出版社2003年版。

62. 柴发邦等撰:《民事诉讼法学新编》,法律出版社1992年版。

63. 张卫平:《诉讼架构与程式——民事诉讼的法理分析》,清华大学出版社2000年版。

64. 陈一云主编:《证据学》,中国人民大学出版社1999年版。

65. 刘家兴主编,马胜军等著:《新中国民事程序理论与适用》,中国检察出版社1997年版。

66. 杨仁寿:《法学方法论》,台北,三民书局1994年版。

67. 孙国华主编:《法理学教程》,中国人民大学出版社1994年版。

68. 程燎原、王人博:《权利及其救济》,山东人民出版社1998年版。

69. 何勤华:《法学史研究Ⅰ·当代日本法学——人与作品》,上海社会科学院出版社1991年版。

70. 石明:《价值意识》,台北,学林出版社2005年版。

71. 吕世伦、文正邦主编:《法哲学论》,中国人民大学出版社1999年版。

72. 夏勇:《中国民权哲学》,三联书店2004年版。

译著

1. [美]E. 博登海默:《法理学——法哲学及其方法》,邓正来译,中国政法大学出版社2004年版。

2. [美]伯恩·魏德士:《法理学》,丁小春、吴越译,法律出版社2003年版。

3. [美]本杰明·N. 卡多佐:《法律的成长:法律科学的悖论》,董炯、彭冰译,中国法制出版社2003年版。

4. [美]本杰明·N. 卡多佐:《司法过程的性质》,苏力译,商务印书馆

1998 年版。

5.［美］罗纳德 · 德沃金：《认真对待权利》，信春鹰、吴玉章译，中国大百科全书出版社 1998 年版。

6.［美］罗斯科 · 庞德：《普通法的精神》，唐前宏等译，法律出版社 2001 年版。

7.［美］史蒂文 · 苏本、玛格瑞特 · 伍：《美国民事诉讼的真谛——从历史、文化、实务的视角》，蔡彦敏、徐卉译，法律出版社 2002 年版。

8.［美］史蒂芬 · 霍尔姆斯、凯斯 · R. 桑斯坦：《权利的成本——为什么自由依赖于税》，毕竞悦译，北京大学出版社 2004 年版。

9.［美］杰弗里 · C. 哈泽德、米歇尔 · 塔鲁伊：《美国民事诉讼法导论》，张茂译，中国政法大学出版社 1998 年版。

10.［美］理查德 · A. 波斯纳：《法律的经济分析》，苏力译，中国大百科全书出版社 2003 年版。

11.［美］约翰 · 罗尔斯：《正义论》，何怀宏等译，中国社会科学出版社 2003 年版。

12.［美］约翰 · 亨利 · 梅利曼：《大陆法系》，顾培东、禄正平译，法律出版社 2004 年版。

13.［美］唐 · 布莱克：《社会学视野中的司法》，郭星华等译，法律出版社 2002 年版。

14.［美］R. M. 昂格尔：《现代社会中的法律》，吴玉章、周汉华译，译林出版社 2001 年版。

15.［美］布莱恩 · 巴里：《正义诸理论》，孙晓春、曹海军译，吉林人民出版社 2004 年版。

16.［美］尼尔 · 麦考密克：《法律推理与法律理论》，姜峰译，法律出版社 2005 年版。

17.［美］戴维 · 米勒：《社会正义原则》，应奇译，江苏人民出版社 2005 年版。

18.［德］卡尔 · 拉伦茨：《德国民法通论》，王晓晔等译，法律出版社 2003

年版。

19.[德]阿图尔·考夫曼:《当代法哲学和法律理论导论》,郑永流译,法律出版社2003年版。

20.[德]格尔哈德·帕普克主编:《知识、自由与秩序——哈耶克思想论集》,黄冰源等译,中国社会科学出版社2001年版。

21.[德]奥特马·尧厄尼希:《民事诉讼法》,周翠译,法律出版社2003年版。

22.[法]让·文森等:《法国民事诉讼法要义》,罗结珍译,中国法制出版社2001年版。

23.[日]棚濑孝雄:《纠纷的解决与审判制度》,王亚新译,中国政法大学出版社1994年版。

24.[日]谷口安平:《程序的正义与诉讼》,王亚新、刘荣军译,中国政法大学出版社2002年版。

25.[日]小岛武司:《诉讼制度改革的法理与实证》,陈刚等译,法律出版社2001年版。

26.[美]P.诺内特、P.塞尔兹尼克:《转变中的法律与社会——迈向回应型法》,张志铭译,中国政法大学出版社2004年版。

27.[日]兼子一、竹下守夫:《民事诉讼法》,白绿铉译,法律出版社1995年版。

28.[日]中村英郎:《新民事诉讼法讲义》,陈刚等译,法律出版社2001年版。

29.[日]三月章:《日本民事诉讼法》,汪一凡译,台北,五南图书出版股份有限公司1996年版。

30.[日]高桥宏志:《民事诉讼法——制度与理论的深层分析》,林剑锋译,法律出版社2003年版。

31.[意]莫诺·卡佩莱蒂编:《福利国家与接近正义》,徐昕译,法律出版社2000年版。

32.[意]莫诺·卡佩莱蒂等:《当事人基本程序保障权与未来的民事诉

讼》,徐昕译,法律出版社2000年版。

33.[意]布鲁诺·莱奥尼等:《自由与法律》,秋风译,吉林人民出版社2004年版。

34.[德]卡尔·拉伦茨:《法学方法论》,陈爱娥译,商务印书馆2002年版。

35.[美]米尔伊安·R.达玛什卡:《司法和国家权力的多种面孔》(修订版),郑戈译,中国政法大学出版社2015年版。

36.[德]拉德布鲁赫:《法学导论》,米健、朱林译,中国大百科全书出版社1997年版。

37.[法]皮埃尔·布迪厄、[美]华康德:《实践与反思——反思社会学导引》,李猛、李康译,中央编译出版社1998年版。

38.[英]弗里德里希·冯·哈耶克:《自由秩序原理》,邓正来译,生活·读书·新知三联书店1997年版。

39.[英]安东尼·德·雅赛:《重申自由主义——选择、契约、协议》,陈茅等译,中国社会科学出版社1997年版。

40.[英]边沁:《道德与立法原理导论》,时殷弘译,商务印书馆2000年版。

41.[德]威廉·冯·洪堡:《论国家的作用》,林荣远、冯兴元译,中国社会科学出版社1998年版。

42.[德]马克斯·韦伯:《新教伦理与资本主义精神》,于晓、陈维纲译,三联书店1987年版。

43.[德]考夫曼:《法律哲学》,刘幸义等译,法律出版社2004年版。

44.[美]埃尔曼:《比较法律文化》,贺卫方、高鸿钧译,生活·读书·新知三联书店1990年版。

45.[英]尼尔·麦考密克、[奥]奥塔·魏因贝格尔:《制度法论》,周叶谦译,中国政法大学出版社2004年版。

46.[捷]奥塔·锡克:《经济—利益—政治》,王福民等译,中国社会科学出版社1984年版。

47. [意]彼德罗·彭梵得:《罗马法教科书》,黄风译,中国政法大学出版社 1992 年版。

48. [德]G. 拉德布鲁赫:《法哲学》,王朴译,法律出版社 2005 年版。

49. [美]罗斯科·庞德:《通过法律的社会控制》,沈宗灵译,商务印书馆 1984 年版。

外文文献

1. Gene R. Shreve. Peter Raven-Hansen, *Understanding Civil Procedure* (third edition), Lexis Nexis, 2002.

2. Joseph W. Glannon, *Civil Procedure* (fourth edition), China Fangzheng Press, 2004.

3. Mauro Cappelletti, *The Judicial Process in Comparative Perspective*, Clarendon Press, 1989.

4. Adrian A. S. Zuckerman, *Civil Justice in Crisis*, *Comparative Perspectives of Civil Procedure*, Oxford University Press, 1999.

5. Neil Andrews, *English Civil Procedure*: *Damentals of the New Civil Justice System*, Oxford University Press, 2003.

6. Stephen C. Yeazell, *From Medieval Group Litigation to the Modern Class Action*, Yale University Press, 1987.

7. Ranald Dworkin, *Taking Rights Seriously*, Duckworth, 2000.

8. Harald Koch, Frank Diedrich, *Civil Procedure in Germany*, Kluwer Law International, 1998.

后　记

本书从着手到最终完稿,历经数年,仍留下了诸多遗憾。但无论过程如何,最终能实现出版,算是了却了多年心愿。本书是教育部人文社会科学基金项目(12YJC820123)的最终成果,同时得到了中国人民大学明德青年法学文库的出版资助,在此一并感谢。同时,要感谢我的博士研究生导师汤维建教授、博士后合作导师傅郁林教授、硕士研究生导师王丽萍教授及刘保玉教授等对我的指导,以及我的学生欧元捷、康健为课题研究所做的诸多工作。还要感谢法律出版社法治与经济分社沈小英社长及陈妮编辑、毛镜澄编辑为本书出版所付出的辛劳。书中的某些观点及论证,尚属粗浅,恳请多方批评指正。

2019 年 3 月 28 日

图书在版编目(CIP)数据

程序利益论:民事诉讼程序运转的逻辑基础及社会动力/许尚豪著. --北京:法律出版社,2020
(明德青年法学文库)
ISBN 978-7-5197-3374-2

Ⅰ. ①程… Ⅱ. ①许… Ⅲ. ①民事诉讼-诉讼程序-研究-中国 Ⅳ. ①D925.118.04

中国版本图书馆CIP数据核字(2019)第063907号

程序利益论:民事诉讼程序运转的逻辑基础及社会动力
CHENGXU LIYILUN:MINSHI SUSONG CHENGXU YUNZHUAN DE LUOJI JICHU JI SHEHUI DONGLI

许尚豪 著

策划编辑 沈小英
责任编辑 陈 妮 毛镜澄
装帧设计 李 瞻

出版 法律出版社
总发行 中国法律图书有限公司
经销 新华书店
印刷 中煤(北京)印务有限公司
责任校对 郭艳萍
责任印制 吕亚莉

编辑统筹 法治与经济出版分社
开本 710毫米×1000毫米 1/16
印张 15.75
字数 248千
版本 2020年8月第1版
印次 2020年8月第1次印刷

法律出版社/北京市丰台区莲花池西里7号(100073)
网址/www.lawpress.com.cn
投稿邮箱/info@lawpress.com.cn
举报维权邮箱/jbwq@lawpress.com.cn
销售热线/400-660-8393
咨询电话/010-63939796

中国法律图书有限公司/北京市丰台区莲花池西里7号(100073)
全国各地中法图分、子公司销售电话:
统一销售客服/400-660-8393/6393
第一法律书店/010-83938432/8433
西安分公司/029-85330678
重庆分公司/023-67453036
上海分公司/021-62071639/1636
深圳分公司/0755-83072995

书号:ISBN 978-7-5197-3374-2
定价:68.00元
(如有缺页或倒装,中国法律图书有限公司负责退换)